俄 国 史 译 丛 · 经 济
Серия переводов книг по истории России

Россия

Финансовый капитал в России:
накануне Первой мировой войны

俄国史译丛·经济

СЕРИЯ ПЕРЕВОДОВ КНИГ ПО ИСТОРИИ РОССИИ

第一次世界大战前夕的俄国金融资本

Финансовый капитал в России накануне Первой мировой войны

[俄]鲍维金·瓦列里·伊万诺维奇 / 著
Валерий Иванович Бовыкин

张广翔 刘真颜 / 译

社会科学文献出版社
SOCIAL SCIENCES ACADEMIC PRESS (CHINA)

Бовыкив В.И.

Финансовый капитал в России накануне Первой мировой войны. - М.: «Российская политическая энциклопедия» (РОССПЭН), 2001. - 320 с.

© «Российская политическая энциклопедия», 2001.

© Бовыкина В.И. наследники, 2001.

本书根据俄罗斯政治百科全书出版社 2001 年版本译出。

本书获得教育部人文社会科学重点研究基地
吉林大学东北亚研究中心资助出版

俄国史译丛编委会

主　编　张广翔
副主编　卡尔波夫（С. П. Карпов）　钟建平　许金秋
委　员　彼得罗夫（Ю. А. Петров）　鲍罗德金（Л. И. Бородкин）
　　　　　姚　海　黄立茀　鲍里索夫（Н. С. Борисов）
　　　　　张盛发　戈里科夫（А. Г. Голиков）
　　　　　科兹罗娃（Н. В. Козлова）　李牧群　戴桂菊

著者简介

鲍维金·瓦列里·伊万诺维奇（Валерий Иванович Бовыкин），史学博士，莫斯科大学历史系教授，俄罗斯科学院俄罗斯历史研究所资深研究员。主要从事俄国经济史、国际关系史、史料学和档案学研究，其俄国经济史研究成果丰厚。培养了30名史学博士，开创了俄罗斯经济史学派。出版了《俄国金融资本的起源》《俄国金融资本的形成》《俄罗斯帝国商业银行》《第一次世界大战前夕的俄国金融资本》等多部著作，发表学术论文多篇。

译者简介

张广翔 历史学博士,吉林大学东北亚研究中心教授,博士生导师。

刘真颜 吉林大学东北亚研究院硕士研究生。

总　序

我们之所以组织翻译这套"俄国史译丛",一是由于我们长期从事俄国史研究,深感国内俄国史方面的研究严重滞后,远远满足不了国内学界的需要,而且国内学者翻译俄罗斯史学家的相关著述过少,不利于我们了解、吸纳和借鉴俄罗斯学者有代表性的成果。有选择地翻译数十册俄国史方面的著作,既是我们深入学习和理解俄国史的过程,又是鞭策我们不断进取、培养人才和锻炼队伍的过程,同时也是为国内俄国史研究添砖加瓦的过程。

二是由于吉林大学俄国史研究团队(以下简称"我们团队")与俄罗斯史学家的交往十分密切,团队成员都有赴俄进修或攻读学位的机会,每年都有多人次赴俄参加学术会议,团队每年也会邀请2~3位俄罗斯史学家来校讲学。我们与莫斯科大学(以下简称"莫大")历史系、俄罗斯科学院俄国史研究所和世界史所、俄罗斯科学院圣彼得堡历史所、俄罗斯科学院乌拉尔分院历史与考古所等单位学术联系频繁,有能力、有机会与俄学者交流译书之事,能最大限度地得到俄同行的理解和支持。以前我们翻译鲍里斯·尼古拉耶维奇·米罗诺夫的著作时就得到了其真诚的帮助,此次又得到了莫大历史系的大力支持,而这是我们顺利无偿取得系列丛书的外文版权的重要条件。舍此,"俄国史译丛"工作无从谈起。

三是由于我们团队得到了吉林大学校长李元元、党委书记杨振斌、学校职能部门和东北亚研究院的鼎力支持和帮助。2015年5月5日，李元元校长访问莫大期间，与莫大校长萨多夫尼奇（В. А. Садовничий）院士、俄罗斯科学院院士、莫大历史系主任卡尔波夫教授，莫大历史系副主任鲍罗德金教授等就加强两校学术合作与交流达成重要共识，李元元校长明确表示吉林大学将大力扶植俄国史研究，为我方翻译莫大学者的著作提供充足的经费支持。萨多夫尼奇校长非常欣赏吉林大学的举措，责成莫大历史系全力配合我方的相关工作。吉林大学主管文科科研的副校长吴振武教授、社科处霍志刚处长非常重视我们团队与莫大历史系的合作，2015年尽管经费很紧张，还是为我们提供了一定的科研经费。2016年又为我们提供了一定的经费。这一经费支持将持续若干年。

我们团队所在的东北亚研究院从建院伊始，就尽一切可能扶持我们团队的发展。现任院长于潇教授自上任以来，一直关怀、鼓励和帮助我们团队，一直鼓励我们不仅要立足国内，而且要不断与俄罗斯同行开展各种合作与交流，不断扩大我们团队在国内外的影响。2015年，在我们团队与莫大历史系开始新一轮的合作中，于潇院长积极帮助我们协调校内有关职能部门，和我们一起起草与莫大历史系合作的方案，获得了学校的支持。2015年11月16日，于潇院长与来访的莫大历史系主任卡尔波夫院士签署了《吉林大学东北亚研究院与莫斯科大学历史系合作方案（2015～2020年）》，两校学术合作与交流进入新阶段，其中，我们团队拟于4年内翻译莫大学者的30种左右学术著作的工作正式启动。学校职能部门和东北亚研究院的大力支持是我们团队翻译出版"俄国史译丛"的根本保障。于潇院长为我们团队补充人员和提供一定的经费使我们更有信心完成上述任务。

2016年7月5日，吉林大学党委书记杨振斌教授率团参加在莫大举办的中俄大学校长峰会，于潇院长和张广翔等随团参加，在会议期间，杨振斌书记与莫大校长萨多夫尼奇院士签署了吉林大学与莫大共建历史学中心的协议。会后莫大历史系学术委员会主任卡尔波夫院士、莫大历史系主任杜奇科夫（И. И. Тучков）教授（2015年11月底任莫大历史系主任）、莫大历史系副主任鲍罗德金教授陪同杨振斌书记一行拜访了莫大校长萨多夫尼奇院士，双方围绕共建历史学中心进行了深入的探讨，有力地助推了我们团队翻译莫大历史系学者的学术著作一事。

四是由于我们团队同莫大历史系长期的学术联系。我们团队与莫大历史系交往渊源很深，李春隆教授、崔志宏副教授于莫大历史系攻读了副博士学位，张广翔教授、雷丽平教授和杨翠红教授在莫大历史系进修，其中张广翔教授三度在该系进修。我们与该系鲍维金教授、费多罗夫教授、卡尔波夫院士、米洛夫院士、库库什金院士、鲍罗德金教授、谢伦斯卡雅教授、伊兹梅斯杰耶娃教授、戈里科夫教授、科什曼教授等结下了深厚的友谊。莫大历史系为我们团队的成长倾注了大量的心血。卡尔波夫院士、米洛夫院士、鲍罗德金教授、谢伦斯卡雅教授、伊兹梅斯杰耶娃教授、科什曼教授和戈尔斯科娃副教授前来我校讲授俄国史专题，开拓了我们团队及俄国史研究方向的硕士生和博士生的视野。卡尔波夫院士、米洛夫院士和鲍罗德金教授被我校聘为名誉教授，他们经常为我们团队的发展献计献策。莫大历史系的学者还经常向我们馈赠俄国史方面的著作。正是由于双方有这样的合作基础，在选择翻译的书目方面，很容易沟通。尤其是双方商定拟翻译的30种左右的莫大历史系学者的著作，需要无偿转让版权，在这方面，莫大历史系从系主任到所涉及的作者，克服一切困难帮助我们解决关键问题。

五是由于我们团队有一支年富力强的队伍，既懂俄语，又有俄国史方面的基础，进取心强，甘于坐冷板凳。学校层面和学院层面一直重视俄国史研究团队的建设，一直注意及时吸纳新生力量，使我们团队人员年龄结构合理，后备充足，有效避免了俄国史研究队伍青黄不接、后继无人的问题。我们在培养后备人才方面颇有心得，严格要求俄国史方向硕士生和博士生，以阅读和翻译俄国史专业书籍为必修课，硕士学位论文和博士学位论文必须以使用俄文文献为主，研究生从一入学就加强这方面的训练，效果很好：培养了一批俄语非常好、专业基础扎实、后劲足、崭露头角的好苗子。我们组织力量翻译了米罗诺夫所著的《俄国社会史》《帝俄时代生活史》，以及在中文刊物上发表了70多篇俄罗斯学者的论文的译文，这些都为我们承担"俄国史译丛"的翻译工作积累了宝贵的经验，锻炼了队伍。

译者队伍长期共事，彼此熟悉，容易合作，便于商量和沟通。我们深知高质量地翻译这些著作绝非易事，需要认真再认真，反复斟酌，不得有半点的马虎。我们翻译的这些俄国史著作，既有俄国经济史、社会史、城市史、政治史，还有文化史和史学理论，以专题研究为主，涉及的领域广泛，有很多我们不懂的问题，需要潜心研究探讨。我们的翻译团队将定期碰头，利用群体的智慧解决共同面对的问题，单个人无法解决的问题，以及人名、地名、术语统一的问题。更为重要的是，译者将分别与相关作者直接联系，经常就各自遇到的问题发电子邮件向作者请教，我们还将根据翻译进度，有计划地邀请部分作者来我校共商译书过程中遇到的各种问题，尽可能地减少遗憾。

"俄国史译丛"的翻译工作能够顺利进行，离不开吉林大学校领导、社科处和国际合作与交流处、东北亚研究院领导的坚定支持和可靠后援；莫大历史系上下共襄此举，化解了很多合作路上的难题，将此举视为我们共同的事业；社会科学文献出版社的恽薇、高雁等相关人员将此举视为我们共同的任务，尽可能地替我们着想，使我们之间的合作更为愉快、更有成效。我们唯有竭尽全力将"俄国史译丛"视为学术生命，像爱护眼睛一样地呵护它、珍惜它，这项工作才有可能做好，才无愧于各方的信任和期待，才能为中国的俄国史研究的进步添砖加瓦。

上述所言与诸位译者共勉。

吉林大学东北亚研究院和东北亚研究中心

2016 年 7 月 22 日

前　言

这本书就俄国金融资本形成的相关历史问题进行了一系列研究，一直以来苏联史学界都十分关注这一问题。然而学界对这一问题的研究却十分不均衡，且具有跳跃性。这一问题的研究历程可以说是相当坎坷。20世纪20年代后半期，人们对它忽然产生了浓厚的兴趣，并进行了激烈的探讨，然而没过多久，该问题的研究进入停滞期。20世纪40年代末至60年代中期又兴起了对这一问题研究的高潮，但因遭遇到一些障碍，在接下来的10年间，研究再一次如一潭死水般平寂了下来。每一次研究热潮的爆发都会带来研究人员的新老交替。20世纪20年代研究这一问题的那批学者中，只有一小部分人坚持了下来。60年代，绝大部分研究人员匆匆离去，留下了一大堆尚未完成的研究。而近期，由于新鲜血液的涌入，对这一问题的研究又一次出现了新的高潮。

20世纪50年代上半期，在А. Л. 西多罗夫的倡议和带动下，俄罗斯帝国的经济问题成了当时研究的热点，笔者对俄国金融资本形成过程的研究工作也始于彼时。И. Ф. 金丁是推动这一研究进一步发展的关键人物。起初，这项研究是帝俄经济系列问题研究的一部分，其研究过程同样也是起起伏伏。随着研究的推进，笔者对该问题也有了新的思考。我最开始研究的范围只局限于第一次世界大战前的工业繁荣时期，也就是本书所涉及的历史时期。然而由于缺乏对先前阶段的了解，研究的范围又进一步扩大到了 19 世纪 80~90 年代，也就是《俄国金融资本的起源》（莫斯科，1967）一书主要涉及的时期。下一阶段的工作自然是要填补"危机和萧条时期"的这一研究空白，这也是该系列第二卷《俄国金融资本的形成——19 世纪末至 1908 年》（莫斯科，1984）的主要内容，本书则是它的续篇。

笔者沿着先前研究的方向，以俄国银行的档案资料为研究基础，对这些资料进行了详尽系统的梳理。笔者使用法国银行的档案资料，在一定程度上能够弥补俄国银行现存档案不足这一缺憾。工业生产部门的档案资料十分庞杂，在使用时必须对其进行筛选。重工业生产部门的档案资料相当重要，尤其是机械制造业和冶金工业。在论述俄国其他行业——石油工业、纺织工业的时候，笔者还参考了其他学者的研究成果。

前言的最后不再赘述，仅向参与该书编写过程的各位工作人员表达最诚挚的谢意。

目　录

第一章　19世纪末20世纪初俄国资本主义发展概况
　　　　及俄国在世界资本主义体系中的地位 …………… 1
　　第一节　俄国资本主义发展概况 ………………………… 1
　　第二节　俄国在世界资本主义体系中的地位 …………… 31

第二章　第一次世界大战前夕俄国的经济热潮
　　　　（1909～1913年）………………………………… 50
　　第一节　1909～1913年俄国工业增长情况 …………… 50
　　第二节　1909～1913年俄国货币市场的发展情况 …… 84

第三章　新阶段俄国金融资本形成的先决条件 …………… 108
　　第一节　在俄外国资本的"新战略" ………………… 108
　　第二节　进入卡特尔阶段的国民经济 ………………… 138

第四章　第一次世界大战前夕经济热潮中的俄国商业银行
　　　　………………………………………………………… 153
　　第一节　俄国大型银行的发展状况 …………………… 157
　　第二节　银团的形成 …………………………………… 212

第五章　俄国垄断发展的新阶段 …………………………… 218
　　第一节　更高形式垄断组织的迅速发展 ……………… 218
　　第二节　跨国公司的兴起 ……………………………… 282

结　语 ………………………………………………………… 307

第一章
19世纪末20世纪初俄国资本主义发展概况及俄国在世界资本主义体系中的地位

第一节 俄国资本主义发展概况

俄国是奉行资本主义发展道路的国家之一，由几个欧洲国家建立起来的资本主义制度引领了全球历史发展的大方向，为欧洲其他国家乃至世界的发展创造了一个新的历史环境。这些国家的资本主义发展道路，是其社会结构演变的一般规律与世界资本主义发展潮流之间相互碰撞的结果。

学界对这两股力量的相互作用已经进行过大量研究，产生了大量成果。这些研究从不同层面展开，对比分析了各国在资本主义发展过程中所呈现的国际经济关系特征，并对这些特征进行了概括与总结。这些研究成果大多出自外国学者之手。① 匈牙利历史学家伊万·贝伦德和兰基对

---

① 在苏联的历史学中，这项研究主要集中在欧洲资本主义的起源和东方国家资本主义发展的问题上。

欧洲各国的资本主义发展状况进行了一系列研究，而俄国正是二人的重点关注对象。①

先进资本主义国家影响落后国家的方式复杂多样。其中之一是，前者向后者传播先进科技理念、输出机器技术、提供人员资金，也就是列宁所说的老牌资本主义国家对新兴国家的"示范和援助"②；落后国家自然经济的发展在这个过程中逐渐畸变，甚至其自身的政治经济地位也面临威胁。然而这两股力量相互斗争的最终结果还将取决于多种因素。

承接国社会经济发展的模式决定了其吸收发达国家正面影响和防范发达国家负面影响的能力。③

一些正在向资本主义过渡的国家，将先进国家视作"援助中的榜样"，通过学习其技术成果和经济发展经验，为加速自身工业发展创造先决条件，这些国家也因此能够在一定程度上跳过大规模机器生产这一中间环节。然而，直至20世纪初，很少有国家能够贯彻落实这一发展路径。世界历史证明了，国家转型成功一般发生在特定条件之下。而社会进步的深层表现是工业从农业中分离出来。自给自足的自然经济进一步瓦解和社会分工的形成，不仅标志着生产力的发展，也标志着生产关系发生了本质变化。因此，当落后国家由外向内引进工业生产要素——技术、组织形式、资本的时候，也要相应地为适应这些生产要素创造条件，

---

① Berend I., Ranki G. Kozer - Kelet - Europa gazdasagi fejiodese a XIX - XX szazadban（Экономическое развитие Восточно - Центральной Европы в XIX - XX вв.）. Budapest, 1969; Беренд И., Ранки Д. К вопросу промышленной революции в Восточной и Юго - Восточной Европе // Studia Historica Academiae Scientiarum Hungaricae. 1970; № 62; Они же. Economic development in East - Central Europe in the 19 - th and 20 - th centuries. N. Y.; L., 1974; Они же. Gazdasagi elmaradottsag, kiutak es kudarcok a XIX. szazadi Europaban: Az europai peiferia az ipari forradalom koraban. （Экономическая отсталость, успехи и неудачи в выходе из нее в Европе XIX века: Периферия Европы в эпоху промышленной революции）. Budapest, 1979.
② Ленин В. И. Поли. собр. соч. Т. 3. С. 400.
③ Bairoch P. Revolution industruelle et sousdeveloppement. 4 - me ed.; La Haye, 1974.

第一章　19世纪末20世纪初俄国资本主义发展概况及俄国在世界资本主义体系中的地位

这样才能取得一定的发展成果。换言之，想要让从西欧国家引入的先进工业种子发芽结果，必须事先为其准备好适合的土壤。稍稍回顾一下历史我们就能发现，俄国真正意义上实现工业革命是在1861年废除农奴制之后，但在这之前，它就已经开始从国外引进机器并利用国外先进经验进行机器生产了。

新兴资本主义国家能够顺应历史潮流加快工业化进程的第二个必要条件是——具备政治独立性，它要有能力在竞争中保护其国内市场免受发达资本主义国家的侵害。因为发达资本主义国家在为其他国家提供发展经验的同时，也成了这些国家实现大规模工业化的重大威胁。

最后，对于一国而言，只要其国内流失的利润小于新流入的投资，并且它不会因此在政治上对外国产生依赖性并失去自身的"立足之本"，那么利用外国资本就会长期为该国带来积极效益。从经济史的角度来看，对于一些国家来说，尤其是美国，外国资本在本国的发展过程中发挥了重要作用，这也证明了：高速发展的国民经济能够吸收外国资本。美国历史学家麦凯的研究显示，19世纪末20世纪初的俄国也发生了类似的过程。[①] 但是自19世纪70年代以来，美国政府的国外贷款金额便稳步下降，到20世纪初，只占该国海外债务总额很小一部分。而俄国的外国国债数额直到1912年才停止增长，且在第一次世界大战前夕占到了外债总额的3/5。从欧洲边缘国家各自发展的状况来看，20世纪初，对于那些政治上层建筑更符合资本主义发展需要且不需要外部财政援助的国家而言，国外贷款在引进外国资本方面发挥的作用就小得多。

当然，发达国家对欠发达国家的影响以及它们之间的关系本质上没有发生变化。越来越多的国家被卷入世界资本主义经济的轨道，整个经济体系越发复杂，世界经济的联系形式也变得更加多样化。随着资本主

---

① Mckay, J. P., *Pioneers for Profit: Foreign Entrepreneurship and Russian Industrialization* (Chicago: University of Chicago Press, 1970), pp. 1885 – 1913.

义的发展，那些最初受外部影响而被动走上资本主义发展道路的国家，也开始进行对外贸易和金融扩张，加入新兴的国际分工体系和世界资本市场之中。

"俄国与西方"这一问题，也就是俄国同西欧发达国家的关系以及它们对俄国经济发展演变的影响这一问题，近两个世纪以来，在这个问题上人们仍存在很多争议。俄国资本主义的前途命运，以及由此而产生的西欧资本主义国家影响下的俄国发展前景问题，是19世纪末思想领域争论的核心，推动形成了20世纪初俄国三场革命浪潮的主要政治走向。

随着十月革命的胜利和俄国资本主义生产关系的消失，讨论"俄国与西方"问题最直接的现实意义逐渐失去，该问题也进入了历史研究的范畴。但是，社会主义建设中出现的不少问题往往又是俄国资本主义发展的遗留问题，资本主义在苏联之外的地方继续存在并发展，因此，俄国资本主义命运的这一问题又转变成了俄国社会主义革命胜利规律这一问题，其政治意义也因此得以保留。对这一问题的解释说明和社会主义道路的必然性以及国际社会主义运动发展前景的评估息息相关。

政治化描述俄国资本主义发展成果不仅在苏联史学界一度盛行，在西方史学界也同样如此，尤其是在西方的社会学研究之中。马克思主义历史学家和非马克思主义历史学家对世界资本主义前途所持有的政治情感不同，在意识形态上存在分歧，这自然会影响到二者对十月革命爆发原因的解释和对当时经济发展状况的分析。除此之外，在俄国资本主义发展水平问题上，马克思主义历史学家和非马克思主义历史学家之间同样存在着争议。在笔者看来，造成这些争议的原因不仅仅在于意识形态的差异，还在于比较分析俄国和其他国家的资本主义演进过程缺乏实操性。在国土面积上，俄国和这些国家没有可比性，宗主国俄国和它的殖民地统一在一个单一的俄罗斯帝国中，各地区发展十分不平衡，在俄国国内，资本主义生产关系和农奴制残余相互交织。上述这些原因共同指

第一章　19世纪末20世纪初俄国资本主义发展概况及俄国在世界资本主义体系中的地位

向了一个观点，即俄国历史发展道路具有独特性以及俄国资本主义具有特殊性。

通过多方面比对各种历史研究成果，我们可以发现，世界上不存在两个一模一样的资本主义国家。每一个国家都是独一无二的。随着越来越多的国家走上资本主义道路，它们的经济活动也会受制于资本主义再生产的一般规律，各个国家在自身地理位置、自然资源、历史发展和社会结构特点的基础上形成了独一无二的国家经济体系，在国际分工不断细化的情况下，其国家经济体系决定了它们在国际市场上的地位。

这些资本主义国家在"异同"上的独特性有利于彼此之间的经济互动，维持世界资本主义体系的对立统一。早在19世纪末20世纪初，这种独特性就引起了研究人员的注意，他们一边追踪时事热点所留下的蛛丝马迹，一边研究起资本主义国家经济生活的国际化进程，在他们看来，这是资本主义进入发展新阶段的一大标志。当时，研究人员以此为基础对世界资本主义体系内的各个国家进行了分类。在最初的理论之中，各个国家被划分为工业国和农业国、宗主国和殖民地、债权国和债务国。

列宁为这一理论做出了重要贡献，而这一理论对俄国在世界资本主义体系中地位的确定具有根本性意义。列宁承认19世纪末的俄国"在经济以及经济以外的关系上"有着"巨大的特殊性"，首先是"没有一个资本主义国家内残存着这样多的旧制度，这些旧制度与资本主义不相容"，与此同时，列宁还注意到了在资产阶级革命特征上，俄国与其他西欧资本主义国家具有一致性。① 他看到了俄国资本主义发展早期阶段的特征，"资本主义的演进不仅使西欧各国的一般经济制度彼此更加相近，甚至使俄

---

① Ленин В. И. Поли. собр. соч. Т. 3. С. 7, 601; см. также: Т. 4. С. 220. 译者注：照录《列宁全集》（第3卷），人民出版社，2013，第551页。

国同西欧也更加相近了,德国农民农户在经济上的基本特征,原来同俄国是相同的。只是俄国马克思主义书刊曾作过详细论证的农民分化过程,在俄国还处于一个初级发展阶段,它还没有具备比较完备的形式……"①。

列宁在思考俄国资本主义演变相较其他西欧国家的独特性之同时,进一步萌发了资本主义可能存在不同发展类型这一想法,虽然不是所有的国家都呈现了俄国资本主义演变的特征,但是俄国确实能够代表一些国家。这一思想成了列宁资本主义演进的两种类型——"美国式道路(农民)"和"普鲁士式道路(地主)"学说的基础,如何划分要看在资本主义社会构建和发展的过程之中,贵族土地所有制是得以保留还是被完全取缔、乡绅地主阶级是否失去了国家统治权。②列宁将俄国同德国、奥匈帝国、意大利、西班牙以及日本一起归类为第二类资本主义国家。不难看出,列宁按照资本主义发展类型和发展阶段对在"一般资本主义性质"和"一般发展规律"方面"无可争议"③的国家进行了分组。俄国在他眼中是一个资产阶级改造尚未完成的普鲁士式的国家。

研究世界资本主义体系的下一步是根据各国资本主义建立与持续时间对它们进行列宁主义式的分类。用现代术语来说,它是世界资本主义发展的"阶段"性成果。"率先完成资产阶级民主转型和尚未完成资产阶级民主转型的国家"之间存在显著差异,列宁指出了这种差异的一个标志,即"在全世界,资本主义彻底战胜封建主义的时代是同民族运动联系在一起的"④。在此基础上,他对下列这些国家进行了分组。

---

① Там же. Т. 5. С. 187. 译者注:照录《列宁全集》(第5卷),人民出版社,2013,第166页。
② Там же. Т. 3. С. 14 – 16;Т. 16. С. 215 – 219, 424;Т. 17. С. 29 – 30, 125 – 130, 150 – 151;Т. 20. С. 168 – 169;Т. 24. С. 6 – 7;Т. 47. С. 226 – 227.
③ Там же. Т. 25. С. 268.
④ Там же. Т. 25. С. 258, 268 – 269. 译者注:照录《列宁全集》(第25卷),人民出版社,1988,第224页。

第一章　19世纪末20世纪初俄国资本主义发展概况及俄国在世界资本主义体系中的地位

第一组：以西欧和美国为代表的先进资本主义国家——"在这些国家，民族运动是过去的历史"。

第二组：东欧地区（奥地利、巴尔干半岛和俄国）——"在这些地方，民族运动是当下的现实"。

第三组：殖民地和半殖民地——"在这些区域，民族运动是不久的将来"①。

列宁后来在筹备出版《统计学和社会学》这本小册子的时候，以国家发展状况为标准，将世界划分为政治、经济独立的国家，经济不独立但政治独立的国家，半殖民地国家（中国），殖民地和政治附属国。对于这些国家来说，其资本主义的确立和资产阶级民主革命基本处于同一时代。20世纪初这四类国家在国际金融和政治关系体系中的地位明显不同。②

列宁将英国、德国、法国和美国列入了第一组国家；将包括俄国和奥匈帝国在内的东欧各国、"西欧小国"、日本以及"部分南美洲、中美洲国家"列入了第二组国家。在列宁的预想之中，土耳其也属于第二组国家。③但是在《统计学和社会学》这本小册子中的正文部分，他又指出："从地理上来看，将其视为一个亚洲国家更为正确，在经济上，它是一个'半殖民地'国家。"④

在此基础之上，列宁又划分了资本主义发展的四个梯队：第一梯队由在1848年（或1871年）之前建立资本主义制度的国家构成；第二梯队由1848~1905年建立资本主义的国家构成；第三梯队由自20世纪初开始进行资产阶级民主转型的国家构成；第四梯队由当时那些尚未走上资

---

① Там же. Т. 27. С. 260–261; Т. 30. С. 88; см. также: Т. 25. С. 269; Т. 30. С. 351–356.
② Там же. Т. 28. С. 700. 列宁在研究"世界资本主义经济的国际关系"的最终图景时，详细地分析了他是如何对世界各国进行分类的。
③ Ленин В. И. Поли. собр. соч. Т. 28. С. 700.
④ Там же. Т. 30. С. 355.

本主义发展道路的国家构成。这种归类方式也并非毫无争议。就连列宁自己对此也有不少犹豫。①然而，这种分组原则考虑到了走上资本主义道路的各国正处于资本主义发展的不同阶段，它们在资本主义世界体系中的地位存在差异，因此该原则是经得起时间检验的。

现如今大量反映各国、各地区和整个世界资本主义发展特征的文献资料涌现出来。二战后，外国经济学家在经济动力机制、增长因素和如何克服落后发展方面有着浓厚的研究热情，由此，他们当中的一些人转而去研究资本主义发展的初级阶段并提出了一系列历史社会学理论：华尔特·罗斯托的"经济成长阶段论"、西里尔·布莱克的"现代化动力"理论、亚历山大·格申克龙的"经济落后阶段"理论等——所有这些理论都推动了西方世界的比较经济史研究，其中也包括了以俄国为比较对象的研究。这些研究使用了时空历时性和共时性的研究方法，然而，在对俄国历史进行研究时，使用这种研究方法或多或少存在一些固有缺陷，这是因为研究者死板地套用理论，内心存在根深蒂固的固有偏见以及研究来源十分局限，但在比较世界资本主义不同梯队国家经济增长的异同方面以及它们在资本主义兴起和发展过程中的相互作用时，这种研究方法还是十分有效的。

前文所提到伊万·贝伦德和兰基的著作或许能够帮助我们理解与俄国所属梯队有关的研究成果。他们首先研究了19世纪和20世纪的中欧和东欧经济增长的区域特征，随后探讨了作为世界资本主义梯队之一的欧洲边缘地区的工业发展问题。

时至今日，正如前文中所提到的那样，苏联史学的特点是，几乎没

---

① 前面已经讨论过与土耳其有关的一个案例。另一个涉及"西欧小国"。在同一个笔记本上，在 O. 居布纳的作品节选中，还有一张列宁绘制的表格，其中整个西欧被列入 1871 年以前经历过"民族和民主运动时代"的国家集团之中（Ленин В. И. Полн. собр. соч. Т. 28. С. 687）。然后，列宁显然是考虑到了"西欧小国"的经济实力不足，它们被列入了第二组。而且能明显看出来，他对拉美国家的分组并不明确。

第一章　19世纪末20世纪初俄国资本主义发展概况及俄国在世界资本主义体系中的地位

有比较分析俄国资本主义发展进程和其他国家类似进程的研究。有关俄国资本主义具体特征的观点，大部分是空口无凭的，或是猜测性的，这是将俄国实际经济生活的图景与"古典"资本主义中的一些抽象模型相比较后所产生的结果。长期以来，俄国在世界资本主义体系中的地位和如何看待20世纪初俄国资本主义的特殊性这一问题，不是通过历史研究来解决，而是由先验性的典型模型来决定。斯大林主义中的相关理论对此影响深远，即"沙皇俄国是西方帝国主义最大的后备军，这不仅是说它任凭外国资本自由进口活动，让外国资本操纵俄国国民经济中象燃料和冶金业这样一些有决定意义的部门，而且是说它能拿出千百万士兵去供西方帝国主义者使用"①。由此而产生的俄国半殖民地依赖性的概念，从20世纪30年代中期起开始成为不容置疑的教条，是历史学家评估俄国落后程度与评价俄国与西欧强国关系性质的指向标。②然而自20世纪40年代末以来，针对列宁的"军事封建帝国主义"③这一概念的错误解释严重妨碍了对俄国垄断资本主义特征的阐释。到了20世纪60年代中期，苏联史学家才放弃了俄国半殖民地依赖性这一概念，不再使用"军事封建帝国主义"一词来描述俄国的垄断资本主义，显而易见，优先考虑套用先验模型而不是参照具体的历史研究这一习惯长期存在。不再谈论这一模型后，人们提议使用新模型，它出自一篇从列宁全集中删除的作品。④

---

① Сталин И. В. Вопросы ленинизма. 10-е изд. М., 1934. С. 5（Об основах ленинизма, 1924 г.）．译者注：照录斯大林《列宁主义问题》，人民出版社，1964，第5页。
② Бовыкин В. И. О некоторых вопросах изучения иностранного капитала в России //. Об особенностях империализма в России. М., 1963.
③ Сидоров А. Л. В. И. Ленин о русском военно-феодальном империализме：（О содержании термина《военно-феодальный империализм》）// Там же.
④ 类似可见 Бовыкин В. И. Проблемы перестройки исторической науки и вопрос о《новом направлении》в изучении социально-экономических предпосылок Великой Октябрьской социалистической революции // История СССР. 1988. № 5. С. 83-89。

第一次世界大战前夕的俄国金融资本

在苏联政治文献中有一个共同之处，那就是承认20世纪初的俄国是一个"中等发达的资本主义国家"。在20世纪60年代后半期的权威学术著作中，对俄国资本主义的研究进行了总结，上述认知也获得了普遍认可。① 直至今日，在各类出版物中，这一观点仍无可指摘。②

最近，这种观点遭到了Е. Г. 普利马克的反对，他认为列宁将俄国列入"中等偏弱"的资本主义国家，这似乎指的是他在Н. И. 布哈林所著的《过渡时期的经济》（1920）一书书页上的注释。③

Е. Г. 普利马克坚信，要想证明他对史学界长期盛行的俄国资本主义发展水平的评估与修正意见的合理性，只需要引用他在列宁注释中读到的一个词就足够了，该词本身就很有特点，足以证明原教条主义思维的顽固性。很显然，Е. Г. 普利马克在他所喜欢的这个词语上断章取义了，他并不明白它的意思。Н. И. 布哈林在自己的书中这样写道："资产阶级的社会权力集中在国家权力中，和资本的经济组织融合在了一起，这成了工人运动的巨大阻力。因此，世界资本主义体系的崩溃是从最薄弱的国家经济体系和最不发达的国家资本主义组织开始的。"资本主义不发展到一定的高度，我们就无法取得胜利。④ 因此，它并不是像Е. Г. 普利马克所坚信的那样，是"中等偏弱"的资本主义发展问题，而是"中等偏弱"的国家经济制度问题，也就是说国家权力与资本经济组织的融合尚未成为工人运动的"巨大阻力"。不过，这不影响它们达到"资本主义的

---

① Минц И. И. История Великого Октября: В 3 - х томах. Т. 1. М., 1967. С. 41.; История СССР с древнейших времен до наших дней. Первая серия. В 6 - ти томах. Т. 6. С. 331. М., 1968. Глава《Социально - экономическое развитие России в начале XX в.》（авторы: Анфимов А. М., Волобуев П. В., Гиндин И. Ф.）.

② Генеральная репетиция Великого Октября: Первая буржуазнодемократическая революция в России. М., 1985. С. 12; Волобуев П. В. Выбор путей общественного развития: теория, история и современность. М., 1987. С. 146.

③ Россия 1987 год: Выбор исторического пути. М., 1989. С. 75.

④ Ленинский сборник. X. С. 425.

某种高度"。在列宁看来，他在注释中描述的是俄国的局势。

K. 菲因用整整一本书来论证十月革命缺乏一定的经济前提条件，他认为这样能够更有理有据地反对"俄国是一个中等发达的资本主义国家"的观点。① 除了引经据典之外，他还就如何理解"中等发达的资本主义国家"一词提出了自己的想法，只不过笔者在苏联的文献资料中还尚未找到相关的材料支撑其观点。② 这一点十分关键，因为它为我们评判作者的观点提供了重要依据。

K. 菲因是这样解释的："当然，把沙皇俄国说成一个毫无防备地暴露在帝国主义宗主国面前的殖民地国家的观点是错误的。就社会经济地位而言，沙皇俄国并非是印度或中国那样的国家，在第一次世界大战爆发前的几十年里，它在采矿业、金属加工业和纺织工业上拥有难以撼动的国际地位。除了纺织业，其他工业部门的生产技术水平和资本的有机构成都很高，集中度也很高。而在人均收入、生产总值、人均消费水平方面，俄国仍然远远落后于高度发达国家。"K. 菲因指出，"从世界工业发展的规模来看，俄国占据中间位置——后面是中国、印度等国家，前面是美国、英国、德国等国家"，要是从这个角度来看，当然可以用"中等发达的资本主义国家"来形容俄国。然而，K. 菲因又认为，这同马克思主义理论相互矛盾，"根据这一理论，描述'资本主义国家'的形容词中等发达、高度发达或欠发达是指某种社会关系，或者说是某种社会结构，而不是工业发展程度"③。但是，难道工业发展就不能体现社会结构的变化吗？毕竟，K. 菲因认为"中等发达的资本主义国家"的一个标志

---

① Funken K. Ökonomischen Vorausetzungen der Oktoberrevolution. Zur Entwicklung des Kapitalismus in Russland. Zurich, Frankfurt a. M. , 1976.

② 最近一位年轻的研究员 И. И. 道卢茨基在自己的研究中指出了这一点，详情可参见他的论文：Реформы второй половины XVII – XX вв. : подготовка, проведение, результат. (М. , 1989)。

③ Funken K. Op. cit. P. 322 – 323.

是"农业再生产不再是国家的基础；农业生产不再是决定国家经济状况的主要因素；国家的形势和国家的经济周期不再取决于每年的收成状况"①。

除了这一标志之外，K. 菲因还提出了其他四个标志。在他看来，这些标志没有一个能适用于俄国。就第一个标志来说，他无疑是正确的。20 世纪初，世界上真正摆脱农业基础的国家并不多，主要是西欧国家和美国。美国在 19 世纪 80 年代初，法国在 19 世纪 80 年代末，斯堪的纳维亚诸国在 19 世纪末 20 世纪初，国民生产总额的工业份额超过了农业。而同时期的俄国，工业份额占比却和奥匈帝国、意大利持平。

在 K. 菲因所提出的中等发达的资本主义国家的第二个标志中，两个现代阶级——雇佣工人和资本家二者的对立渗入了国家社会结构之中，这一点十分关键。K. 菲因认为，在俄国"雇佣劳动和资本之间的矛盾尚未成为主要矛盾"②。K. 菲因这一次得出的结论也并非完全正确。因为实际上俄国当时尚未完成资产阶级民主改革，在 1917 年 2 月以前，"渗入"国家社会结构的是彻底摧毁农奴制残余和反对专制制度的民族斗争。而这场斗争展开的决定性因素是劳动和资本的对立，其中无产阶级是主导力量。这一点不仅体现在苏联学者的研究之中，欧美学者的研究中也有所涉及。俄国无产阶级的斗争既是当时俄国社会生活的核心，又是国际工人运动的重要组成部分，这一观点已经得到了广泛认可。③

针对剩下的三个标志，我们还可以提出类似的反对意见：俄国还没有形成统一的、成熟的资本主义再生产关系；资本的流动不仅遇到了政治、法律和文化上的阻碍，而且在大规模工业生产部门还存在垄断化的

---

① Funken K. Op. cit. P. 323.
② Funken K. Op. cit. P. 323, 324.
③ Международное рабочее движение: В 7 - ми томах. Т. 3. М., 1978.

倾向；沙皇国家"决定着国家的发展"①。此外，К.菲因最大的失误在于，他所提出的这些标志尽管考虑到了俄国资本主义发展的矛盾性，但是俄国的经济结构与他所构建的理论并不匹配。

与 И.И.明茨的看法正好相反②，西方的历史学家们尽管存在意见分歧，但是他们在这一点上取得了一致，即绝对不会去夸大俄国资本主义发展的成果。

根据亚历山大·格申克龙③和雷蒙德·戈德史密斯④的计算结果，在19世纪末20世纪初，俄国工业发展的速度很快。对此学界没有异议。"戈德史密斯的著作，"保罗·格雷戈里指出，"证实了亚历山大·格申克龙在早期的一篇论文中得出的结论，在对俄国工业生产进行研究后，他认为俄国的工业产量在80年代中期发生了重大飞跃，那时俄国的工业增长率超过了先进工业国在工业革命时期的增长率。"⑤米尔沃等认为："1890年以来，俄国的工业增长速度是全欧洲最快的。"⑥

只有华尔特·罗斯托认为，1890~1914年的俄国已经过了"起飞"阶段，根据他的理论，这个阶段应在"现代"社会所特有的"自我持续增长"阶段之前。

А.卡根指出，相比其他地区，俄国在工业领域和发达工业国家的差

---

① Funken K. Op. cit. P. 324-326.
② Минц И. И. О перестройке в изучении Великого Октября // Вопросы истории. 1987. No 4. C. 4-5.
③ Gerschenkron, A., "The Rate of Industrial Growth in Russia Since 1885", *The Journal of Economic History* 7 (1957), pp. 144-174.
④ Goldsmith, R. W., "The Economy Growth of Tsarist Russia 1860-1913", *Economic Development and Culural Change* 9 (1961), pp. 441-475.
⑤ Gregory, P. R., "Russian Industrialization and Economic Growth: Results and Perspectives of Western Research", *Jahrbucher fur Geschichte Osteuropas* 25 (1977), p. 203.
⑥ Milward, A. S., et al., *The Development of the Economics of Continental Europe 1850-1914* (London: George Allen and Unwin, 1977), p. 424.

距更小①，但与此同时他也表示，1890～1913年俄国经济中所发生的变革不足以使它从一个以农业为主的国家蜕变为工业化国家。②布莱克维尔认为，1800～1860年俄国已经具备了"起飞"的先决条件③，他在评价俄国1914年工业发展成果的时候指出了俄国所进行的工业化是不完整的。用他的话来说，"俄国的资本主义才刚刚开始成熟"④。

　　法尔克斯直接对华尔特·罗斯托的论断提出质疑。他认为对俄国经济是否在1913年前就已经过了"起飞"阶段"不能妄下定论"，"即便套用罗斯托的理论，这个结论还是缺少足够的数据支持。从俄国1913年的人均国民收入水平来看，它是欧洲乃至世界上最贫穷的国家之一"。与此同时他也提出，尽管俄国的工业结构与其他先进国家相比几乎算不上"现代化"，但是在工业发展方面，俄国取得的进步的确是最大的。不论如何，俄国在数十年间取得了很多成就。要想解释清楚1917年后苏维埃政权期间俄国经济的增长情况，必须要关注沙皇俄国时期所建立的俄国工业基础。法尔克斯是这样评价"俄国所取得的成就"的："截至1913年，俄国已经拥有了大量的工业部门。俄国工业部门的绝对数量在世界范围内排名第五，仅次于美国、德国、英国和法国。俄国还有发达的重工业……然而在人均产值方面，俄国的数字就要逊色得多了。""就人均工业产值而言，美国超出俄国10倍以上，"法尔克斯对这个数据的看法是，"这从侧面证明了，对于俄国这样一个有着大量农民的国家，人均收

---

① Kahan, A., "Capital Formation during the Period of Early Industrialization in Russia, 1890 – 1813", *The Cambridge Economic History of Europe* 2 (1978), p. 289.
② Ibid., p. 265.
③ Blackwell, W. L., *The Beginnings of Russian Industrialization, 1800 – 1860* (New York: Princeton University Press, 1968).
④ Blackwell, W. L., *The Industrialization of Russia: An Historical Perspective* (New York: Thomas Y. Crowell, 1970), p. 198.

第一章　19世纪末20世纪初俄国资本主义发展概况及俄国在世界资本主义体系中的地位

入指标的意义十分有限。"①

　　法尔克斯的观察结果值得我们高度重视。事实上，当经济发展存有巨大反差时，将经济中发达部分和欠发达部分平均化，就很难说清状况。结论到底是什么？毕竟经济是包括这两个部分在内的一个整体。

　　法尔克斯试图通过分析1913年俄国的国民收入结构来解决这个问题，他的结论是，俄国的经济仍然是"欠发达的"。②

　　并不是所有的西方史学家和经济学家都认同法尔克斯对"罗斯托理论优点"的论述和他提出的经济发展水平指标。③ 或许正因如此，保罗·格雷戈里试图以C.库兹涅茨的"现代经济增长"理论为基础，对1861～1917年俄国经济的发展状况进行评估。以这个理论为基础，他研究了俄国人口增长趋势、出生率和死亡率、总产值和人均产值增长率、国民经济和产业结构的演变以及消费模式的变化。他得出的结论是："解放农民之后，俄国在总产值方面呈现了高增长率，然而，由于人口的高速增长，其人均产值增长率并没有呈现类似的高增长……农业劳动生产率较低是影响其总产值增长的主要障碍。尽管在20世纪初俄国的出生率和死亡率开始呈现'现代经济增长'的特征，但是其主要趋势还是高速增长的出生率，这便导致俄国的人均产值增长率一下子降到了最低。人均生产的增长受到了限制，这反过来影响了俄国的生产消费结构。虽然90年代发生的结构转变有着决定性意义，但是俄国的产出结构仍然相当于那些正在迈向现代化的国家的产出结构。尽管在俄国的工业结构问题上存在着不同的观点，但是总体来看，俄国工业结构与

---

① Falkus, M. E., *The Industrialization of Russia, 1700 – 1914* (London: The Macmillan Press Ltd, 1972.), p. 12.

② Falkus, M. E., "Russia's National Income, 1913: A Revaluation", *Economica New Series* 35 (1968), pp. 58 – 59.

③ Блестящий критический анализ этих критериев был, в частности, дан С. Кузнецом. См.: Kuznetz S. Notes on the take – off // Rostow W. W. (ed.).

先进国家工业结构之间的差别不是很大。如果这一结论正确的话，那么'革命前的俄国存在着一种二元经济——现代化的工业与落后的农业并存。'"①

一般来说，西方的历史学家在描述俄国这种失衡的经济模式（先进工业与落后农业并存）时，多认为落后农业对俄国起决定性作用。米尔沃等对这一点表述得最为清楚。"在俄国，"他们这样写道，"农奴制——封建力量和资本主义力量齐头并进，但二者在此过程中并没有相互磨合，反而发展出了新的紧张关系……俄国是一个极端的国家——这不仅体现在它的气候、它的穷奢极欲、它的极度贫困上，还体现在它落后原始的农业生产与其位于欧洲部分的现代化钢铁工业的极端对比上。它有着如此之多的人口，人口的过快增长让那些在正常情况下能够取得成功的努力，在俄国身上却收效甚微。"② O. 克里斯普认为："尽管在1913年俄国是欧洲第四大工业国家，有着众多重要的工业部门，这些工业部门中的大部分现代工厂也都是行业代表……然而就俄国的社会结构而言，创造国民生产总值的劳动力仍然呈现了前工业经济或半工业经济的特征。"③

鉴于农业部门在俄国经济中所占据的数量优势，上述这一观点自然成立。然而，农业史学者们的研究却表明，农业各部门的落后程度各不相同。资本主义生产关系在其中发挥了越来越重要且积极的作用。到了19世纪初，资本主义生产关系决定着一些大型农业生产地区的面貌。这里需要提及一个概念，即动态因素和不动因素的相互作用。动态因素指

---

① Gregory, P., " Economic Growth and Structural Change in Tsarist Russia: A Case of Modern Economic Growth?", *Soviet studies* 3 (1972), pp. 432 – 438.
② Milward, A. S., et al. *The Development of the Economics of Continental Europe 1850 – 1914* (London: George Allen and Unwin, 1977), p. 333.
③ Crisp, O. "Labour and Industrialization in Russia", *The Cambridge Economic History of Europe* 7 (1978), p. 308.

第一章　19世纪末20世纪初俄国资本主义发展概况及俄国在世界资本主义体系中的地位

的是受世界资本主义经济的影响，俄国工业和农业中的资本主义正在发展之中，有着巨大的上升潜力。不动因素是俄国土地制度中的农奴制残余，它早就应该走向灭亡，其存在的原因有两个：一是有着上层建筑的支持；二是得到以国家贷款形式提供的外国援助。不动因素没有办法实现自我发展，它只会阻碍动态因素的发展。它的存在不仅阻碍还扭曲了资本主义所需要的国民经济的正常演变。

就这个观点而言，海科·豪曼的《1906～1917年沙皇帝国的资本主义：工业化进程中的组织形式、成就权重与权力对比》一书具有重要意义，在书中作者试图说明作为"地主阶级"政治统治形式的沙皇制度对俄国资本主义有何影响，以及沙皇制度如何在国家经济中和社会结构中成为农奴制残余的化身。俄国"一方面有着高度发达的资本主义形式，另一方面，在消费品生产上还存在着'前垄断资本主义'形式，在小规模农业生产中还存在着早期乃至前资本主义形式，各种形式紧密相连且相互渗透"，海科·豪曼的结论是，称这种形式为"中等发达资本主义"过于简化，因为它没有考虑到当时社会制度的复杂性，也无法说明俄国历史发展进程的"整体性"。他提议将俄国的资本主义定性为"畸形的"资本主义，或者更为准确地来说是"残缺的"资本主义，俄国的资本主义只不过是带有国家资本主义因素的资本主义。

这一"描述"可以说是相当合适了。毕竟，俄国资本主义的发展确实受到了来自外部的加速作用，也受到了来自内部的抑制作用。然而光凭这一点就想要证明俄国资本主义的畸形化（"残缺化"）是不够的，还需进一步了解其性质以及发展程度。

保罗·格雷戈里对1885～1913年俄国国民收入演变状况的研究较为专业，可以起到进一步的补充作用。这项研究证明了，农业生产在俄国经济中的占比很大，而且与其他资本主义国家相比，俄国在国民收入的绝对规模和人均收入方面的排名不容乐观。不过这项研究也能够帮助我们得出一些更有意义的结论。保罗·格雷戈里的一些结论对于理解本书所述内容有很大帮助，笔者将其全文引用如下以便查看。"以前在对俄国国民收入进行研究时，低估了沙皇经济的增长速度。俄国'工业时代'（1885~1913年）的年增长率约为3.3%（国民生产总值）和1.7%（人均国民生产总值）。这些数字和雷蒙德·戈德史密斯的计算结果略有不同，他认为同期的增长率约为2.7%（国民生产总值）和1.3%（人均国民生产总值）。"

"以19世纪末20世纪初的世界标准来看，沙皇经济的增长率是比较高的。俄国像美国、日本、瑞典等国那样，属于经济增长速度最快的国家。""1885~1913年，沙皇经济增长和结构变化的走向符合一个工业化国家应有的经济增长模式。由此可以得出结论：从1885~1913年，俄国进入了现代经济增长的时代，然而这一进程在1914年随着第一次世界大战的爆发而被迫中止。""亚历山大·格申克龙声称俄国的经济发展带有'亚洲'特色，虽说在某些方面这句话也不无道理，但是在其他方面这句话则是毫无根据的。就一个低收入的国家而言，沙皇俄国以相对较高的投资、政府支出水平以及相对较低的个人消费水平开启和结束了工业化时代。这种现象和亚历山大·格申克龙所说的相对落后模式相一致。然而，相对较高的投资份额并不能用政府的直接干预来解释（比如说日本）。因此，何种机制让俄国在经济发展的早期阶段取得如此之高的投资份额这一问题还有待商榷。亚历山大·格申克龙提出的俄国农民要为高投资率'买单'的观点，连同他所得出的'俄国农业生产率低下'这一论断，在我的计算结果中全部没能得到验证。"保罗·格雷戈里继续指出："本研究和亚历山大·格申克龙理论之间的主要分歧在于对俄国农业生产力问题的处理上。我得出的结论是，俄国的农业生产力水平（以及村庄的生活水平）要比亚历山大·格申克龙假设的高得多。""沙皇经济很好地融入了世界经济，价格和生产的波动主要由'外部'因素决定。

第一章　19世纪末20世纪初俄国资本主义发展概况及俄国在世界资本主义体系中的地位

国内价格紧随世界市场的趋势，投资和总产出与世界投资和生产周期保持一致（不过很明显有一点滞后）。俄国经济中最为突出、最为重要的一个特点表现为，受1905年革命的不利影响，俄国的经济周期脱离了世界经济周期的一般进程。"①

俄国资本主义发展的矛盾性及其发展结果的模糊性自然会造成对其评价的差异。后者在很大程度上取决于看问题的角度。由于半封建的政治上层建筑、地主土地所有制以及农奴制的残余，俄国资本主义的发展经常处于一个特殊的封建外壳中，或是采取某种不寻常的、隐蔽的形式，这样一来它的实际规模就很难界定。因此笔者赞成加特雷尔的观点："将革命前的俄国描绘成一个经济落后的国家诱惑十足，我们必须抵抗住这一诱惑。"②

由于俄国国民经济呈现了令人难以置信的反差，承认俄国是一个中等发达的资本主义国家，就好像是把俄国经济互不相容、相互排斥的特征归结为一个共同点一样，笔者认为，这只对确定俄国在资本主义国家之中的地位有一定的指导作用。

近年来，学界常常用世界资本主义"梯队"这一概念来比较俄国资本主义的特征。早在1960年前后，这个概念便引起了苏联历史学家的注意。К. Н. 塔尔科夫斯基是第一个将其与俄国历史相联系的人。1964年他在《历史问题》上发文，分享了自己由 А. И. 列夫科夫斯基所著的《印度资本主义发展的特点》（莫斯科，1963年）一书而引发的对改革后俄国社会经济发展进程的相关问题的思考。③ 笔者认为 К. Н. 塔尔科夫斯基对这本书产生兴趣可能有两点原因。第一，他注意到了苏联史学界对世

---

① Gregory, P. R., *Russian National Income, 1885–1913* (Cambridge: Cambridge University Press, 1982), pp. 192–194.
② Gatrell, P., *The Tsarist Economy 1850–1917* (London: Batsford, 1986), p. 231.
③ Тарковский К. Н. О социологическом изучении капиталистического способа производства // Вопросы истории. 1964. № 1.

第一次世界大战前夕的俄国金融资本

界资本主义发展的研究十分不平衡，19世纪下半叶和20世纪初的欧洲与北美经济史的研究几乎完全停滞，但东方世界的历史、经济的研究范围十分广阔，且产出了不少有趣的研究成果。这样一来，东方世界的研究自然而然地会吸引研究人员的注意。第二，在20世纪50年代末60年代初陆续出版了一些论著，论著中多认为俄国土地制度中的农奴制残余有着特殊的生命力，在俄国经济发展过程中发挥着特殊作用，这渐渐引发人们对俄国资本主义特殊性的思考，认为俄国同西方资本主义国家有所不同。①

К. Н. 塔尔科夫斯基在自己的文章中这样写道："现代印度和19世纪下半叶的俄国在资本主义发展方面拥有很多共同点。"他对 А. И. 列夫科夫斯基书中的观点进行了总结："这本书描述了资本主义在两类国家中的发展状况——宗主国和与之相对应的殖民地。他以印度为例，描述了资本主义独立发展的国家的状况，这在某种程度上限制了资本主义国家的范围"，因为"他在书中描述的那种资本主义特征不仅适用于殖民地半殖民地国家，也适用于后发展的资本主义国家。"②

此后又过了十年左右，К. Н. 塔尔科夫斯基提出了他的观点："经过比较历史分析，我们发现具有类似资本主义演变特征的国家有以下两类。第一类包括先发展的资本主义国家，第二类包括后发展的资本主义国家。第二类国家资本主义演变的主要特点是资本主义'自由竞争'的具体表现形式尚不明确。这些国家在进入资本主义阶段时，国内还存在着相当明显的封建残余，这严重阻碍了其社会经济的正常发展；大规模工业生产体系的建立严重冲击了'经典'顺序（小商品生产——工厂手工业——工厂制造业——铁路运输和水路运输），且冲击速度十分之快；这

---

① Особенности аграрного строя России в период империализма. М., 1962; Об особенностях империализма в России. М., 1963.
② Тарковский К. Н. Указ. соч. С. 132.

第一章 19世纪末20世纪初俄国资本主义发展概况及俄国在世界资本主义体系中的地位

一方面是因为国家对经济的积极干预,另一方面是因为外国资本的大量流入;最终,任由资本主义大规模生产体系发展的一个结果便是,在这些国家的国民经济中出现了国家资本主义部门,它们举足轻重,而这种现象在第一类国家中是几乎不会出现的。"①

"先发展"的资本主义国家和"后发展"的资本主义国家都承受着来自世界的压力,其中"后发展"的资本主义国家包括半殖民地、殖民地国家以及俄国和日本。类似的观点在20世纪70年代的文献资料中也有表达。

И. Ф. 金丁认为:"欧洲国家和个别欧洲以外的国家建立资本主义的过程……其发展一般呈现这三种类型:西欧型、中欧型和日俄型。"在分类的时候,他希望大家能够关注到第二类和第三类国家所固有的一些共性,并将它们同第一类国家区分开来:利用"先进国家"发展"机器生产、技术、经济组织形式"的经验;通过"关税保护国内市场,使其免受来自工业化大国的竞争",第二类和第三类国家的政治独立是实现这一点的前提;"不是通过革命,而是通过'演变'——通过不完整的资产阶级革命来改造社会结构和完善政治制度",从而实现向资本主义的过渡。②在他看来,这种形式下的资产阶级化对第二类国家和第三类国家所产生的经济作用有所不同,实际上它更适合第二类国家。③

И. Ф. 金丁指出,"向俄国和日本进行工业转移的过程"和"中欧、美国较早时候发生的过程并无区别",他写道:"工业化国家和殖民地、亚洲国家、获得政治独立的拉丁美洲部分国家以完全不同的方式进行发

---

① Тарковский К. Н. Проблема взаимодействия социально - экономических укладов империалистической России на современном этапе развития советской исторической науки // Вопросы истории капиталистической России: Проблема многоукладности. Свердловск, 1972. С. 27.
② Гиндин И. Ф. Концепция капиталистической индустриализации России в работах Теодора фон Лауэ // История СССР. 1971. № 4. С. 227, 229.
③ Там же. С. 229 - 230.

展。后者被完全剥夺了借助关税保护自己国内市场免受外国商品倾销的权利。对于这些国家而言，列强先进的资本主义造成了它们资本主义萌芽的萎缩，旧'中世纪资本主义'——商人和高利贷式的资本主义进一步强化，并将殖民地和半殖民地作为其经济附属品。"①

笔者将俄国列入了向资本主义过渡的"第二梯队"国家。在这些国家，发展资本主义是大势所趋，随后这种生产方式便开始广泛而深入地传播开来，并将落后国家纳入其发展的轨道之中。② 笔者认为，在"第二梯队"中应当包括这样一些国家，这些国家在资本主义世界体系形成的同时，能够利用来自外部的"援助和榜样"加速本国经济体系的资本主义转型。"第二梯队"国家最重要的一个共性在于内部驱动力是发展的动力，这样一来它们能在保持自身政治独立性的同时吸收外部力量加速发展，阻隔来自国外的消极影响。

不过值得注意的是，一直以来研究"第三世界"相关问题的学者对政治不独立国家（半殖民地和殖民地国家）和俄国的资本主义进程的认定都持否定态度。③ 也正是他们提出了世界资本主义发展的"三个梯队"这一概念④，这个概念后来被用来界定俄国资本主义的地位⑤——将国家

---

① Там же. С. 227 – 228.

② Bovikin V. I. Oroszorszag ipari fejlodesenek tarssdalmi – gazdasagi problemai（Общественно – экономические проблемы промышленного развития в России）// Tortenelmi Szemle. Budapest, 1973. № 1 – 2. P. 31; Bovikin V. I. Probleme der industriellen Entwicklung Russlands // Wirtschaft und Gesellschaft im vorrevolutionaren Russland. Koln, 1975. S. 189.

③ Растянников ВТ. Аграрная революция в многоукладном обществе. М., 1973. С. 139140; Развивающиеся страны: закономерности, тенденции, перспективы. М., 1974. С. 320 – 321; Меликсетов А. В. Социальная политика Гоминьдана, 1927 – 1949 гг. М., 1977. С. 24, 26 и др.

④ Эволюция восточных обществ: синтез традиционного и современного. М., 1984.

⑤ 参见 Пантин И. К., Плимак Е. Г., Хорос В. Г. Революционная традиция в России 1783 – 1883 гг. М., 1986; Долуцкий И. И. Россия в началеXX века: общее и особенное // Реформыторой половины XVII – XX вв.: подготовка, проведение, результаты. М., 1989。

第一章　19世纪末20世纪初俄国资本主义发展概况及俄国在世界资本主义体系中的地位

划分为不同梯队。根据这一概念,他们将半殖民地和殖民地归为一组,而这就和前文所提到的列宁"世界划分图"的原始版本十分接近了。

И. И. 道卢茨基对与俄国有关的"三个梯队"的概念进行了有趣的解释。他写道:"'第一梯队'的国家,它们的特点是从自身封建社会深处自发地产生并发展了资本主义生产关系,内部因素在其发展中起到了决定作用,外部因素起加速作用而不是根本作用。"①

根据 И. И. 道卢茨基的说法,从18世纪末到19世纪60~70年代,"第二梯队"的国家走上了资本主义道路,它们落后了"第一梯队"国家"整整一个发展阶段"。"因此,追赶性不仅仅意味着不平衡的现代化,还代表着不连续的发展,这导致了社会结构之间的差异性……由于形成资本主义的一些前提条件(主要是社会经济条件)还不成熟,有些(政治和法律)条件可能长期都不存在,受外部'示范效应'的影响,残缺的要素开始发生变化,而此时没有足够的、甚至根本没有发生应有的内部转变。在国家梯队中,国家发挥着重要作用,它不仅是资本主义变革的发起者(自上而下的革命),也是促成制度形成的重要因素。"②

"'第三梯队'的国家,"И. И. 道卢茨基进一步解释道:"它们在19世纪初和20世纪上半叶走上了资本主义道路。到20世纪初,这些国家的资本主义发展水平很低,或者资本主义压根就没有发展起来。在这个时候,它们受到了来自资本主义世界体系中心的压迫。应当指出的是,外部因素在'第三梯队'国家的发展过程中起到了决定性作用,因此我们也常常称呼这一梯队的国家为资本主义附庸。这里的资本主义要么缺少原生土壤的栽培,是从外部引入的,要么被更为先进的资本主义入侵,打断了国家资本的正常演变过程,迫使其按照'中心'规则运转……依赖性在此处具有结构性特征——生产力和与之相应的生产关系是从外部

---

① Долуцкий И. И. Указ. соч. С. 83.
② Там же. С. 84.

引入的，它们并没有破坏依赖性，而是让其与依赖性变得更加紧密了。""依赖性在此作为一种力磁场，不断地给予（以压迫的形式）那些被广泛称作'东方'的国家以力量，塑造了其发展的整体特征。第二梯队的国家不会意识到自身的结构性特征，或者对发展'动力'的依赖性。就像它们也不知道特殊经济的多元结构一样，当不相关的结构并存时，既没有一个结构占主导地位，也没有任何一个结构能够融会贯通，迫使其他结构为自己所用。"①

鉴于以上这一点，"新方向"观点的支持者反对"将'第三梯队'国家资本主义发展的某些模式和特点照搬至革命前的俄国"，И. И. 道卢茨基提出，世界资本主义的发展具有阶梯性，由此可以指出"М. Я. 戈夫特、К. Н. 塔尔科夫斯基、П. В. 沃罗布耶夫在60～70年代初犯的错误，并且十分遗憾的是，哪怕是在 П. В. 沃罗布耶夫的遗作中，这个错误依旧没能被纠正"②。他是这样解释的："在资本主义生产的建立、结构比例的形成以及农业演变的过程这些问题上，参考'摆脱殖民依赖的亚非国家'的经验和发展模式似乎有些不妥。将第二和第三梯队的国家整体看作特殊的'年轻资本主义国家'，然后将多元结构视作它们的整体特征，这一做法本身就有失偏颇，没有考虑到亚洲国家和非洲国家各自的特殊性。当然，它们之间还是存在一些共同之处，不过照此来说的话，此处俄国的特殊性可一点也不亚于传统研究下的俄国。"③

根据 И. И. 道卢茨基的说法，"把'第二梯队'国家和'第三梯队'国家合并成了一个资本主义二级国家后再去关注它们的一般社会学模式的话，我们就会发现'新方向'绕过了对中等发达国家发展模式的研

---

① Там же. С. 85－86.
② 指的是 Волобуева П. В. Выбор путей общественного развития: теория, стория, современность. М., 1987。
③ Долуцкий И. И. Указ. соч. С. 86－87.

第一章 19世纪末20世纪初俄国资本主义发展概况及俄国在世界资本主义体系中的地位

究"①。譬如,他提出 П. В. 沃罗布耶夫的两个论断和由此得出的结论都是不合理的,即"П. В. 沃罗布耶夫认为20世纪初俄国经济发展的多样性是造成其资本主义发展扭曲化的一大因素,俄国农业中的资本主义关系具有落后性且依附于前资本主义关系,并由此得出'俄国资本主义具有依附性'"。他认为,从对"第三梯队"国家"依赖性"的解释来看,"俄国就不是一个依赖性国家"——"俄国就和其他一些欧洲边缘国家一样,它的发展与其说是遭受了帝国主义中心向外发出脉冲的冲击,更像是内部规律性的结果,尽管这个结果有些扭曲。这种依赖性可以用公式'a+c'来表示,其中第一项被加数(不断增加)是内部因素作用的结果,体现的是内部因素的重要性,第二项(逐渐减少)反映了外部因素占比在下降。这样一来,各国家集团和主要大国之间的差距缩小了,各种形式的资本主义能够以国家为基础实现发展"②。

伊万·贝伦德和兰基在对19世纪欧洲边缘地区资本主义发展研究的基础上,总结了这些国家资本主义发展的三种变式:"对于巴尔干半岛和伊比利亚半岛的经济来说,发达工业中心的影响实际上并没有刺激农业经济并实现系统性转型。恰恰相反,这些国家的发展扭曲并保留了原有的落后状态。就斯堪的纳维亚地区的经济而言,整个经济的快速增长和迅速转型主要得益于适应西方工业化市场需求后出口额的增长,除此之外还同相关产业在国民经济中的比重、技术性质和发展前景相关。由于发展的总体性和多边性,该地区也就不再是一个边缘地区,而是以一个平等的贸易伙伴的身份与经济中心融为一体。意大利、匈牙利和俄国——尽管它们之间差异巨大,但全都属于过渡型。对外贸易的兴起和外国资本的流入加快了这些国家经济发展的步伐,与此同时,这些国家经济发展的自主性也被调动了起来,学习欧洲经济发达地区的经验是发

---

① Там же. С. 87.
② Там же. С. 87 - 89.

展的一种途径,但也存在完全不受欧洲经济发达地区发展影响的国家。虽然这些国家未能摆脱边缘状态,但是它们也因此走上了独立的发展道路。"① 与俄国发展有关的国内外研究成果都证实了这一观点。

19世纪下半叶,俄国的经济结构发生了深刻的质变,进入20世纪后,俄国的国民经济结构在新的资本主义基础之上分化出了不同区域和不同部门,然而在此之后,便再也没有发生任何重大变化。

И. Д. 科瓦尔琴科和 Л. И. 鲍罗金的研究,旨在确定欧俄地区50个省的农业和工业类型②,这样一来便能够根据经济发展的性质和水平对各省进行分区。

在欧俄地区的中心地带有一个由5个省组成的工农业地区:莫斯科、弗拉基米尔、特维尔、雅罗斯拉夫尔和科斯特罗马。以纺织业为主的发达工业在这里同极其落后的农业和先进的畜牧业结合在一起,这表明了农村资本主义结构的调整是为了满足城市的需求。

圣彼得堡和波罗的海地区,这片区域的特点是高水平的多产业制造业和农业。这一特点在爱沙尼亚和利沃尼亚格外显著。在该地区的西部(库尔兰),农业占主导地位;在东部(圣彼得堡)则相反,工业占主导地位,此处的农业结合了波罗的海地区和中部省份的特点。

---

① Berend I., Ranki G. Underdevelopment in Europe the context of East－Я West relations in the 19th century. P. 25 – 26; Idem. The European periphery and industrialization 1780 – 1914.

② Ковальченко И. Д., Бородкин Л. И. Аграрная типология губерний Европейской России на рубеже XIX – XX веков:(Опыт многомерного количественного анализа) // История СССР. 1979. № 1. С. 59 – 95; Ковальченко И. Д., Бородкин Л. И. Промышленная типология губерний Европейской России на рубеже XIX – XX веков: (Опыт многомерного количественного анализа по данным промышленной переписи 1900 г.) // Математические методы в социальноэкономических и археологических исследованиях. М., 1981. С. 102 – 128; Ковальченко И. Д., Бородкин Л. И. Вероятная многомерная классификация в исторических исследованиях:(По данным об аграрной структуре губерний Европейской России на рубеже XIX – XX вв.) // Математические методы и ЭВМ в исторических исследованиях. М., 1985. С. 6 – 30.

第一章　19世纪末20世纪初俄国资本主义发展概况及俄国在世界资本主义体系中的地位

另一个集大规模工业和资本主义农业发展于一体的区域是俄国南部地区。其工业和农业中心为叶卡捷琳诺斯拉夫——主要为煤矿、黑色金属和金属加工业中心。该地区的外围区域是塔夫利达、赫尔松、比萨拉比亚、波多利斯基、波尔塔瓦、哈尔科夫以及顿涅茨克地区，具有工农业特征。在东部地区（赫尔松、塔夫利达、叶卡捷琳诺斯拉夫以及顿涅茨克地区），地主的作用较小，迅速发展的农民型资本主义农业广泛扩展。在北部和西部（哈尔科夫、波尔塔瓦、波多利斯基和比萨拉比亚），农村资产阶级的发展在很大程度上受到了农奴制残余的阻挠。哈尔科夫、赫尔松和塔夫利达地区以及毗邻叶卡捷琳诺斯拉夫的顿河地区，其工业发展（铁矿石和煤炭开采业、冶金业、金属加工业和机械制造业）是该地区工业中心向外扩张的一种表现。在其他地区，食品工业占主导地位，其专业化程度主要取决于农业的性质。因此，种植甜菜的西北部主要发展糖加工工业，种植谷物的东南部主要发展面粉加工工业。

工农区还包括萨拉托夫、萨马拉、喀山和奥伦堡等省份，其特点还体现在专业化的农畜产品加工业的工业产值不断增长，这和迅速发展的资本主义农业的生产模式不无关系。

这些区域构成了欧俄地区的经济地带，这些地区的资本主义的发展水平是最高的。在这些地区的外围，是那些与工业中心无关的、以农奴制为主导的落后农业地区。

从 И. Д. 科瓦尔琴科和 Л. И. 鲍罗金的研究结果来看，按其组成省份的资本主义发展水平来对欧俄地区进行分区，显然带有浓厚的指示性质。由于1900年的工业普查遗漏了包括采矿业在内的俄国工业的一些类别，这种分区还有待进一步解释和完善。也就是说，这一结果实际上遗漏了俄国最古老的工农业地区（主要是彼尔姆地区），那里的采矿业自农奴制改革前就存在了，深受农奴制残余之害，和大地主庄园农业密不可分。

与欧俄地区接壤的波兰王国，地域性的纺织工业（罗兹－帕比亚尼采－埃吉扎)、采矿业和冶金工业(索斯诺维茨－东布罗瓦)和金属加工业(华沙),通过消费市场和乡村相连接,工业生产的分支相当广泛,其工业部门的建立和发展直接反映了农业的商业化过程:酿酒业、(甜菜)制糖工业、面粉加工业和木材加工业。欧俄地区和波兰王国的产粮量占全俄粮食收成的9/10以上,工业生产占比同样如此。俄国其他区域通过参与俄国国内市场的经济发展,部分地参与了世界市场的经济发展,因此越来越趋向于适应大城市和外国需求。但这些区域起初是矿物产地、原料产地、畜牧和农产品供应地。尽管整个过程仍处于起步阶段,但是在这个过程中逐渐形成了一个大型产油、炼油中心——巴库。除此之外,中亚的棉花种植业和棉花加工工业也因此得到了进一步的发展,西西伯利亚的奶牛养殖业和黄油制造业由此而产生,东西伯利亚的黄金开采量也获得了增长,等等。

根据人口普查数据,1897年俄国各行业人口在生产人口数中的比例见表1-1。

表1-1 1897年俄国各行业人口在生产人口数中的比例

所属行业	人数(百万)	占比(%)
农业	93.7	78.9
工业、建筑业和交通运输业	14.2	12.0
贸易和服务业	10.8	9.1
非生产性行业	6.9	—
总计	125.6	

注:生产人口包括农业人口,工业、建筑业和交通运输业人口以及贸易和服务业人口。

列宁将全部人口分为三大类:农业人口、工商业人口和非生产性人口(不参加经济活动的人口)。此外,还有不能直接地和完全地被列入这三大类中的任何一类:私人职员、仆役、日工。这一类应该大致被分配在工商业人口与农业人口之间。他认为这种分类"以便说明社会分工这一俄国全部商品生产和资本主义的基础"。列宁表示:"一方面,从这个表中可以清楚地看出,商品流通,因而商品生产,在俄国已经完全站稳脚跟。俄国是资本主义国家。另一方面,由此可以看出,同其他资本主义国家比较起来,俄国的经济发展还很落后。"[①]

表1-2是保罗·格雷戈里的计算结果,通过这一结果我们可以看到19世纪末20世纪初俄国国民收入结构的变化和增速。

表1-2 19世纪末20世纪初俄国国民收入结构的变化和增速

单位:%

时间	农业		工业、建筑业和交通运输业		贸易和服务业		国民收入	
	占国民收入比重	增速	占国民收入比重	增速	占国民收入比重	增速	占国民收入比重	增速
1883~1887年	57.4		23.4		19.2		100.0	
从1883~1887年到1897~1901年		2.6		3.0		2.5		3.4
1897~1901年	51.3		30.6		18.1		100.0	
从1897~1901年到1909~1913年		3.0		3.6		2.8		3.1
1909~1913年	50.7		32.3		17.1		100.0	

显而易见,农业与工业、建筑业和交通运输业在国民收入中的比重于19世纪末发生了重大变化,之后则变化不大。农业收入的增速提高了。然而,三组生产人口在俄国生产人口数中的比重与他们所创造的国民收入贡献值不相匹配,且差异惊人。第一组(农业),其人口数占生产人口的78.9%,创造了近51.3%的国民收入;第二组(工业、建筑业和交通运输业),其人口数占生产人口的12.0%,贡献了30.6%的国民收入;第三组(贸易和服务业),其人口数占生产人口的9.1%,带来了

[①] Ленин В. И. Поли. собр. соч. Т. 3. С. 501-502. 译者注:照录《列宁全集》(第3卷),人民出版社,1984,第460页。

第一次世界大战前夕的俄国金融资本

18.1%的国民收入。

到了20世纪初,俄国的农业和工业都形成了基本的部门结构。俄国经济本质上来说还是多元的,各个地区特点突出。就像列宁所说的那样,在欧俄地区有着粮食种植业(南部和东南部)、畜牧业(波罗的海沿岸、西部、北部、中部工业省和部分中部农业省)以及亚麻种植业(非黑土区的19个省)。① 如上文所述,专业化在西伯利亚地区和中亚地区的农业发展中也十分突出。

就工业而言,20世纪,初俄国最大的工业是纺织工业和食品工业,其迅速发展是农业资本主义演变的直接结果。它们都占到了工业总产值的一半以上。包括面粉加工业、制糖工业和黄油制造业在内的食品工业、制酒业和烟草工业的繁荣,证明了俄国农业商品化的发展。纺织工业使用进口原料进行生产,生产加工后的产品又卖给了广大农村地区的消费者,这一社会分工过程影响深远,促进了整个纺织工业的繁荣。金属工业——冶金业和金属加工工业居工业生产总值第三位,最初它的发展主要由修建铁路来推动,不过从19世纪末开始,其发展越来越倾向于面向工业和大众需求。

俄国南部的工业地区转变为主要的采矿和冶金中心,成了欧俄地区的一个工业分区。新工业区的诞生,在数量和质量上均促成了工业布局的调整。改造升级后的西北部和中部的冶金工厂渐渐偏离冶金生产,转而从事金属加工工业和机械制造业。圣彼得堡和位于俄国中部的老工业区的专业化程度越来越高。前者最终确立了自身作为机械制造中心的地位,后者则巩固了自身作为纺织工业基地的地位。

20世纪初,欧俄地区已经形成了一个铁路网,此后俄国铁路整体布局变化不大。

与此同时,俄国与世界经济展开联系的模式也稳定了下来。

---

① Ленин В. И. Поли. собр. соч. Т. 3. С. 252–263, 278–283.

第一章　19世纪末20世纪初俄国资本主义发展概况及俄国在世界资本主义体系中的地位

第二节　俄国在世界资本主义体系中的地位

一个国家的对外贸易状况是其经济发展特点的最好反映，这一点用在俄国身上也同样适合。20世纪初，俄国在世界贸易总额中所占的份额刚刚超过3.0%，这一数字甚至低于俄国在世界工业生产中所占的份额，其在世界农业生产中的份额就更不用说了。这样的差异揭露了俄国经济发展的一个重要特征——趋于自给自足。俄国的工业生产和农业生产都主要面向国内市场。此外，西欧国家的殖民地和宗主国隔海相望，而俄罗斯帝国则和它们不同，所谓的宗主国和殖民地之间的贸易往来对于俄国来说是在国内市场中进行的。在重重关税包围之下，全俄市场就好像是国际分工中的一个独立部门。俄国的对外经济关系对俄罗斯帝国内劳动分工体系的运转几乎不起作用，这一点我们不能忘记。

俄国外贸发展状况的统计资料十分详尽，这些资料经过证明是高度可靠的。①

19世纪下半叶，俄国的出口产品以粮食为主。在19世纪70年代中期，粮食出口占比在50%上下浮动，这一状况一直延续到了20世纪初。与此同时，木材出口的比重也在不断增加。到20世纪初，木材已经成为继粮食之后俄国的第二大出口商品。1896~1900年，木材占俄国出口商品总值的7.7%。在传统出口产品中，只有亚麻（7.3%）还维持原有地位。麻线和羊毛出口的重要性下降了。主要用于制造蜡烛的动物脂肪的

---

① 这一版涵盖了1802~1915年（不包括1808~1811年）的俄国对外贸易年度数据。从1870年起，它被称为"俄国欧洲和亚洲边境的对外贸易回顾"。19世纪的相关数据资料可以在 В. И. 波克罗夫斯基编纂的《Сборнике сведений по истории и статистике внешней торговли России》（СПб., 1902）中找到。Е. В. 德沃雷茨基追溯了这一数据的来源，并考证了其可信性。

出口几乎完全消失了，但与之相对应地，石油产品（4.0%）和糖（3.0%）却在俄国出口总值中占有很大份额。19世纪90年代后半期，鸡蛋的出口额急剧上升（4.0%）。19世纪90年代初的全球性经济危机对俄国工业的巨大冲击，外加俄国农业结构的进一步资本主义化，是促成了俄国出口结构调整的重要原因。俄国作为石油产品和糖的主要供应商却没能占据西欧市场，而且这些商品在俄国出口份额中的占比也逐步下降。粮食的出口状况虽然随着收成而波动，但是总体趋于增加，只是在俄国总出口中的占比有所下降。

1861年，原棉成了俄国的主要进口产品。在1856~1860年，它占进口商品总额的12.8%。除了染料的进口，机器的进口在当时也发挥着重要作用。这些变化是俄国工业生产增长的证据。尽管如此，总体来看，俄国的进口产品仍然以消费品为主：食品和纺织产品。

到了20世纪初情况有所变化。机械、金属、羊毛和棉花成了俄国最主要的进口商品。自19世纪70年代起，俄国就完全停止了糖的进口：俄国自己成了糖的出口国。只有茶叶、水果、鱼类等食品还需要进口。1896~1900年，工业生产原料的进口额占俄国进口产品总额的47.5%。1900~1913年，俄国的进口结构基本上没有变化。唯一显著的变化是金属进口的份额减少了（从1896~1900年的10.5%减少至1909~1913年的3.3%）。

机器进口量在工业增长时期急剧上升，其峰值时期（1878~1880年、1898~1900年和1911~1913年）的数值远远超过了棉花，居第一位。不过除了这些时间段，棉花在俄国进口总量中还是占主导地位。19世纪80年代后半期和90年代前半期，棉花所占份额最大（占总进口额1/5以上）。此后，棉花的进口量开始下降。自19世纪末起，俄国棉纺织工业对原料的需求越来越大，并开始大量使用国产（中亚和外高加索）棉花。第一次世界大战爆发前，工业生产中国产棉花的使用量占

第一章　19世纪末20世纪初俄国资本主义发展概况及俄国在世界资本主义体系中的地位

一半以上。第一次世界大战前夕，俄国机器进口额达到峰值，这其中一半是以机床为主的生产机器，1/4是农业机械和农业工具，1/10是电气机械和电气设备，其余是机械零件。在运输机器中，俄国只进口汽车，这是因为俄国的国内生产足以满足俄国铁路铺设对蒸汽机车和车皮的需求。

因此，俄国的出口结构再一次证明了其国民经济以农业为主，但是出现了集约型畜牧业发展的迹象。随着农产品生产的全面增长，一方面，大部分农产品的出口份额呈明显下降趋势；另一方面，一些农产品逐渐成为仅用于出口的商品（如黄油）。[①] 值得注意的是，除木材之外，俄国出口产品的生产几乎不涉及俄国自身的自然资源，尤其是化石资源。由此可见，俄国采矿业的发展实际上应取决于国内经济发展的需求。

俄国进口的商品，尤其是工业消费品在进口商品中基本处于次要地位，这表明俄国国内的工业生产能够满足国内市场对消费品的需求。大规模进口原材料、棉花、羊毛和染料，这些产品是大规模工业生产的标志，特别是纺织业。最后，生产机器的进口率较高是工业进步与技术更新换代的标志，农业机械进口的增长是农业生产工业化的体现。

了解19世纪末20世纪初俄国的对外金融关系对于理解俄国国家经济组织状况很有帮助。最重要和最古老的经济形式是外国国家贷款。沙皇政府自1769年首次向外国贷款后便开始定期向外国货币市场寻求帮助。截至1861年，沙皇政府的外债已经约达3.5亿~4.5亿卢布[②]，

[①] 俄国的生产与出口比及消费与进口比参见 Ден В. Э. Положение России в мировом хозяйстве. Пг., 1922；Горфинкель Е. С. СССР в системе мирового хозяйства. М., 1929；и др.

[②] Гиндин И. Ф. Русские коммерческие банки. М. 1948. С. 394，444–445；Бовыкин В. И. К вопросу о роли иностранного капитала в России // Вестник Московского университета. Серия 9：История. 1964. No 1. С. 65.

第一次世界大战前夕的俄国金融资本

这一数字可以说是相当惊人。19世纪30年代自俄国第一家铁路公司成立之日起，除了国家公债外，铁路公司所发行的债券和股票也开始向国外市场投放。为了让这些债券和股票能够在货币市场上流通交易，一般来说国家会对它们的盈利能力进行担保，这些债券和股票由此能被信贷机构所认可，成为相当于俄国政府公债券的抵押品。此外，许多由股份公司修建的铁路在收归国有后，清算后的铁路公司贷款便会直接算作国债的一部分。国债的组成部分中还包括两家国有抵押银行——乡绅银行和农民银行的债务，自19世纪末起，这两家银行开始在国外设置分行。

19世纪90年代初，俄国国债和俄国股份有限公司中的外国资本，其中几乎有3/4用在了铁路建设上，约1/5用在了国家的"一般需求"上，只有不到1/10用在了创立和发展铁路之外的股份有限公司上。1861～1881年，俄国的外债增加了20亿卢布，这其中有4/5用在了铁路建设上，也就是服务于生产目的。① 然而到了80年代初期，向国外出售由政府担保的国债，其利息和还款数额大幅上升，就算是新借贷款都没办法填补亏空。② 到后来，俄国外国贷款的收支平衡只能依靠对外贸易的收支盈余来维持。

19世纪60～70年代实施的铁路项目虽然成为俄国工业发展的强大引擎，但是俄国为此也付出了巨大的代价。根据保罗·格雷戈里的计算，1881～1900年，俄国所支付的外国贷款，还款加利息超过了25亿卢布，是同期投资于铁路建设的外国资本的1.5倍以上。③ 俄国国民经济发展中使用了外国资本，这一点显而易见，不过有一点常常被忽视。

---

① 这并不意味着所有的资金都被有效利用，承包商和供应商贪污了资金中相当大的一部分，用来贿赂官员。
② 尽管计算方法不同，现有的俄国国际收支计算结果都表明了这一点。
③ Gregory, P. R., *Russian National Income, 1885 – 1913* (Cambridge: Cambridge University Press, 1982), pp. 97 – 98.

第一章　19世纪末20世纪初俄国资本主义发展概况及俄国在世界资本主义体系中的地位

俄国国内储蓄不足制约了外国资本的流入，这主要是因为，在国家信贷系统的帮助下，大部分储蓄从国民经济的生产用途中转移了出来，被用于支持沙皇专制制度和大地主庄园的发展。在资本主义发展的背景之下，要想继续维持地主阶级的政治统治和经济特权，沙皇制度下的俄国就不得不额外消耗巨大的非生产性开支，而出于同一个目的，俄国同样也不得不消耗大量的生产性开支：通过修建铁路来为大地主庄园阶级铺平开往市场的通道，鼓励发展铁路建设所必需的工业，等等。有了外国贷款，沙皇政府便能够利用国内积累的资源来满足其非生产性需求（"一般需求"）。到了1893年，被沙皇政府用于满足"一般需求"的国内储蓄支出要比用于铁路建设的外国贷款的数额多出了近5亿卢布。然而，俄国的外债越多，它就越难获得新的贷款。早在19世纪90年代初，欧洲货币市场逐渐拒绝向俄国继续提供贷款。到了19世纪至20世纪之交时，欧洲市场很明显早已经被由俄国政府担保的债券所淹没。[①]

沙皇政府在19世纪90年代中期引入了卢布的黄金保障机制，这促进了外国投资快速向俄国经济回流，推动了外国公司在俄国建立工业和其他企业，以及建立有外国资本参与的股份公司。这样一来，到20世纪初，俄国的外债结构基本上已经成形了。俄国国债占了外国总投资的2/3以上，政府所担保的债券和铁路公司股票约占1/10，在俄经营的国内外公司的股票和债券约占1/5。这些投资的主要对象也能确定了：铁路（67.2%），工业（15.5%），国家的"一般需求"和国家抵押贷款（14.2%），信贷、保险、贸易、运输、建筑和城市经济（3.2%）。

[①] Соловьев Ю. Б. Франко‑русский союз в его финансовом аспекте（1895‑1900 гг.）// Французский ежегодник, 1961. М., 1962. С. 162‑205；Ананьич Б. В. Россия и международный капитал 1897‑1914：Очерки истории финансовых отношений. Л., 1970. С. 949.

第一次世界大战前夕的俄国金融资本

外国资本对俄国有何影响？这个问题无论是在直接追踪国家经济动态的前人当中，还是在回顾研究这一现象的历史学家当中都极富争议。各种争论之中，在外国资本对俄国有何作用这一问题上，由于长期以来先入为主地为其预设了各种外在因素，整个问题的研究具有片面性。值得注意的是，有关该问题论战的第一次爆发可以追溯到19世纪90年代后半期，当时俄国的外债已经超过了30亿卢布，论战的爆发同占外债大头的政府担保债券关系不大，但同海外创业资本的不断流入紧密相关。

在20世纪20年代后半期的讨论中，依旧没有涉及俄国政府担保债券的问题，直到苏联历史学家和经济学家对俄国经济垄断历史进行研究时，才开始讨论起外国资本在俄国经济发展中的作用。当时学者们之间的主流观点是，19世纪末20世纪初是俄国资本主义的发展阶段，俄国垄断资本主义的形成受到了来自先进资本主义国家的外部影响。这些观点在 Н. Н. 瓦纳格的俄国金融资本的起源依赖性理论中有所体现。根据他的说法，俄国垄断现象的出现是国内工业依附于外国银行的结果，这种依赖关系的形成借由一种"更精练的形式"进行——经由俄国银行之手。① Н. Н. 瓦纳格的这个概念引发了苏联历史学家和经济学家的激烈讨论。不过，大部分学者对外国资本在俄国垄断资本主义建立中起决定性作用这一观点并无异议。争议主要集中在其他方面：垄断资本主义在俄国何时形成，又在何时结束；国民经济对外国资本的依赖是增加了还是减少了，等等。

讨论中，Н. Н. 瓦纳格这一概念在事实依据方面的薄弱性暴露了出来。尽管作者本人否定了俄国垄断资本主义蜕化过程中的衍生性和依赖性，但这个观点在进一步论证俄国的半殖民地依赖性方面发挥了重要作

---

① Ванаг Н. Н. Финансовый капитал в России накануне мировой войны. М., 1925. С. 25.

用，从20世纪30年代中期起，这一论断成了不容置喙的教条。① 受俄国半殖民地依赖性理论的影响，苏联的历史学家在看待外国资本对俄国的影响时，仅仅从俄国经济依附于外国资本这一个角度出发。这样一来，俄国半殖民地依赖性的论点便限制了俄国经济依赖程度的判断。此外，这种依赖关系的重要意义在于外国资本重视对俄国工业和俄国银行的直接投资，在第一次世界大战前夕，这种投资约占俄国外国资本的1/4，然而这种投资最重要的形式——沙皇政府的外国贷款，却再一次被研究者所忽视。他们坚持不懈地四处搜寻证据，试图证明在外国资本向俄国工业和俄国银行渗透的时候，俄国呈现了半殖民地的依赖性，但收效甚微。② 苏联历史学家在20世纪50年代末60年代初否定了这个理论，自此外国资本对俄国的影响这一研究步入了一个更有成效的新阶段。А. Л. 西多罗夫和Б. В. 阿纳尼夫的研究有力地证明了，沙皇政府的外国贷款是造成国家财政依赖性的主要因素。③ 他们对外国资本参与的俄国股份公司进行了全方位的研究。遗憾的是，苏联历史学家仅仅在20世纪50年代末60年代前半期对这一方向有所探索，在这之后，他们的研究热情逐渐淡去，这股热情直到70年代中期才逐渐恢复。④ 不过，自20世纪60年代

---

① Тарковский К. Н. Советская историография российского империализма. М., 1964. С. 11 - 70; Бовыкин В. И. Зарождение финансового капитала в России. М., 1967. С. 8 - 22.

② Бовыкин В. И. О некоторых вопросах изучения иностранного капитала в России //. Об особенностях империализма в России. М., 1963. С. 274 - 311.

③ Сидоров А. Л. Финансовое положение России в годы первой мировой войны (1914 - 1917). М., 1970; Ананьич Б. В. Указ, соч.; см. также: Соловьев Ю. Б. Франко - русский союз в его финансовом аспекте (1895 - 1900 гг.) // Французский ежегодник. 1961. М., 1962; Ананьич Б. В., Лебедев С. К. Участие банков в выпуске облигаций российских железнодорожных обществ (1860 - 1914 гг.) // Монополии и экономическая политика царизма в конце XIX - начале XX века Л., 1987.

④ Бовыкин В. И. Банки военной промышленности России накануне первой мировой войны // Исторические записки. 1969. Т. 64; Он же. Из истории взаимоотношений банков с промышленностью накануне первой мировой войны // Материалы по истории СССР. М., 1959. Т. 6. Документы по истории монополистического капитализма в России. （转下页注）

第一次世界大战前夕的俄国金融资本

以来，国外学者在该方向上有着极大的研究热情，这对于推动俄国国内外国资本的相关研究来说大有裨益。对俄国国内的外国投资量化指标的

（接上页注④）Он же. Зарождение финансового капитала в России; Он же. Российская нефть и Ротшильды // Вопросы истории. 1978. № 4; Он же. Формирование финансового капитала в России. М., 1984; Гиндин И. Ф., Тарковский К. Н. История монополии Вогау（торгового дома 《Вогау и K°》）// Материалы по истории СССР. Т. 6; Крузе Э. Э. Табачный и ниточный тресты:（Из истории монополий в обрабатывающей промышленности）// Из истории империализма в России. М.; Л., 1969; Соловьева А. М. Роль банковского капитала в железнодорожном строительстве России накануне первой мировой войны // Материалы по истории СССР. Т. 6; Фурсенко А. А. Из истории русскоамериканских отношений на рубеже XIX – XX вв. // Из истории империализма в России; Он же. Парижские Ротшильды и русская нефть // Вопросы истории. 1952. № 2; Он же. Нефтяные тресты и мировая политика: 1890 – е годы – 1918 г. М.; Л., 1965; Фурсенко А. А., Шепелев Л. Е. Нефтяные монополии России и их участие в борьбе за раздел мирового рынка в 90 – х годах XIX века // Материалы по истории СССР. Т. 6; Шацилло К. Ф. Формирование финансового капитала в судостроительной промышленности Юга России // Из истории империализма в России; Он же. Иностранный капитал и военно – морские программы России накануне первой мировой войны // Исторические записки. 1961. Т. 69; Гефтер М. Я., Шепелев Л. Е. О проникновении английского капитала в нефтяную промышленность России（1898 – 1902 гг.）// Исторический архив. 1960. № 6; Нетесин Ю. Н. Из истории проникновения германского капитала в экономику России // Известия АН Латвийской ССР. 1960. № 4; Фридман Ц. Л. Иностранный капитал в дореволюционном Казахстане. Алма – Ата, 1960; Каспарова И. Г. Меднорудная промышленность дореволюционной Армении и иностранный капитал. Ереван, 1961; Монополистический капитал в нефтяной промышленности России 1883 – 1914; Документы и материалы. М.; Л., 1961; Овсянникова Н. Д. Проникновение иностранного капитала в золотопромышленность Восточной Сибири во второй половине XIX – начале XX вв. // Труды Иркутского университета. Серия История. 1961. Т. 29. Вып. 2; Вяткин М. Ф. Платино – промышленная компания // Монополии и иностранный капитал в России. М.; Л., 1962; Он же. Горнозаводской Урал в 1900 – 1917 гг. М.; Л., 1965; Дякин В. С. Из истории проникновения иностранных капиталов в электропромышленность России（《Большой русский синдикат 1899 г.》）// Монополии и иностранный капитал в России; Он же. Иностранные капиталы в русской электроэнергетической промышленности в 1890 – 1900 – х годах // Об особенностях империализма в России. М., 1963. Он же. Финансово – капиталистические группировки в электроиндустрии и электрическом транспорте России в период предвоенного промышленного подъема и мировой войны // Исторические записки. 1965. Т. 75; Он же. Германские капиталы в России: электроиндустрия и электрический транспорт. Л., 1971; Колосов Л. Н. Очерки истории промышленности и революционной борьбы рабочих Грозного против царизма и монополии（1893 – 1917）. Грозный, 1962; （转下页注）

第一章 19世纪末20世纪初俄国资本主义发展概况及俄国在世界资本主义体系中的地位

详细研究可以帮助我们进一步明确外国投资的数据结构,这样一来,俄国外国贷款的状况、借贷条件以及投放模式也变得更加明晰了,我们还可以进一步研究外国资本对俄国工业形成和发展的作用、对垄断组织和金融资本形成的影响。这一研究揭示了外国工业集团、银行与俄国之间既竞争又合作的复杂关系。

(接上页注) Наролова В. А. Монополистические тенденции в нефтяной промышленности в 90 – х годах XIX в. и проблема транспортировки нефтяных грузов // Монополии и иностранный капитал в России; Она же. Начало монополизации бакинской нефтяной промышленности // Очерки по истории экономики и классовых отношений в России конца XIX – начала XX в. М.; Л., 1964; Она же. Начало монополизации бакинской нефтяной промышленности // Очерки по истории экономики и классовых отношений в России конца XIX – начала XX в. М., Л., 1964; Она же. Начало монополизации нефтяной промышленности России: 1880 – 1890 – е годы. Л., 1974; Потолов С. И. Начало монополизации грозненской нефтяной промышленности (1893 – 1903 гг.) // Монополии и иностранный капитал в России; Соловьев Ю. Б. Петербургский финансовый капитал в годы первого промышленного подъема в России (образование и деятельность «Генерального общества для развития промышленности России») // Там же; Он же. Петербургский международный банк и французский финансовый капитал накануне кризиса 1900 – 1903 гг. // Очерки по истории экономики и классовых отношений в России конца XIX – начала XX в.; Он же. Русские банки и французский капитал в конце XIX века // Французский ежегодник, 1974. М., 1976; Лукин А. А. Проникновение английского капитала в горное дело Сибири (1900 – 1914 гг.) // Экономическое и общественнополитическое развитие Сибири в 1961 – 1917 гг. Новосибирск, 1965; Он же. Американская монополия «Интернешнел Харвестер К°» в Сибири // Из истории Сибири. Выпуск 3. Томск, 1971; Садык – Заде Р. М. Из истории проникновения английского капитала в нефтяную промышленность Азербайджана (1896 – 1902 гг.) // Известия АН Азербайджанской ССР. 1965. Mb 4; Дьяконова И. А. За кулисами нобелевской монополии // Вопросы истории. 1975. № 9; Она же. Нобелевская корпорация в России. М., 1980; Она же. Э. Нобель и дизелестроение в России // Монополии и экономическая политика царизма в конце XIX – начале XX в. Л., 1987; Лачаева М. Ю. Из истории проникновения иностранного капитала в цветную металлургию Урала и Сибири начала XX в. // Вестник МГУ. Серия 8. История. 1975. № 8; История. 1975. № 3; Она же. Английский капитал в меднорудной промышленности Урала и Сибири в начале XX в // Исторические записки 1982. Т. 108; Она же. К вопросу о внешнеэкономических связях России и Англии в конце XIX – начале XX в. // Монополистический капитализм в России. М., 1989; Абрамова Н. Г. Иностранные акционерные общества в России в 1905 – 1914 гг. // Вестник МГУ Серия 8; История. 1980. Она же. Из истории иностранных акционерных обществ в России (1905 – 1914 гг.) // 1982. № 3; Напиташвили Н. Л. Германский капитал в Закавказье; Деятельность фирмы «Сименс и Гальске» 1860 – 1917. Тбилиси, 1982; Разумов (转下页注)

第一次世界大战前夕的俄国金融资本

　　确切评估外国资本对俄国社会经济发展的重要程度并不容易。政府人为地让国内储蓄从国民经济中流向非生产领域，这确保了俄国资本主义在地主阶级统治的基础上实现发展，从而维护了地主阶级专制制度——这是阻碍国家经济发展和社会进步的主要因素。外国资本的这项功能在20世纪初变得明显，当时沙皇俄国利用国际债权人所提供的贷款，对内镇压革命，对外发动战争，由此这些贷款便直接或者间接支持了沙皇制度。外国资本在俄国经济部门的创建中发挥了重要作用，这些部门是国家工业发展的基础（铁路运输、采矿和冶金工业、电气工程）。外国资本不仅带来了先进的工业技术，还带来了沉淀了几个世纪经验的资本主义创业技巧，这些舶来品有助于俄国构建机械工业、商业贸易和信贷行业最新的组织形式。研究表明，外国投资并没有让国家经济发展从属于资本输出国或外国金融集团的利益。国内需求决定着经济发展的方向和经济部门的结构。外国人创办的，或者外国人入股的工业和其他企业

（接上页注）О. Н. Об оценке иностранных капиталовложений в горной промышленности Сибири периода империализма（Из историографии проблемы）// Известия СО АН СССР. Серия общественных наук. 1982. № 6; Он же. Экономические интересы и планы иностранного капитала в Сибири накануне Октябрьской революции // Проблемы истории революционного движения и борьбы за власть Советов в Сибири (1905 – 1920 гг.). Томск, 1962; Он же. Позиции и цели иностранного капитала в горной промышленности Сибири наканне Октябрьской революции // Вопросыу истории общественно – политической жизни Сибири периода Октября и гражданской войны. Томск, 1982; Он же. Иностранные акционерные общества в горной промышленности Сибири периода империализма // Вопросы истории дореволюционной Сибири. Томск, 1983; Он же. Акционерное учредительство в горной промышленности Сибири в период империализма // Вопросы социально – экономического развития Сибири в период капитализма. Барнаул, 1984; Шарохина М. П. Финансовые и структурные связи《Компании Зингер》с российским и иностранным капиталом // Самодержавие и крупный капитал в России в конце XIX – начале XX века. М, 1982; Вексельман М. И. Российский монополистический и иностранный капитал в Средней Азии（конец XIX – начало XX в. ）. Ташкент, 1987; Лебедев С. К. Петербургский Международный коммерческий банк в консорциумах по выпуску частных железнодорожных займов 1880 – х – начала 1980 – х гг. // Самодержавие и крупный капитал в России в конце XIX – начале XX в. ; и др.

第一章 19世纪末20世纪初俄国资本主义发展概况及俄国在世界资本主义体系中的地位

实际上服务于俄国国内市场，是俄国经济有机构成的组成部分。因此他们迫切地需要同当地资本进行合作。此外，投资国的社会经济条件、法律规范和商业传统的特殊性也进一步推动了合作的开展，这些特殊性在他们和当地资本合作时发挥了重要作用。

外国对俄国的工业投资可以追溯到19世纪中叶，这种工业投资最初和企业家的移民密切相关。外国企业家最先投资的是俄国当时工业发展中最活跃的生产部门——棉纺织工业。外国企业家同样促进了电气工业、香水行业和制糖工业的建立。从19世纪60年代起，糖业生产便快速发展。虽然当时俄国出现了股份制公司，但是外国人建立的企业多数还是独资企业，或是狭义上的家庭企业。其中一些企业后来转变成为股份制公司，这种转变往往离不开俄国当地企业家的参与。在这个过程中，企业的创始人后来也变成了俄国公民，并渐渐被同化。那些仅由外国人创办的企业，即跨国公司的海外分公司或工业分支，则继续同它们的母国保持着密切的商业、工业联系。

19世纪70年代和80年代，俄国的外国企业家逐渐将目光投向了重工业—采矿业、冶金和金属加工业、化工产业和城市经济。这一时期，外国企业家依旧不断地向俄国移民，但作为上述这些新兴部门企业的创始人，他们需要大量启动资金，也正因如此，他们的身影被西方大型工业公司和集团所掩盖。除此之外，银行也开始渐渐介入俄国事务。外国公司和与之相关的银行并不排斥在俄国开设股份公司的主张，因为当时在俄经营的外国公司和组织能够享受一定的优惠政策。但截至20世纪初，开设于俄国本土的股份公司并不多（少于百家）。19世纪90年代，随着工业的快速发展，出现了前所未有的创业热潮，俄国境内的外国企业与当地资本变得如胶似漆，形成了一个既复杂又相互联系的体系，而银行在其中的推动作用变得更加明显。在19世纪的最后3年里俄国资本主义的生产规模大幅增长，个体资本家被联合资本家——也就是股份公司边缘化，银行参与到工业融资之中，银行和股份公司在创建公司中的作用进一步上升了。

俄国的外国银行独立于俄国银行成为俄国工业融资的第一步，从19世纪90年代中期开始，它们便开始与圣彼得堡的各主要银行——圣彼得堡国际银行、圣彼得堡贷款和贴现银行、圣彼得堡私人银行、圣彼得堡商业银行和圣彼得堡工业银行不断发展合作关系。这些银行起初只是那些外国银行的初级合作伙伴，但随着合作的不断扩大，更多的合作需求随之产生。这一点在圣彼得堡国际银行身上尤为突出。圣彼得堡国际银行在涉及俄国企业融资的一些问题上主动合作的意愿越来越强烈。圣彼得堡国际银行在和各种不同的银行集团接触过后，开始以一种独立的姿态同外国伙伴进行交往。

1899~1903年的危机对于俄国工业来说是一场严峻的考验。外国公司的经营情况尤为困难。有1/4的外国公司在1901~1904年停止了经营。而剩下的3/4则在不停地亏损。一些俄国公司也未能逃脱这一悲惨命运，这些公司从资本结构来看其实是外国公司。这些公司是"创业热潮"的产物，缺少足够的技术支持和经济基础，其创办只是为了快速敛财，它们在危机之中如同"纸牌屋"，迅速地分崩离析。危机之下，不仅专业投机商、二流信贷机构遭受了损失——譬如巴黎国际银行，甚至国际金融资本巨头、法国最大的银行——巴黎-荷兰银行和法国兴业银行也难逃一劫。尽管它们竭尽全力，但是依旧无法挽救旗下的一些企业。

外国资本在危机中遭受损失引发了一系列连锁反应。外国公司没有放弃对俄国国民经济中股份制公司的投资，只是投资数额减少了。外国投资是让俄国从危机中复苏的一个重要因素：1900~1907年，外国投资的增长比俄国国内股份制公司的企业投资额高出3倍多。然而，在俄国经济中运作的外国资本，其结构、战略方针和运行方式都发生了重大变化，这部分内容笔者将在后面详细分析。在此仅提及其变化的主要趋势：

第一章 19世纪末20世纪初俄国资本主义发展概况及俄国在世界资本主义体系中的地位

外国资本从直接影响生产过渡到了控制金融资本这一阶段。

财政部部长办公厅档案中记载了1898年欧俄地区51个省的工厂车间的工人、工头、经理和主管的总数①和其中包含的外国人数目。② 这份档案佐证了前文所述的一个观点，即外国对俄国资本主义企业的直接投资最初与企业家和技术人员的移民密切相关，但随着外国资本流入规模的扩大和俄国国民经济体量的增长，这些外国移民所发挥的作用也就逐渐减小。

工人总数——1301115人。

其中的外国人数——9719人（占比0.7%）。

工长和副工长总数——39626人。

其中的外国人数——3356人（占比8.5%）。

行政管理人员总数——37873人。

其中的外国人数——2676人（占比7.1%）。

值得一提的是，这些数据介绍了外籍工程师、雇员、工头和工人在俄国工业中的具体比例，这里给出的应该是最大数目，因为正如麦凯所说的那样，20世纪初，在那些有外国资本家、外国工业集团和外国银行参与的企业之中，用本国人员取代外国人员的现象变得越发普遍了。③ 外国资本在俄国运营企业时，使用了那些从海外派遣过来的技术骨干和管理精英，与此同时，外国资本也需要依靠大量当地的工程师和工人，利用他们的生产技术、知识储备和聪明才智。

20世纪初，俄国社会经济发展水平以及其与世界资本主义之间的关系，有关这个问题的讨论在此就告一段落，不过在这之前我们需要先谈谈其在促进科技进步方面的贡献。科技史的研究表明，个体国家认识自

---

① 这个数字包括波兰王国的一些省份，但不包括阿斯特拉罕、维尔纳、格罗德诺、喀山、科斯特罗马、辛比尔斯克、明斯克、波尔塔瓦和斯摩棱斯克。
② ЦГИА СССР. Ф. 560. Оп. 26. Д. 218. Л. 107.
③ Mckay, J. P., *Pioneers for Profit*: *Foreign Entrepreneurship and Russian Industrialization*, 1885 - 1913 (Chicago: University of Chicago Press, 1970), pp. 182 - 200.

然的过程，以及在此基础上改进社会生产、传播先进科技思想、推动新科技研发的活动，所有这些方面都反映了国家生产力的发展水平以及它们在世界经济中的地位。通过对科技史的研究，我们可以找到衡量科技落后国家与奉行科技是第一生产力的国家之间差距的标尺。科技史学者认为，落后国家的机器生产来源于外力作用，对于这些国家来说，首先应当跨过内心的隔阂并接受科技创新的理念，这样才能进一步推动新技术的引进和运用，并在此基础上实现新的工业发展。① 从目前有关俄国工业革命开始日期的文献来看，俄国应该是在19世纪下半叶之前跨过了这道坎。

自19世纪60年代以来，俄国科学逐渐向世界科学思想靠拢，成为国家发展的驱动力。正是在 И. И. 洛巴切斯基去世的十多年后，其思想终于获得了广泛认可，对国内外数学的发展产生了变革性的作用。此时，俄国向世界奉献了开启化学和生理学发展新阶段的理论——А. М. 巴特勒夫的有机化合物结构理论、Д. И. 门捷列夫的化学元素周期律和 И. М. 谢切诺夫的脑反射学说。19世纪70~80年代，Н. И. 米克卢霍-麦克莱的发现是人类学和民族学发展的里程碑。同时期的 И. И. 梅契尼科夫，他提出的多细胞生物发展理论和吞噬学说同样也是里程碑式的。19世纪末，俄国在越来越多的科学领域处于世界领先地位。在19世纪末20世纪初，俄国科学界可以说是硕果累累，其中最广为人知的有：И. П. 巴甫洛夫创立了条件反射学说；В. В. 多库恰耶夫和 К. Д. 格林卡创立了成土因素学；Н. Е. 茹科夫斯基创立了空气动力学；В. И. 维尔纳茨基奠定了地球化学基础；Д. И. 伊万诺夫斯基发现植物病毒，为现代病毒学奠定基础；П. Н. 列别杰夫通过实验测

---

① 参见 Шухардин С. В. Использование новой техники в России（конец XVIII - начало XX в.）. М., 1971; L'aquisition des techniques par les pays non - initiateurs. P., 1973; Очерки историитехники в России（1861 - 1917）: Горное дело, металлургия... М., 1975; Очерки истории техники в России（1861 - 1917）: Транспорт, авиация... М., 1975.

第一章 19世纪末20世纪初俄国资本主义发展概况及俄国在世界资本主义体系中的地位

量了光压力,这是电磁理论发展的重要一步;С. В. 列别捷夫在世界上首次生产了合成橡胶,并用科学证实了工业合成橡胶技术具有可行性。

很久之前人们就注意到俄国基础科学的发展速度超过了应用科学。虽然19世纪末俄国的科学理论水平已经处于世界前沿,但此时其科学理论的发展主要还是服务于外国应用技术,以便推动这些外来技术更好地适应俄国国情。受篇幅影响,本书对上述现象背后的原因就不过多赘述。这种现象,一方面体现了科学理论和科学技术之间的一般规律,另一方面也反映了俄国社会经济发展的具体特征。纵然如此,Д. И. 门捷列夫试图让科学理论服务于生产的努力却并没有产生预期结果。譬如说,他提议合理开采和加工极富价值的矿物——石油,但遭到了俄国工业家们的强烈反对。由于在巴库产油区开采石油工序简单且成本较低,这些工业家宁愿在锅炉炼油这条路上走到黑,也不急于花钱改进石油开采和冶炼技术。

早在19世纪70~80年代,俄国科学家和工程师们就提出了许多杰出的科学想法,不少发明成果横空出世。然而通常情况下,这些杰出成果要么被人遗忘在一边,并没有投入实际生产(比如说А. Ф. 莫扎伊斯基的飞行器),要么就是俄国科学家的想法在外国得以实施,再从外国流转回国内(А. Н. 拉迪基和П. Н. 亚布拉奇科夫的电灯以及Н. Н. 伯纳德斯的电焊方法就是这样出口转内销了)。俄国工业以借鉴先进工业国家现成科技成果为导向进行追赶式发展,尚不具备吸收国内创新成果并进行大规模生产的能力,因为这些创新已经不是简单地在适应俄国国情的基础上对现有技术设备的调整和改善了,它们提供了解决工业问题的全新方案,开辟出了一条独一无二的科技进步之路。

19世纪90年代末,这种情况开始有所变化。19世纪末的最后10年里,俄国工业的空前繁荣为本国技术思想解放创造了必要的工业前提和精神基础。经历了1899~1903年的危机年代和长达5年的经济复苏期后,俄国的工业企业也在寻找自己的生存之道,它们对国内外的各种技术创新开始持更加欢迎的态度。

　　А. С. 波波夫发明收音机后不久，这个发明便投入了生产，这证明了，俄国的技术思想在克服模仿的同时也变得更加独立自主，向真正的创新迈进，不过与此同时也要注意，不应当过分夸大此时俄国工业企业对技术创新的敏感程度。技术创新成果应用化的程度变高后，发生了这样的转变，即在19世纪末20世纪初，原产自俄国的发明在国外更受欢迎的原因由技术层面转移到了商业层面，具体表现为俄国工业企业在国际市场上的竞争力十分弱，几乎没有优势。

　　然而情况很快有了转机：一个标志是20世纪初俄国柴油机的生产呈爆炸式增长，俄国工业在其中发挥了主导作用；① 另一个标志是俄国工厂生产的蒸汽机车模型更新换代了。俄国早在19世纪70年代就开始制造蒸汽机车，从那时起便几乎不再从外国进口蒸汽机车了。在80年代，俄国的工程师就对旧蒸汽机车模型进行了改进并很快在国外得到了应用。俄国工厂在一战前夕和一战期间生产的"С"、"Э"和"Д"系列蒸汽机车，就技术水平和经济指标而言，称得上是世界顶尖的蒸汽机车了。②

　　在20世纪的第一个10年里，由于俄国国内的蒸汽机车订单迅速减少，俄国的蒸汽机车制造公司试图向国外市场进军。然而这次进军并不成功。主要原因在于，俄国的生产商对于外国市场缺乏基本了解，在海外没有成形的销售结构，而买方更愿意同自己熟悉的公司打交道。不过即便如此，俄国的科洛缅斯基工厂和卢甘斯基工厂还是于1907年在为罗马尼亚铁路供应蒸汽机车的招标中击败了柏林的博尔济格公司，成功获得了部分订单。根据科洛缅斯基工业公司的档案资料，当时公司的董事

---

① Гумилевский Л. Рудольф Дизель. М., 1935; Дьяконова И. А. Э. Нобель идизелестроение в России // Монополии и экономическая политика царизма в конце XIX – начале XX века. Л., 1987.

② Очерки истории техники в России (1861 – 1917): Транспорт, авиация... М., 1975. С. 25 – 32.

第一章　19世纪末20世纪初俄国资本主义发展概况及俄国在世界资本主义体系中的地位

会不仅坚持不懈地争取着罗马尼亚的订单，还在保加利亚、意大利和法国不断寻求订单。为此，董事会和俄国哈特曼工业公司（位于卢甘斯克）的董事会共同在巴黎设立了一个海外办事处。1912～1913年，它们同巴黎的新闻界和法国的交通部门建立了联系，并开始与在土耳其和阿根廷拥有特许权的法国铁路公司"Régie Générale"进行谈判。①

柴油机生产方面的成功，有助于俄国在内燃机船制造尤其是客用螺旋内河机动船的制造方面占据先机。②

在飞机制造的工业技术和理论水平上，俄国也取得了令人瞩目的成就。1912～1913年，俄国－波罗的海公司开始批量生产由西科尔斯基设计的大型多引擎飞机——"俄罗斯勇士"和"伊利亚·穆罗梅茨"，这是公司为实现空中货运和空中客运而迈出的第一步。③ 此外，科学理论、科学技术和生产相互作用：H. E. 茹科夫斯基和他的研究团队在空气动力学问题上取得了骄人的成就，设计师的独特才能同大规模机器化工业生产相结合，最终推动了产品的问世。在评价这一事件的历史价值之前，让我们先来看看当时的一个文件。1913年3月19日，英国驻圣彼得堡大使馆向俄国外交大臣递呈了一封文书，文书后附了一个备忘录，内容如下："鉴于英国海军舰队有意采购贵国飞机产品，国王陛下的政府希望贵国政府能够尽可能为我们提供'伊利亚·穆罗梅茨'飞机的相关信息。我方海军部代表希望与贵方西科尔斯基先生举行会面，以了解西科尔斯基先生设计绘制其他类型飞机图纸的具体意愿，如果可以，我们希望能够查看西科尔斯基先生的设计图纸。国王陛下的英国大使馆在此询问俄国政府对以上事宜是否有任何反对意见。"④ 收到这份备忘录后，沙皇政府决

---

① ЦГИАМ. Ф. 318. Оп. 1. Д. 105, 135, 210, 211, 266, 276, 342, 379, 485, 511, 1248, 1301.
② Ефремцев Г. П. История Коломенского завода: 1863 – 1983 гг. М., 1984. С. 69 – 71.
③ Очерки истории техники в России...
④ Международные отношения в эпоху империализма. Серия 3. Т. 2. М.; Л., 1933. С. 168.

定利用英方对"伊利亚·穆罗梅茨"飞机的兴趣，试图迫使英国政府对俄国收购智利政府所订购的英国军舰表示支持。1914年3月28日，俄国外交部在对英国驻圣彼得堡大使的备忘录回执中写道："西科尔斯基先生的飞机设计图纸是非常重要的军事机密。然而，为了证明对英国的友好情谊，帝国政府愿意满足英国大使馆在今年4月1日（3月19日）备忘录中所表达的愿望。帝国政府方面希望获得英国对俄国也抱有同样情谊的证明，并希望贵方对俄国政府收购智利政府所订购的英国军舰这一举措给予相应支持。"①

因此，俄国的工业化在俄国资本主义进程中正发挥着自身的作用。和19世纪中期相比，俄国资本主义的面貌在20世纪初焕然一新，它同其他较发达的资本主义国家之间的关系也发生了本质变化：从一个接受对方经济影响的对象变成了一个能与对方进行互动的主体。与最先进的资本主义国家相比，俄国资本主义或许一直都很落后，这种落后程度甚至还在增加，但就绝对规模来看，俄国的生产规模已经十分接近那些发展速度放缓的老牌资本主义国家了。不过，在人均工业生产水平较低的情况下，工业生产绝对规模的数据又有什么意义呢？

在书中我们到处都可以看到列宁的著名观点，即俄国"是个介于文明国家和初次被这次战争完全拖进文明之列的整个各国或欧洲以外各国之间的国家"②。通常由此而得出的结论是，俄国是先进和落后的结合体，

---

① Там же. С. 277.
② 后面的话通常不会被引用：《…Россия поэтому могла и должна была явить некоторые своеобразия, лежащие, конечно, по общей линии мирового развития, но отличающие ее революцию от всех предыдущих западно - европейских стран и вносящие некоторые частичные новшества при переходе к странам восточным》(Ленин В. И. Поли. собр. соч. Т. 45. С. 379). 译者注：此处照录列宁《论我国革命：评尼·苏汉诺夫的札记》，人民出版社，1976，第2页。后面为"所以俄国能够表现出而且势必表现出某些特殊性，这些特殊性固然并不越出世界发展的共同路线，但是使俄国革命显得有别于以前西欧各国的革命，而且在转向东方国家时这些特殊性又会带有某些局部的新东西"。

因此俄国的资本主义发展也是平均水平。而且从上面这个表述来看，文明之间的界限及它们的分布范围穿过了俄国，并将俄国分成了发展不均的两个部分。但是问题的复杂性在于，这个边界在很大程度上是偶然的，与其说是地理因素，不如说是政治因素决定的。国家的社会经济有机体是一个对立统一的整体——先进和落后。在这个矛盾统一体中，先进因素与落后因素交织在一起，与此同时，它又在寻找一种本土化，在资本主义高度成熟的区域形成经济分支和地理分区。正是这种先进因素对落后因素的影响推动了"总路线"的形成，尽管俄国有着自身的特殊性，但是其发展是沿着这条"总路线"前进的。

随着社会经济发展而产生的阶段性社会分工，它让俄国工业生产的增长几乎完全能满足其国内需求，这反映了俄国整个国民经济的资本主义发展程度。与此同时，俄国工业生产的绝对规模又能够反映其资本主义繁荣领域的发展规模，而人均指标则表明了资本主义对生产关系的渗透程度，还体现了整个国民经济对资本主义的从属程度以及资本主义在全国的分布状况。

第二章
第一次世界大战前夕俄国的经济热潮（1909～1913年）

第一节 1909～1913年俄国工业增长情况

1908～1909 年是俄国从 1899～1903 年经济危机中复苏的转折点。俄国的经济形势在经历了 1908 年短暂的经济低迷之后开始好转。或许在 1909 年底，对于经济是否会回升，有些人还心存疑虑，但到了 1910 年，这些疑虑便全部消失了。

从表 2-3 到表 2-7 的数据是经济好转的有力证明。数据主要展示了 1909～1913 年俄国国民经济关键部门的动态变化。一战前经济的繁荣让俄国登上了资本主义发展的巅峰。长期以来，1913 年的国民经济指标也是俄国社会主义建设成就的参考系。

从工业增长的速度来看，此时的经济热潮不亚于 19 世纪 90 年代的经济高涨期：1909～1913 年工业产值的年平均增长率为 10.3%。此外，在一战爆发前的五年内，俄国工业产值的年平均增长率是 1894～1899 年的 2.3 倍。

二者的主要区别在于，1909～1913 年经济热潮不仅仅源于俄国工业规模的扩大，还受益于 90 年代国民经济和世界经济的发展。在 19 世纪最

第二章　第一次世界大战前夕俄国的经济热潮（1909~1913年）

后的25年里，整个世界面临着更加严峻的农业危机。尽管自90年代中期以来，世界粮食市场的局势一直在好转，但是被农奴制所束缚住的俄国农业却错过了这一机遇：粮食的出口非但没有增加，甚至还有下降的趋势。不过，在第一次世界大战的前几年，由世界市场价格上涨所带来的农产品出口红利却并没有消失。沙皇政府迫于1905年革命而采取的措施：取消赎金和进行土地改革——在一定程度上促进了俄国农村资本主义的发展。俄国农业生产的增长带动了面包、鸡蛋、黄油出口量的增加，为新的工业繁荣提供了一个更好的环境。

20世纪初国际资本的流向发生了新的转变，农业生产增长造成了国内储蓄的加强，二者不可避免地导致了工业生产过程中国内外投资比例的变化。除此之外，俄国在战前参与国际军备竞赛势必也会对投资产生一定影响。

和19世纪90年代的经济高涨期不同，新的工业热潮诞生于这样一个背景之下：此时资本主义大规模生产在俄国工业部门中占主导地位，部门和区域结构已经形成，交通运输系统能够适应地域分工和工农业区互动的要求，且能响应国内外贸易的迫切需求。所有这些表现都是形成1909~1913年经济热潮的最重要特征的决定性因素。

在探讨前文所说的1909~1913年俄国经济各部门发展动态指标之前，我们先来看一下表2-1中的几组数据——1914年前的俄国国民财富结构以及其中关键部门在国民经济中的作用。若以此作为分析各种动态指标的坐标系，我们便能看到一个完整的发展过程。

表2-1中使用了А.Л.温斯坦的计算结果。① 在不追求绝对精确度的情况下，这些数据来源可信，因此可以作为一些后续计算的基础——保罗·格雷戈里对国民生产总值净值动态的测量结果正是基于А.Л.温斯坦

---

① Вайнштейн А. Л. Народное богатство и народно - хозяйственное накопление предреволюционной России（статистическое исследование）. М., 1960.

的计算结果。而且，此计算结果对于之后的各种研究也大有帮助。表2-1的数据包括1914年前的俄国国民财富以及1911~1913年俄国国民财富各构成部分的价值和它们的增长情况（这些数据可以帮助我们判断增长率是增加了还是减少了）。

显而易见，农业、林业、渔业和狩猎业在国民财富中的比重较高，其比重超过了1/4，而工业的比重则不到1/10。不过和其他国民经济部门相比，1913年工业（包括小型工业）增长率最高。在绝对规模上，工业的增长程度要远远高于农业。

表2-1 俄国国民财富结构

单位：百万卢布，%

国民财富各构成部分	1914年前国民财富各构成部分的数值	1914年前国民财富各构成部分占国民财富总额的比例	1911~1913年国民财富各构成部分的增长额的平均值	1913年国民财富各构成部分的增长额	1913年国民财富各构成部分的增长率
1.农业、林业、渔业和狩猎业	24043	34.8	974.0	725.6	3.1
其中包括：					
(a)非生产性资金	5842	8.5		247.3	4.4
其中：					
住宅	5755	8.3		—	—
(b)生产资金	18201	26.3		478.3	2.7
其中：					
建筑设施	3396	4.9		147.0	4.5
农业设施	562	0.8		22.2	4.1
农具	2488	3.6		72.6	3.0
役畜	7348	10.6		106.8	1.5
农作物	1040	1.5		22.2	2.2

第二章 第一次世界大战前夕俄国的经济热潮（1909~1913年）

续表

国民财富各构成部分	1914年前国民财富各构成部分的数值	1914年前国民财富各构成部分占国民财富总额的比例	1911~1913年国民财富各构成部分的增长额的平均值	1913年国民财富各构成部分的增长额	1913年国民财富各构成部分的增长率
在制品和半成品	3367	4.9		107.5	3.3
2. 工业（包括小型工业）	6083	8.8	520.0	647.1	11.9
其中包括：					
厂房设施	2077	3.0		248.2	13.6
设备器材	1805	2.6		176.4	10.8
在制品和半成品	2201	3.2		222.5	11.2
3. 交通运输业	7300	10.5	221.2	266.4	3.8
其中包括：					
厂房设施	4570	6.6		144.9	3.3
设备器材	1887	2.7		57.4	3.1
在制品和半成品	843	1.2		64.1	8.2
4."市政基金"	11934	17.3	650.1	676.7	6.0
其中包括：					
非生产性建筑	8016	11.6	622.0	654.8	8.9
其中：					
住宅	7280	10.5			
公共设施	736	1.1			
贸易场所	2325	3.4			
市政部门	1593	2.3	28.1	21.9	1.4
5. 国家资产（军队、监狱、政府）	2942	4.3	210.1	311.7	11.9

续表

国民财富各构成部分	1914年前国民财富各构成部分的数值	1914年前国民财富各构成部分占国民财富总额的比例	1911~1913年国民财富各构成部分的增长额的平均值	1913年国民财富各构成部分的增长额	1913年国民财富各构成部分的增长率
6. 教会资产	1131	1.6	23.4	20.1	1.8
7. 流通中的钱币、贵金属以及股票	2175	3.1	53.4	66.9	3.2
8. 居民消费	13585	19.6	679.2	679.2	5.3
其中包括：					
农村居民消费	6602	9.5			
城镇居民消费	6983	10.1			
国民总财富	69193	100.0	3331.4	3393.7	5.2

还需注意的是，尽管城镇人口占全国人口总数的1/5不到，但这部分人口占了居民消费的一半以上。超过一半的住宅也集中在城市。

值得一提的是，交通运输业占国民财富的比重很高，超过了10%。它比工业资金价值还要高。

现在我们再看看生产流通部门参与创造国民财富的情况（见表2-2）。对1914年前的国民收入有以下几种估算。根据 А. Л. 温斯坦的计算，这些估算中最可信的应该是 С. Г. 斯特鲁米林和法尔克斯二人的计算。笔者在表格中列举了他们二人对1913年国民收入的计算结果。根据他们的计算，1913年农业在国民收入中的份额和其在国民经济产值中所占比重基本保持一致。

第二章　第一次世界大战前夕俄国的经济热潮（1909~1913年）

表2-2　生产流通部门参与创造国民财富情况

单位：百万卢布，%

部门	国民经济产值				国民收入			
					С.Г.斯特鲁米林的计算结果		法尔克斯的计算结果	
	1914年前	占比	1913年增幅	占比	数值	占比	数值	占比
农业	18201	53.7	478.3	30.1	8792.0	54.0	10294.0	55.7
工业和建筑业	6083	17.9	647.1	40.8	4676.0	28.7	5369.0	29.1
交通运输业	7300	21.5	266.4	16.8	1459.0	8.9	1173.0	6.3
商业	2325	6.9	194.9	12.3	1365.0	8.4	1640.0	8.9
共计	33909	100.0	1586.7	100.0	16292.0	100.0	18476.0	100.0

表2-3显示了1908~1913年俄国国民财富资金各主要组成部分增长状况，其中包括农业资金、工业资金、交通运输业资金、商业资金、农村和城市住宅资金。这些数据，一些直接取自于保罗·格雷戈里的著作《俄国国民收入（1885~1913）》，一些是对保罗·格雷戈里的计算重新组合后的结果。不难看出，总体而言1913年国民财富的各项数据和 А.Л.温斯坦的计算结果较为接近，А.Л.温斯坦的计算结果是保罗·格雷戈里的一个重要参考。在农业资金上，表2-1和表2-3的数据有所出入，这是因为表2-3中未将"农作物"和"在制品和半成品"等算入农业资金中。表2-3中"农业资金"只包括农业建筑、农具、役畜。

表2-4的前两栏中使用的是保罗·格雷戈里的计算结果。美中不足的是，在计算农业建筑的数额时，保罗·格雷戈里并没有区分农业设施和建筑设施。对二者区分我们需要进行另外的计算。保罗·格雷戈里根据 А.Л.温斯坦的方法对 А.卡根的计算结果进行了调整，从而获得了农业建筑的数额，因此，笔者同时也使用了经保罗·格雷戈里调整后的 А.卡

第一次世界大战前夕的俄国金融资本

表2-3 1909~1913年俄国国民财富资金各主要组成部分增长状况：农业资金、工业资金、交通运输业资金、商业资金、农村和城市住宅资金（以1908年数据为基准）

单位：百万卢布，%

年份	农业资金 数额	农业资金 增长率	工业资金 数额	工业资金 增长率	交通运输业资金 数额	交通运输业资金 增长率	商业资金 数额	商业资金 增长率	住宅资金 农村 数额	住宅资金 农村 增长率	住宅资金 城市 数额	住宅资金 城市 增长率	合计 数额	合计 增长率
1908	11865.0	—	4630.0	—	5633.0	—	3478.0	—	4746.0	—	6118.0	—	10864.0	—
1909	12301.0	3.7	490.0	5.8	5696.0	1.1	3659.0	5.2	4810.0	1.3	6445.0	5.3	11255.0	3.6
1910	12562.0	5.9	5209.0	12.5	6012.0	6.7	3978.0	14.4	5460.0	15.0	6847.0	11.9	12307.0	13.3
1911	12502.0	5.4	5641.0	21.8	6312.0	12.1	4145.0	19.2	5522.0	16.4	7230.0	18.2	12752.0	17.4
1912	12793.0	7.8	6137.0	32.5	6485.0	15.1	4346.0	25.0	5423.0	14.3	7613.0	24.4	13036.0	20.0
1913	13089.0	10.3	6528.0	41.0	6680.0	18.6	4565.0	31.3	5734.0	20.8	8016.0	31.0	13750.0	26.6

（国民财富）

第二章 第一次世界大战前夕俄国的经济热潮（1909～1913 年）

根的数据，所有的数据总体上而言还是基于 А. Л. 温斯坦的计算结果。A. 卡根计算了 1908～1913 年农业建筑的价值，并将其分为农业设施和建筑设施。他所得出的 1913 年底的价值总数超过了 А. Л. 温斯坦的计算结果。保罗·格雷戈里更认同 А. Л. 温斯坦的数字，并对 A. 卡根所得出的前几年数字进行了适当修正。我们在对 A. 卡根和 А. Л. 温斯坦的计算结果进行对比后可以发现，1913 年底，农业设施和建筑设施的价值，其超出的数字基本上由建筑设施构成。因此，笔者直接引用了 A. 卡根得出的 1908～1913 年农业建筑的计算结果。另外，这些数字的增长动态和保罗·格雷戈里得出的农业建筑资金的增长动态完全吻合。从总数中减去 A. 卡根补充的数据便可以得到建筑设施数据。

表 2-4 1909～1913 年农业资金的增长动态（以 1908 年数据为基准）

单位：百万卢布，%

年份	农业建筑		农具		役畜		合计	
	数额	增长率	数额	增长率	数额	增长率	数额	增长率
1908	3199.0	—	2047.0	—	6619.0	—	11865.0	—
1909	3242.0	1.3	2118.0	3.5	6941.0	4.9	12301.0	3.7
1910	3297.0	3.1	2199.0	7.4	7066.0	6.8	12562.0	5.9
1911	3361.0	5.1	2298.0	12.3	6843.0	3.4	12502.0	5.4
1912	3401.0	6.3	2395.0	17.0	6997.0	5.7	12793.0	7.8
1913	3482.0	8.8	2498.0	22.0	7109.0	7.4	13089.0	10.3

保罗·格雷戈里已经计算出了工业资金的具体数值（见表 2-3）①，笔者只对其进行了一定的总结（即表 2-5）。笔者略去了交通运输业资金这一项，因为保罗·格雷戈里已经对它们进行了计算。②

保罗·格雷戈里仅在商业资金的计算上，使用了和 А. Л. 温斯坦不一

---

① Gregory, P. R., *Russian National Income, 1885-1913* (Cambridge: Cambridge University Press, 1982), p. 282, 292, 303.

② Ibid, p. 309.

样的计算方式,并得到了完全不同的结果,即表 2-3 中"商业资金"一列。А. Л. 温斯坦承认自己有可能少算了在制品和半成品（高达 15%）。即便如此,二人计算结果的误差还是太大了。保罗·格雷戈里计算出的 1909~1913 年流通中商品额的增长动态与商品生产周转的增长率十分吻合。

至于农村住宅资金,其获取方式在前文已经提过了。城镇住宅资金的数据（表 2-3,"住宅资金"下"城镇"一列）取自于保罗·格雷戈里的著作,是他根据 А. Л. 温斯坦提供的 1914 年前的相关数据所得出的计算结果。

表 2-5　1909~1913 年工业资金的增长动态（以 1908 年数据为基准）

单位：百万卢布，%

年份	厂房		设备器材		在制品和半成品		总计	
	数额	增长率	数额	增长率	数额	增长率	数额	增长率
1908	1610.00	—	1283.00	—	1737.00	—	4630.00	—
1909	1656.00	2.90	1385.00	8.00	1859.00	7.00	490.00	5.80
1910	1728.00	7.30	1348.00	5.10	2133.00	22.80	5209.00	12.50
1911	1908.00	18.50	1504.00	17.20	2229.00	28.30	5641.00	21.80
1912	2056.00	27.70	1675.00	30.60	2406.00	38.50	6137.00	32.50
1913	2185.00	35.70	1785.00	39.10	2558.00	47.30	6528.00	41.00

表 2-3 介绍了 1909~1913 年俄国国民财富资金各主要组成部分增长状况,而表 2-6 则展现了 1909~1913 年包括国民生产总值净值,供本地消费的农产品,小麦、黑麦、大麦和马铃薯生产,工业生产,交通运输业和国内外贸易在内的社会生产增长动态。根据保罗·格雷戈里的最终产品核算方式,① 表 2-6 中的"国民生产总值净值"由三个部分构成：(1) 个人消费；(2) 维持国家机器运转的费用；(3) 储蓄,即对农业、工业、交通运输业、商业和建筑业的投资。通过保罗·格雷戈里的算法,

---

① Gregory, P. R. OP. Cit. P 58-59（tab. 3.2）,一般来说,国民生产总值净值 =（物质产品数额 + 劳务产品数额）- 转移价值（折旧）,理论上这个数值等于国民收入。

第二章　第一次世界大战前夕俄国的经济热潮（1909~1913年）

我们还可以得出农产品数额（表2-6中"供本地消费的农产品"和"小麦、黑麦、大麦和马铃薯生产"数据合起来为农产品数额）。但是，这些数据无法以偏概全。表2-6中"供本地消费的农产品"显示了所有供本地消费（即不通过铁路和水路出口）的农产品（谷物、肉类、奶制品、经济作物等）的数值。据估算，1913年俄国农业产值约为77亿卢布（С. Г. 斯特鲁米林的计算结果）或约为90亿卢布（法尔克斯的计算结果）。表2-6中小麦、黑麦、大麦和马铃薯生产相关数据，显示了小麦、黑麦、大麦和马铃薯的净收入总价值。表2-6中"供本地消费的农产品"、"小麦、黑麦、大麦和马铃薯生产"以及关键农产品的实际产量、运输量和出口量（见表2-7），这些数据弥补了1909~1913年俄国农业总产量评估的不足，使我们能够更为全面地认识这一时期的农业生产动态。

工业生产的数据（见表2-6"工业生产"），是笔者根据 В. Е. 瓦尔扎尔和 Л. Б. 卡芬豪兹共同编写的《与国民经济增长相关的俄国和苏维埃工业发展四十年动态（1887~1926）》中未发表部分计算得出的。

表2-6中的其余数据（工业生产、交通运输和国外贸易）都摘自统计期刊，表2-7的数据同样也是这样得出的。

表2-8中使用的关键工业产品种类（或产品数量），其数目的大部分指标都取自前文所述专著《与国民经济增长相关的俄国和苏维埃工业发展四十年动态（1887~1926）》中未发表部分。唯一例外的是，蒸汽机车生产数量和内燃机生产功率等数据来自文献资料。[1] 表2-9根据《与国民经济增长相关的俄国和苏维埃工业发展四十年动态（1887~1926）》中未发表部分描述了1909~1913年俄国工业部门产品价值的增长动态。[2]

---

[1] Ильинский Д. П., Иваницкий В. П. Очерк истории русской паровозостроительной и вагоностроительной промышленности. М., 1929. С. 98, 101, 135; Двигатели внутреннего сгорания в СССР. М., 1927. С. 68.

[2] 关于部门划分，请参见 Бовыкин В. И. Указ, соч. С. 21-27。

第一次世界大战前夕的俄国金融资本

表2-6 1909~1913年俄国社会生产增长动态（以1907~1908年的平均值为基准）

单位：百万卢布，%

年份	国民生产总值净值 数值	国民生产总值净值 增长率	供本地消费的农产品 数值	供本地消费的农产品 增长率	小麦、黑麦、大麦和马铃薯生产 数值	小麦、黑麦、大麦和马铃薯生产 增长率	工业生产 数值	工业生产 增长率	交通运输业（货运量） 铁路运输 数值	交通运输业（货运量） 铁路运输 增长率	交通运输业（货运量） 水路运输 数值	交通运输业（货运量） 水路运输 增长率	国内贸易 数值	国内贸易 增长率	国外贸易 出口 数值	国外贸易 出口 增长率	国外贸易 进口 数值	国外贸易 进口 增长率
1907~1908年的平均值	14887.0	—	5191.0	—	2809.0	—	4348.0	—	89.2	—	38.0	—	7667.0	—	1160.0	—	889.0	—
1909年	16130.0	8.3	5655.0	8.9	3159.0	12.5	4443.0	2.2	94.0	5.4	41.0	7.9	7852.0	2.4	1428.0	23.1	906.0	1.9
1910年	17204.0	15.6	5448.0	5.0	2671.0	-4.9	5088.0	17.0	10.8	13.0	43.6	14.7	8847.0	15.4	1449.0	24.9	1084.0	21.9
1911年	16957.0	13.9	5076.0	-2.2	2393.0	-14.8	5552.0	27.7	113.4	27.1	48.2	26.8	9447.0	23.2	1591.0	37.2	1162.0	30.7
1912年	19603.0	31.7	6769.0	30.4	3549.0	26.3	6081.0	39.9	122.9	37.8	44.3	16.6	10160.0	32.5	1519.0	30.9	1172.0	31.8
1913年	20266.0	36.1	6726.0	29.6	3481.0	23.9	6522.0	50.0	131.8	47.8	50.9	33.9	10855.0	41.6	1520.0	31.0	1374.0	54.6

第二章　第一次世界大战前夕俄国的经济热潮（1909～1913年）

表2-7　1909～1913年农业生产、运输和出口的增长动态（以1907～1908年的平均值为基准）

年份	农作物的播种面积* 数值（百万俄亩）	增长率（%）	粮食总收获量* 数值（百万吨）	增长率（%）	以铁路和水路运输的粮食** 数值（百万吨）	增长率（%）	出口产品 粮食 数值（百万吨）	增长率（%）	粮食 数值（百万卢布）	增长率（%）	黄油 数值（百万普特）	增长率（%）	黄油 数值（百万卢布）	增长率（%）	鸡蛋 数值（百万个）	增长率（%）	鸡蛋 数值（百万卢布）	增长率（%）	亚麻 数值（百万普特）	增长率（%）	亚麻 数值（百万卢布）	增长率（%）
1907~1908年的平均值	89.0	—	68.8	—	21.1	—	7.8	—	530.0	***	3.4	—	47.5	***	2681.0	—	56.8	***	14.2	—	59.0	***
1909年	90.7	1.9	79.0	14.8	25.1	19.0	12.2	56.4	750.1	41.5	3.5	2.9	48.9	2.9	2845.0	6.1	62.2	9.5	14.4	1.4	60.8	3.1
1910年	93.1	4.6	76.9	11.8	26.1	23.7	13.6	74.4	748.0	41.1	4.4	29.4	51.3	8.0	2998.0	11.8	63.7	12.1	13.3	-6.3	67.2	13.9
1911年	94.7	6.4	61.8	-10.2	25.8	22.3	13.1	67.9	739.5	39.5	4.7	38.2	71.1	49.7	3682.0	37.3	80.8	42.3	11.9	-16.2	63.8	8.1
1912年	93.3	4.9	80.8	17.4	22.0	4.3	8.8	12.8	551.9	4.1	4.5	32.4	68.5	44.2	3397.0	26.7	84.7	49.1	19.3	35.9	107.5	82.2
1913年	97.7	9.8	89.9	30.7	26.4	25.1	10.4	33.3	594.5	12.2	4.8	41.2	71.6	50.7	3572.0	33.2	90.6	59.5	16.9	16.9	86.8	47.1

* 表示"农作物的播种面积"和"粮食总收获量"中的农作物包括：小麦、黑麦、大麦、燕麦、玉米、荞麦、小米和黑麦粉。

** 表示"以铁路和水路方式运输的粮食"中的农作物包括：小麦、黑麦、大麦、燕麦、小麦和黑麦粉。

*** 表示出口产品（粮食、黄油、鸡蛋、亚麻）中的"百万卢布"指的是当时的价值。

表 2-8 1909~1913 年俄国关键工业产品实际生产量的增长态势（以 1907~1908 年的平均值为基准）

年份	煤炭工业 硬煤 开采量（千吨）	增长率（%）	焦炭 产量（千吨）	增长率（%）	石油 产量（千吨）	增长率（%）	石油工业 石油产品 产量（千吨）	增长率（%）	原油加工产品（如燃料油）产量（千吨）	增长率（%）	木材 产量（百万立方米）	增长率（%）	建材工业 砖块 产量（百万块）	增长率（%）	硅酸盐 水泥 产量（千桶）	增长率（%）
1907~1908 年平均值	23596.9	100.0	2627.7	100.0	8602.7	100.0	6209.4	100.0	4202.9	10.0	8.3*	100.0	1401*	100.0	4865	100.0
1909 年	23365.9	99.0	2650.5	100.9	9359.9	108.8	6307.9	101.6	4220.7	10.4	—	—	—	—	5370	110.4
1910 年	22352.8	94.7	2783.2	105.9	9681.8	112.5	6696.7	107.8	4514.3	107.4	10.6	127.7	1762	125.8	6649	136.7
1911 年	25243.9	107.0	3298.4	125.5	9128.8	106.1	7328.2	118.0	5033.4	119.8	11.8	142.2	2112	150.7	8337	171.4
1912 年	27601.9	117.0	3871.4	147.3	9353.5	108.7	6624.8	106.7	4179.4	99.4	13.2	159.0	2334	166.6	10245	210.6
1913 年	31240.0	132.4			9234.9	107.3	6618.4	106.6	4129.4	98.3					12644	259.9

黑色冶金业

年份	生铁冶炼 产量（千吨）	增长率（%）	炼钢 产量（千吨）	增长率（%）	轧钢 产量（千吨）	增长率（%）	型铁 产量（千吨）	增长率（%）	铁板 产量（千吨）	增长率（%）	屋顶铁 产量（千吨）	增长率（%）	梁和钢槽 产量（千吨）	增长率（%）	钢轨 产量（千吨）	增长率（%）
1907~1908 年平均值	2812.4	100.0	2944.4	100.0	2504.3	100.0	888.8	100.0	225.3	100.0	290.7	100.0	133.5	100.0	397.4	100.0
1909 年	2871.4	102.1	3132.2	106.4	2667.9	106.5	858.5	96.6	208.7	92.6	339.1	116.6	150.4	112.7	50.0	125.8
1910 年	3040.1	108.1	3543.0	120.3	3016.7	120.5	1038.1	116.8	276.3	122.6	375.5	129.2	193.7	145.1	511.3	128.7
1911 年	3593.3	127.8	3948.6	134.1	3320.4	132.6	1201.5	135.2	308.0	136.7	338.7	116.5	263.0	197.0	543.2	136.7
1912 年	4197.8	149.3	4503.7	153.0	3727.2	148.8	1286.2	144.7	377.5	167.6	367.4	126.4	290.8	217.8	665.6	167.5
1913 年	4635.0	164.8	4918.0	167.0	4038.6	161.3	140.0	157.5	435.9	193.5	414.3	142.5	282.5	211.6	650.1	163.6

第二章 第一次世界大战前夕俄国的经济热潮（1909～1913 年）

续表

年份	(续前)黑色冶金业 冶炼铜		机械工业													
			铁路机车生产				内燃机生产		犁		农业机械生产					
			蒸汽机车		货车						播种机		收割机		打谷机	
	产量（千吨）	增长率（%）	产量（节）	增长率（%）	产量（节）	增长率（%）	产量（千马力）	增长率（%）	产量（千个）	增长率（%）	产量（千台）	增长率（%）	产量（千台）	增长率（%）	产量（千台）	增长率（%）
1907～1908年平均值	16.0	100.0	669	100.0	10622	100.0	29.7	100.0	379.5*	100.0	32.1*	100.0	46.8*	100.0	16.8*	100.0
1909 年	18.4	115.0	525	78.5	6389	60.1	40.6	136.7	—	—	—	—	—	—	—	—
1910 年	22.7	141.9	441	65.9	9076	85.4	56.9	191.6	—	—	—	—	—	—	—	—
1911 年	26.0	162.5	433	64.7	8878	83.6	70.5	237.4	650.0	171.3	76.0	236.8	113.4	242.3	33.2	197.6
1912 年	34.0	212.5	313	46.8	12033	113.3	97.1	326.9	660.0	173.9	81.2	253.0	111.0	237.2	48.5	288.7
1913 年	33.7	210.6	654	97.8	20492	192.9	113.9	383.5	739.1	194.7	68.3	212.8	111.2	237.6	110.9	660.1

年份	纺织工业								食品工业							
	棉花工业				毛纱生产		亚麻纱生产		甜菜生产				面粉生产		植物油**生产	
	纱线		粗布						砂糖		方糖					
	产量（千吨）	增长率（%）	产量（千吨）	增长率（%）	产量（千吨）	增长率（%）	产量（千吨）	增长率（%）	产量（千吨）	增长率（%）	产量（千吨）	增长率（%）	产量（千吨）	增长率（%）	产量（千吨）	增长率（%）
1907～1908年平均值	306.6	100.0	253.3	100.0	70.2*	100.0	47.7*	100.0	1126.1	100.0	685.5	100.0	5227.9*	100.0	234.9*	100.0
1909 年	316.8	103.3	260.1	102.7	—	—	—	—	1036.7	92.1	505.9	73.8	—	—	—	—
1910 年	313.9	102.4	271.3	107.1	73.8	105.1	51.1	107.1	928.1	82.4	823.5	120.1	5500.9	105.2	227.5	96.8
1911 年	330.0	107.6	292.9	115.6	75.4	107.4	51.0	106.9	1734.1	154.0	830.9	121.2	5171.2	98.9	252.1	107.3

第一次世界大战前夕的俄国金融资本

续表

年份	纺织工业								食品工业							
	棉花工业				毛纱生产		亚麻纱生产		甜菜生产				面粉生产		植物油** 生产	
	纱线		粗布						砂糖		方糖					
	产量(千吨)	增长率(%)	产量(千吨)	增长率(%)	产量(千吨)	增长率(%)	产量(千吨)	增长率(%)	产量(千吨)	增长率(%)	产量(千吨)	增长率(%)	产量(千吨)	增长率(%)	产量(千吨)	增长率(%)
1912年	357.0	116.4	311.5	123.0	81.2	115.7	50.1	105.0	1696.2	150.6	812.7	118.6	5157.9	—	263.1	112.0
1913年	—	—	—	—	—	—	—	—	1106.0	98.2	942.9	137.5	—	98.7	—	—

* 处数据表示此处数字为1908年的数据。
** 处的"植物油"指的是从葵花籽、亚麻籽、麻、芥末等中提取的油。

第二章 第一次世界大战前夕俄国的经济热潮（1909～1913年）

表2-9 1909～1913年俄国各行业工业价值增长情况（按现行价格计算）

单位：百万卢布，%

年份	增长情况	I煤炭			II石油			III金属			
		煤炭开采业	焦炭生产	总额	石油开采业	石油冶炼业	总额	黑色金属	铁矿石	有色金属	金属加工	总额(不包括铁矿石)
1909	增长数值	130.0	23.1	153.1	123.3	108.1	231.4	218.6	16.8	12.9	454.9	686.4
	增长率	104.8	98.3	103.9	95.3	93.8	94.6	102.1	97.1	84.3	98.5	99.3
1910	增长数值	124.5	25.1	149.6	91.0	91.2	182.2	233.9	18.7	24.0	493.1	751.0
	增长率	100.4	106.8	101.5	70.3	79.2	74.5	109.2	108.1	156.9	106.8	108.6
1911	增长数值	142.8	35.5	178.3	123.2	132.4	255.6	240.2	22.1	25.9	541.2	807.3
	增长率	115.2	151.1	121.0	95.2	114.9	104.5	112.1	127.1	169.3	117.2	116.8
1912	增长数值	160.5	44.9	205.4	200.4	186.1	386.5	337.7	34.5	32.4	651.9	1022.0
	增长率	129.4	191.1	139.3	154.9	161.5	158.0	157.7	199.4	211.8	141.1	147.8
1913	增长数值	187.3	51.5	238.8	240.7	188.6	429.3	365.3	43.7	31.8	829.1	1226.2
	增长率	151.0	219.1	162.0	186.0	163.7	175.5	170.5	252.6	207.8	179.5	177.4

年份	增长情况	IV其他矿产的开采		V硅酸盐			VI木材加工业			VII化工工业		
		总额	其中：黄金	建材	瓷器	总额	木制品	纸制品	胶合板锯片	基础化学药剂	油漆和清漆	总额
1909	增长数值	99.7	70.4	97.5	14.7	112.2	30.8	90.3	115.4	43.9	61.1	236.5
	增长率	114.1	111.9	111.0	115.7	111.6	102.3	102.7	113.1	116.1	99.7	105.5
1910	增长数值	105.7	79.2	124.4	18.2	142.6	44.2	118.2	162.7	52.4	80.0	325.1
	增长率	120.9	125.9	141.7	143.3	141.9	146.8	134.5	159.5	138.6	130.5	147.8

第一次世界大战前夕的俄国金融资本

续表

行业部门

年份	增长情况	IV 其他矿产的开采		V 硅酸盐			VI 木材加工业				VII 化工工业		
		总额	其中:黄金	建材	瓷器	总额	胶合板锯片	木制品	纸制品	总额	基础化学药剂	动物制品	油漆和清漆
1911	增长数值	104.6	80.6	141.6	18.6	160.2	152.4	52.8	114.3	319.5	53.8	121.3	85.1
	增长率	119.7	128.1	161.3	146.5	159.4	149.4	175.5	130.0	145.2	142.3	103.8	138.8
1912	增长数值	103.2	77.7	164.2	19.3	183.5	170.6	46.8	114.9	332.3	61.7	141.7	96.0
	增长率	118.1	123.5	187.0	152.0	182.6	167.3	155.5	130.7	151.0	163.2	121.2	156.6
1913	增长数值	108.6	81.1	170.6	17.1	187.7	158.6	62.4	94.4	315.4	129.3	148.4	85.3
	增长率	124.3	128.9	194.3	134.6	186.8	155.5	205.3	107.4	143.4	342.1	126.9	139.2

行业部门

年份	增长情况	(续前) VII 化工工业					VIII 纺织工业					IX 混合物质和动物制品加工		
		香水和脂粉	火柴盒	橡胶	总额	棉花	羊毛	亚麻	丝绸	纸制品	总额	混合物质	动物制品	总额
1909	增长数值	63.2	11.1	70.6	249.9	888.5	241.8	123.3	34.0	114.3	1287.6	49.5	121.3	170.8
	增长率	124.2	102.8	115.7	112.7	97.7	99.2	118.9	103.0	130.0	99.8	104.0	103.8	103.8
1910	增长数值	66.7	10.1	76.5	285.7	1180.1	306.7	154.1	42.0	114.9	1682.9	62.8	141.7	204.5
	增长率	131.0	93.5	125.4	128.8	129.8	125.8	148.6	127.3	130.7	130.5	131.9	121.2	124.3
1911	增长数值	62.0	11.4	78.2	290.5	1217.1	323.3	169.5	44.1	130.7	1754.0	70.5	148.4	218.9
	增长率	121.8	105.6	128.2	131.0	133.9	132.6	163.5	133.6	94.4	136.0	148.1	126.9	133.1
1912	增长数值	70.5	11.4	97.5	337.1	1256.3	327.7	173.6	56.4	94.4	1814.0	76.6	147.9	224.5
	增长率	138.5	105.6	159.8	152.0	138.2	134.4	167.4	170.9	107.4	140.7	160.9	126.5	136.5

第二章 第一次世界大战前夕俄国的经济热潮（1909～1913年）

续表

年份	增长情况	(续前)Ⅷ化工工业			Ⅷ纺织工业						Ⅸ混合物质和动物制品加工业			
		香水和脂粉	火柴盒	橡胶	总额	棉花	羊毛	亚麻	丝绸	其他	总额	混合物质加工	动物制品加工	总额
1913	增长数值	82.9	11.8	169.3	478.6	1277.7	368.2	155.2	53.8		1854.9	74.6	163.8	238.4
	增长率	162.9	109.3	277.5	215.8	140.4	151.1	149.7	163.0		143.8	156.7	140.1	144.9

年份	增长情况	行业部门 X 食品调料								总计			
		面粉	甜菜	酿酒		烟草	食用油	啤酒酿造	其他	总额		总额	
				非国营酒窖	国营酒窖					包括国营酒窖	不包括国营酒窖	包括国营酒窖	不包括国营酒窖
1909	增长数值	443.1	306.2	125.8	334.3	87.0	95.1	68.4	90.2	1550.1	1215.8	4777.7	4443.4
	增长率	103.5	101.4	103.3	105.1	97.9	116.8	98.4	102.6	103.5	103.1	102.4	102.2
1910	增长数值	450.8	315.6	109.3	356.3	88.0	112.6	75.7	106.7	1615.0	1258.7	5444.3	5088.0
	增长率	105.3	104.5	89.7	112.0	99.0	138.3	108.9	121.4	107.8	106.5	116.7	117.0
1911	增长数值	532.0	405.3	116.0	361.8	93.6	116.0	82.3	117.7	1824.7	1462.9	5913.6	5551.8
	增长率	124.3	134.2	95.2	113.7	105.3	142.5	118.4	133.9	121.8	124.0	126.8	127.7
1912	增长数值	563.0	368.9	111.8	378.1	102.2	119.0	83.5	124.2	1850.7	1472.6	6459.2	6081.1
	增长率	131.5	122.1	91.8	118.8	115.0	146.2	120.1	141.3	123.6	124.8	138.5	139.9
1913	增长数值	464.2	339.4	145.4	417.2	111.2	104.4	85.5	193.7	1861.0	1443.8	6938.9	6521.7
	增长率	108.4	112.3	119.4	131.1	125.1	128.3	123.0	220.4	124.2	122.4	148.7	150.0

第一次世界大战前夕的俄国金融资本

***

表 2-4 到表 2-9 中的数据再次证明了一个观点，这个观点在其他文献资料中也被反复提及，即 1909~1913 年的经济增长尤其是工业增长，得益于农业的发展。

在一战前的 5 年里，俄国经历了一个前所未有的农业丰收、发展稳定的时期。粮食收成只在 1911 年下降了。不过即使是在那一年，粮食的产量仍然超过了 1894~1899 年的年平均产量。由于价格大幅上涨（小麦涨了一半，黑麦涨了将近 2 倍，大麦涨了 1/3），1909~1913 年以这三类农作物为原料的面包，其年平均净收益和 1894~1899 年相比，增加了 2.5 倍。①

1909~1913 年农作物总收获量的增长速度远远超过了耕地面积的增长速度，农业生产的收益也明显超过了其自身的增长速度，这些都是农业生产集约化的表现。这一点也反映在了农产品出口结构的变化上。

经过了 1906~1908 年的大萧条，俄国粮食出口额在 1909~1911 年急剧攀升，达到顶峰，而 1912 年，由于上一年的歉收，出口额又一次下降。1913 年，农作物出口额再次上升，尽管这一年的收成创下了历史纪录，但是还远远达不到 1909~1913 年的水平。其中，小麦、黑麦和燕麦出口额的下降最为明显。②

亚麻是俄国的传统出口产品，在一战前的 5 年中，其出口额不太稳定，在战争前夕才出现明显增长。除此之外，新的出口产品——鸡蛋和

---

① Gregory, P. R., *Russian National Income, 1885 - 1913* (Cambridge: Cambridge University Press, 1982), p. 234.
② Лященко П. И. Зерновое хозяйство и хлеботорговые отношения России и Германиив связи с таможенным обложением. Пг., 1915. С. 55 - 57.

第二章 第一次世界大战前夕俄国的经济热潮（1909~1913 年）

黄油（畜牧业集约化生产的表现）则呈现了高稳定和高增长的特征。

如表 2-4 所示，农业生产资金中最有活力的部分是牲畜和设备机器。战前的 5 年里，其价值的增长稍逊于工业设备价值。当时对农具和设备机器需求的 3/5 由国内生产满足。工业制品需求量的上升，部分原因是农村地区的住宅建设，除此之外还有农村人均消费资金的上升（衣服、鞋类、床上用品、家具、餐具、家用设备、缝纫机、手表、乐器、珠宝、生活用品、书籍和车辆）。不过农业生产资金增长的背后却是农业生产的滞后，这意味着资本转移到了其他经济部门。

一战前夕相较于 19 世纪 90 年代，城市建设在经济繁荣中发挥了更为重要的作用。在一战前的 5 年里，城市住房资金价值的年增长几乎是 1894~1899 年的 4.5 倍。[1] 住宅和公共建筑的建设，城市基础设施的扩充，城市居民个人消费资产的增加，所有这些都对工业产品提出了更为多样化的要求。正如 И. И. 格里维茨在介绍俄国的铁制品消费特征时所说的那样，1903~1912 年，建筑行业中所使用的金属产品（梁、屋顶铁、管道），它们的生产量增加了 1 倍，和市场中售卖的、铁路建造所需的以及工厂生产中所需的金属产品相比，增幅最大。[2] 城市建设也推动了对各种设施、能源以及建筑材料需求的持续上升。随着城市人口的增加，对农业自然也产生了新的需求。

在 19 世纪 90 年代，铁路需求对工业增长有着特殊意义，而在 1909~1913 年，铁路需求的重要性则有所下降。然而那些认为，当时用于铁路建设和更新设备的开支是"无关紧要"[3] 的说法是毫无根据的。当时新铁路的建设的确减少了。1909~1913 年铁路网的年平均增长量和 1893~

---

[1] Gregory, P. R., *Russian National Income*, 1885 – 1913 (Cambridge: Cambridge University Press, 1982), p. 293.

[2] Гливиц Ип. Потребление железа в России. СПб., 1913. С. 28.

[3] История СССР с древнейших времен до наших дней. Первая серия. М., 1968. Т. 6. С. 260.

1899年相比，缩减了3.3倍，但根据保罗·格雷戈里的计算，这两个时期的年平均铁路成本却所差无几。① 1894~1899年，铁路运输量平均每年增加35亿吨/公里，1909~1913年增加了51亿吨/公里。两个时期的每公里平均运输量分别为2.58万吨和6.1万吨。② 由此可见，铁路网的强度增加了。这样一来，铁路需求结构也有所改变。一战前的5年里，钢轨的平均年产量相比19世纪90年代工业繁荣期增长了50%，这说明，对钢轨的需求一直在增长。而蒸汽机车和货车的情况就另当别论了，对它们的需求在1913年左右才有所增长。

1909~1913年，军事需求对工业发展的影响要比历史上任何时期都大。表2-1中所呈现的1911~1913年国家资产增长额，从一定程度上能够反映军事需求的规模。

所有这些因素，连同工业本身发展的需求，共同决定了战前经济热潮期工业增长的主要方向。这次热潮是俄国经济工业化过程中的一个重要阶段。1909~1913年，在物质生产众多部门中，工业生产部门最富有活力。在价值产出和资产价值方面，工业生产部门都处于领先地位。

现在让我们来分析一下1909~1913年俄国工业生产的增长情况。

1909年，俄国工业发展刚刚进入繁荣期，促进其增长的机制仍不明确。在这一年里，俄国的工业总产值只增加了3.4%，这个数字甚至比1899~1901年危机时期还要低。第一产业的产值增长了7.7%，第二产业的产值仅增长了1.4%。第二产业中增长率最高的部门为：亚麻、胶合板锯片、榨油、瓷器、基础化学药剂、香水和脂粉、油漆和清漆以及建材等。而棉花、金属加工、黑色金属、煤炭、石油、甜菜等工业生产的主要部门，其产量的增加则微乎其微。一些部门——焦炭生产、有色金属、

---

① Gregory, P. R., *Russian National Income, 1885-1913* (Cambridge: Cambridge University Press, 1982), p. 309.

② Струмилин С. Г. Статистика и экономика. М., 1979. С. 416.

第二章 第一次世界大战前夕俄国的经济热潮（1909～1913 年）

木材加工、火柴盒、丝绸、混合物质和动物制品加工、面粉加工以及烟草生产等，其产量呈下降趋势。① 在这样一个杂乱的发展图景中，我们很难看出其发展趋势。不过在接下来的一年，也就是 1910 年，其发展趋势就变得十分明朗了。

1910 年，俄国的工业产值的增长率很高。② 很明显，对工业发展起加速作用的是 B 组的工业部门（见表 2 - 10）。这一组的生产价值增长率为 18.1%。其中纺织业占总数的 30.8%，纸制品为 31.0%，混合物质和动物制品加工为 19.7%。

表 2 - 10　俄国工业生产价值增长动态——划分为 A 组和 B 组

（以 1907～1908 年的平均值为基准）

	总生产价值（百万卢布）	增长率（%）	A 组产品生产价值（百万卢布）	增长率（%）	B 组产品生产价值（百万卢布）	增长率（%）
1907～1908 年平均值	4347.1	100.0	1459.8	100.0	2887.3	100.0
1909 年	4443.4	102.2	1494.7	102.4	2948.7	102.1
1910 年	5088.0	117.0	1606.1	110.0	3481.9	120.6
1911 年	5551.8	127.7	1778.7	121.8	3773.1	130.7
1912 年	6081.1	139.9	2209.6	151.4	3871.5	134.1
1913 年	6521.7	150.0	2546.7	174.5	3975.0	137.7

生铁产量的增长率（5.9%）要低于炼钢（13.1%）。然而，梁和钢槽（28.8%）、型铁（20.9%）以及铁板和屋顶铁（19.0%）的产量则大幅度增长。这些差异表明了，A 组的工业部门积极响应国民经济发展需求，投向工业繁荣的大浪之中。这组工业部门的特征表现为，适应了建筑业（硅酸盐、木材、梁和屋顶铁）急速增长的市场需求，反映了那

---

① Бовыкин Б. И. Указ. соч. С. 60 - 92.
② 只有 1896 年呈现了更高的出口率——23.9%。

些因引进新技术而衍生出的俄国工业新产业（有色金属冶炼和部分化学工业）的结构变化。

1871年俄国工业总产值的增长率下降到了9.1%，并连续三年维持在这个水准上。剧烈波动的发展最终被稳定的上升期所取代。然而从部门指标来看实际情况更为复杂。

1911年，在制成品价值增长率方面A组比B组高（二者分别为10.7%和8.4%）。虽然两者之间的差距不大，但这意味着前者正在不断向上增长，而后者正在慢慢失去增长的势头。也就是说，各行业之间也正在发生着某种争夺。这些部门产值的增长幅度急剧下降：纺织业（4.2%）、基础化学药剂（2.7%）、油漆和清漆（6.4%）和有色金属（7.9%）。胶合板锯片和造纸部门的产值也下降了。在1910年落后的甜菜制糖业和面粉加工业（分别为28.4%和18.0%）是产值增长幅度最大的部门，除此之外，还有当时生产正值下降趋势的石油开采业、石油冶炼业和煤炭开采业（分别为35.4%、45.1%和14.7%）。面粉加工业和石油冶炼业所取得的这些成果，得益于价格上涨，石油开采业的繁荣则完全归因于此（参见表2-8和表2-9的数据）。尽管俄国各部门的增长率存在着显著差异，但其发展已经变得更加平衡了。

1912年，A组成为工业热潮中当之无愧的主导者，A组产值增长的百分比极高（24.2%），而B组的工业增长率则进一步下降（至2.6%）。此时工业总产值的增长率是9.5%。其中增长率领先的部门为黑色金属、有色金属、金属加工、石油开采、石油冶炼和橡胶工业，这些部门产值的增长率超过了20%。就石油工业而言，这一数字很大程度上得益于石油产品的价格上涨。其他行业尽管在一定程度上受价格波动的影响，其产量还是有实质增加的（见表2-8）。此外，整个金属加工业，特别是其重要组成部分——机器制造业，其结构在一战前的几年里发生了重要变化。①具体变化可以参见表 2-11 中 1908 年和 1912 年的工业普查数据。②

表 2-11　1908~1912 年俄国机械工业结构的变化

生产行业	1908 年 产值（百万卢布）	占比（%）	1912 年 产值（百万卢布）	占比（%）	产值增长额（百万卢布）	增长率（%）
蒸汽机车和货车制造业	85.3	31.6	65.3	20.4	-20.0	-23.4
造船业	52.6	19.5	34.2	10.7	-18.4	-35.0
其中包括：						
(a)民用	11.0	4.1	22.5	7.0	11.5	104.5
(b)军用	41.6	15.4	11.7	3.7	-29.9	-71.9
工业工程	95.6	35.4	132.6	41.4	37.0	38.7
农业工程	27.1	10.0	42.0	13.1	14.9	55.0
电气工程	9.2	3.4	46.0	14.4	36.8	400.0
总计	269.8	100.0	320.1	100.0	50.3	18.6

1912 年产值增长超过 10% 的其他部门有：煤炭、建材、胶合板锯片、基础化学药剂、油漆和清漆、香水和脂粉、丝绸等。显而易见，它们大多都不属于日常消费生产部门。

除创纪录的高增长率以外，1912 年在生产中还出现了一些令人担

---

① Бовыкин В. И. Указ. соч. С. 60 - 61.
② 《与国民经济增长相关的俄国和苏维埃工业发展四十年动态（1887~1926）》的编者对该数据进行了纠正和补充，详细可见 Динамика российской и советской промышленности в связи с развитием народного хозяйства за сорок лет（1887~1926 гг.）. Т. 1. Свод статистических данных по фабрично - заводской промышленности с 1887 по 1926 г. Ч. 2. Промышленность 1908 года. М.；Л.，1929. С. 106 - 107；Ч. 3. Промышленность 1912, 1913, 1915, 1920, 1925/26 гг. М.；Л.，1930. С. 10. 就 1913 年而言，只有金属加工业的相关数据。

忧的征兆。一些部门的产值出现了下降趋势。在"其他"矿石（即除煤、石油、铁和铜矿石以外的矿石）的开采以及动物产品的加工领域，这种下降趋势并不明显。相比而言，1912年的甜菜产量也有所减少。甜菜制糖业是俄国最大的工业之一，按平均年产值来算，它在1909～1912年排名第四（仅次于纺织业、金属加工业和面粉加工业）。1912年这一工业部门的实际生产量和价值量都出现了下滑趋势，实际生产量的下降幅度很小（2.2%），价值量的下降幅度却相当明显（9.0%）。实际上，精制糖的价格已经连续两年缓慢下降了，在1912年下降了10%。这种下降究竟是偶发现象还是一种长期趋势，需要由时间来检验。

1913年工业总产值的增长率略微低于上一年（7.2%）。在A组中，生产的增长率虽然有所下降，但是整体水平还比较高（15.3%）。而在B组中，各部门的生产增长率总体上都保持在一个较低水平上（2.7%）。然而，这些平均值掩盖了急剧恶化的发展不平衡现象。在一些部门中，生产量出现了下降趋势。这其中以第二产业为主：面粉加工业、甜菜制糖业、黄油制造业、亚麻、丝绸、造纸业、陶器-陶瓷业以及混合材料加工业。第一产业中的一些部门也面临困难：有色金属、胶合板锯片和油漆与清漆。可以说，1912年工业上空飘过的那片彩云业已化作了滚滚乌云。

**

1909～1913年，工业生产总价值增长了46.7%。其中，A组的增长率格外瞩目（见表2-10）。其中电气工程、基础化学药剂、橡胶工业、有色金属等部门的增长尤为迅速。不过对于一些部门来说，其产值的增长离不开价格的上涨，这一点也不能忘记。例如，原油的产值增长明显，

第二章　第一次世界大战前夕俄国的经济热潮（1909~1913年）

但其实际产量却几乎没有变化。煤炭产值的增长远远超过了其实际产量，诸如此类的例子还有很多。

在 B 组的工业部门中，最为重要的是食品部门——面粉加工业和甜菜制糖业，1909~1913 年它们的增长率还比较低。在经济热潮时期，生产资料的生产部门在工业总产值中的份额有所上涨，而消费品生产部门的份额却随之下降。

遗憾的是，我们目前还没有 1912~1913 年俄国工业技术设备的相关数据。1908~1913 年俄国工业中的（工人）人均产量的增长（见表 2-12）① 和价格上涨无关，这也就意味着，在这些部门中正发生着技术、工艺或生产组织的变化。这一点也反映在了 1909~1913 年俄国工厂机器生产产量以及外国进口量的增加中。然而，从数据来看，只有少数部门发生了质的变化。或许，这也可以解释为什么黑色金属、有色金属、蒸汽机车和货车制造、电气工程以及香水和脂粉的年人均产出急剧增长（见表 2-12）。

表 2-12　1893~1913 年俄国主要工业部门年（工人）人均产量增长情况

部门	（工人）人均产量（千卢布）				1908~1913 年（工人）人均产量的增长率（%）
	1893 年	1900 年	1908 年	1913 年	
煤炭	0.63	0.78	0.84	1.03	22.6
石油					
石油开采	0.68	3.16	2.94	5.41	84.0
石油加工	3.15	16.66	18.02	26.56	47.4
金属					

---

① 该表以《与国民经济增长相关的俄国和苏维埃工业发展四十年动态（1887~1926）》第四部分为基础，不包括该书第一到第三部分计算的金属加工部门的年产量。

第一次世界大战前夕的俄国金融资本

续表

部门	（工人）人均产量（千卢布）				1908~1913年（工人）人均产量的增长率(%)
	1893年	1900年	1908年	1913年	
黑色金属（不包含铁矿石开采）	1.03	1.86	1.48	2.31	56.1
有色金属	0.50	1.28	1.67	2.78	66.5
金属加工	1.49	1.71	1.84	1.84	—
其中：					
(a)各种金属产品的生产	—	1.99	2.00	2.06*	3.0
(b)机械制造部门的生产					
蒸汽机车和货车制造业	—	1.94	1.77	4.98*	181.4
造船业		0.79	1.63	2.28*	39.9
工业工程	—	1.34	1.71	1.21*	-29.2
农业工程		1.05	1.44	1.51*	4.9
电气工程	—	—	2.75	5.68*	106.5
硅酸盐类					
水泥	1.40	1.31	1.84	2.20	19.6
砖瓦和陶器	0.32	0.48	0.52	0.54	3.8
玻璃	0.47	0.63	0.75	0.83	10.7
瓷器	0.44	0.53	0.60	0.67	11.7
林业					
胶合板锯片	1.24	1.67	1.54	1.70	10.4
木工	0.72	0.85	1.06	1.45	36.8
造纸	1.10	1.38	1.79	1.67	-6.7
化学工业					
基础化学药剂	2.28	3.04	4.01	5.02	25.2
香水和脂粉	3.30	4.23	4.64	7.58	63.4
火柴盒	0.40	0.48	0.55	0.54	-1.8
橡胶	2.57	3.34	4.61	5.96	29.3

续表

部门	（工人）人均产量（千卢布）				1908~1913年（工人）人均产量的增长率(%)
	1893年	1900年	1908年	1913年	
纺织业					
棉花	1.40	1.42	1.83	1.92	4.9
羊毛	1.18	1.41	1.70	2.12	24.7
亚麻	0.74	0.95	1.07	1.48	38.3
丝绸	0.69	1.25	1.33	1.48	11.3
混合物质和动物制品加工业					
混合物质	0.90	1.32	1.55	1.57	1.3
动物制品	1.51	1.79	2.21	3.09	39.8
食品工业					
面粉加工	5.18	6.81	11.35	9.59	-15.5
甜菜制糖	1.95	1.98	2.01	2.20	9.5
酿酒	1.03	1.69	2.39	2.58	7.9
烟草	1.70	1.87	2.70	3.32	23.0
黄油	3.78	5.80	6.76	8.38	24.0
啤酒	2.58	2.66	3.19	3.58	12.2

* 表示1912年的数据。

1909~1913年工业生产的增加并没有因工业区域划分的变动而发生变化（见表2-13）。① 中央工业区和波兰地区在制造业中的比重略有增加，外高加索地区在矿业中的比重也略有上升。若是从部门指标来看，变化就更为明显了。有趣的是，尽管外高加索地区在采矿业中的比重上升了，但其在石油生产中的比重却下降了（从89.5%下降到了84.8%），

---

① 表2-13基于《与国民经济增长相关的俄国和苏维埃工业发展四十年动态（1887~1926）》第二部分和第三部分的数据制作。

第一次世界大战前夕的俄国金融资本

而北高加索和突厥斯坦的比重则上升了（北高加索从9.7%上升到了13.1%；突厥斯坦从0.7%上升到了2.7%）。在黑色金属方面，乌拉尔地区的比重下降了（从29.4%降到了16.0%），而波兰地区、中央工业区以及波罗的海地区的重要性上升了。在棉花和丝绸生产方面，中央工业区的地位得到了加强（棉花：从70.9%上升到了74.9%；丝绸：从83.9%上升到了87.8%），在羊毛和亚麻生产部门，波兰地区的份额有所增加（羊毛：从39.9%上升到了43.1%；亚麻：从18.3%上升到了19.1%）。不过，尽管1908～1912年中央工业区在亚麻生产中的比重有所下降（从52.1%降到了48.6%），但它仍在俄国纺织工业中发挥主导作用。

表2-13 1908～1912年俄国工业生产的区域划分

区域	在总产量中的份额(%)					
	矿业		制造业		所有工业	
	1908年	1912年	1908年	1912年	1908年	1912年
北部	—	—	0.7	0.7	0.6	0.6
西北部	0.1	—	10.6	10.2	9.8	9.3
波罗的海沿岸	—	—	5.6	5.9	5.2	5.3
白俄罗斯-立陶宛	—	—	2.1	1.9	1.9	1.7
中央工业区*	1.6	1.4	29.6	32.3	27.4	29.3
中部黑土区	0.2	—	3.8	2.9	3.5	2.6
乌克兰	27.6	24.4	16.1	15.2	17.0	16.1
包括分区：						
(a)西部地区**	—	—	7.2	6.2	6.7	5.6
(b)东部地区***	28.4	24.8	16.1	15.2	17.0	16.1
比萨拉比亚	—	—	0.3	0.3	0.2	0.3
顿河流域****和北高加索地区	11.7	16.4	3.3	3.7	4.0	5.0

第二章　第一次世界大战前夕俄国的经济热潮（1909～1913年）

续表

区域	在总产量中的份额（%）					
	矿业		制造业		所有工业	
	1908年	1912年	1908年	1912年	1908年	1912年
伏尔加河流域	0.4	0.4	4.9	4.4	4.6	4.0
乌拉尔	7.9	8.1	4.5	3.4	4.8	3.9
欧俄地区	50.3	51.1	82.2	81.6	79.7	78.7
波兰地区	5.9	4.6	11.5	13.0	11.0	12.1
外高加索地区	29.5	31.7	2.9	2.9	5.0	5.7
西伯利亚	13.9	11.5	1.7	0.9	2.7	2.0
突厥斯坦	0.4	1.1	1.7	1.6	1.6	1.5

* 表示包括奥廖尔的布良斯克区。
** 表示包括伏尔加尼亚、基辅、波多利亚、切尔尼戈夫和波尔塔瓦。
*** 表示包括赫尔松、塔夫利达、叶卡捷琳诺斯拉夫、哈尔科夫以及顿河地区的毗邻部分。
**** 顿巴斯东部地区不在其中。

或许工业地区布局中最有趣的转变体现在金属加工业[①]和机械制造业中。如表2-14所示，中央工业区的比重明显增加了，特别是机械制造业。如上文所述，这个部门在战前的经济热潮中经历了严重的结构变动。它需要加强或者削弱个别地区在其主要产品生产中的作用。在交通运输制造业（不包括造船业）上，只有波兰地区和乌拉尔地区

---

① 根据《与国民经济增长相关的俄国和苏维埃工业发展四十年动态（1887～1926）》一书编者的定义，"金属加工业"包括以下部门："有色金属加工业"（钟表制造、铜线和铅线、管道、陶器、茶炊用具、弹壳和套筒、教堂用具、乐器、儿童玩具、文具、金银制品）；"批量产品的机器制造和冲压制造"（指的是钉子、螺栓、螺母、螺丝、螺钉、铆钉、拐杖、锡盒、针、钩子、镰刀、干草叉、耙子、铲子、锁、链条、灯具、纽扣、羽毛、马蹄铁等产品的制造生产）；"除机器和工具之外的其他金属制品的生产"（此处的构成更为复杂多样，包括弹簧、锡盘、镀锌和搪瓷餐具、刀具、金属家具和防火柜、犁头、箭头、十字架、炉排和栏杆、水暖和家用电器、马车、自行车、军用车具、野战厨具、火炮和炮塔、地雷、炮弹等等）。因此，这三个部门的划分以及将"其他金属产品的生产"和机械制造业之间强行拆分是十分武断的。

的产量没有减少，西北地区所受的冲击是最大的，其份额也因此缩减。就造船业而言，海军舰艇生产量的减少导致了其产值的下降①，以军用造船业为主的西北地区，造船业份额明显减少（从72.1%下降到了41.8%）。此时，又因为中央工业区的一些大型企业（主要是科洛姆纳工厂和索尔莫沃工厂）承担了内河船舶以及内河船舶发动机的生产，该区域在造船业中的比重便急剧攀升（从2.7%一路飙升到了31.0%）。

就工业工程而言，在总体产量增长18.6%的背景下，西北地区该部门的产出下降了25.4%。与此同时，中央工业区的产量翻了一倍，波兰地区和乌克兰的产量则翻了近1.5倍。这便导致了它们在总产量中的比重发生了变动。

电气工程是西北地区份额唯一上升的机械制造业部门。这个部门的产量在所有地区都实现了增长，只不过各自的增长速度有所不同。可以说西北地区同波罗的海沿岸地区在电气工程生产上互换了地位。尽管中央工业区电气工程的产量增加了4倍多，但它所占的份额却略有下降。

如前文所述，一战前的5年里俄国工业增长的大背景是农业生产的空前提高。根据保罗·格雷戈里的计算结果②，同1897~1901年相比，1909~1913年俄国的工业、建筑业、交通通讯业占国民收入的比重提高了，这一成就并不以牺牲农业为代价，但却牺牲了商业和服务业（见表2-15）。

---

① 这一点在上文所使用的1908年和1912年人口普查数据中都有所体现。不过，这些数据和沙皇政府加强海军和发展造船业计划中的相关数据不一致。或许受1912年后增加海军成品船舰的生产的影响，这种不一致更加严重了。详细请参见 Шацилло К. Ф. Русский империализм и развитие фона накануне первой мировой войны (1906 - 1914 гг.). М., 1968.

② Gregory, P. R., *Russian National Income, 1885 - 1913* (Cambridge: Cambridge University Press, 1982), p. 133.

第二章 第一次世界大战前夕俄国的经济热潮（1909～1913年）

表2-14 1908～1912年各地区在金属加工和机械制造生产总值中的份额

单位：%

地区	金属加工和机械制造 1908年	金属加工和机械制造 1912年	其中包括：金属加工 1908年	金属加工 1912年	机械制造 1908年	机械制造 1912年	机械制造业中又包括：运输（不包括造船业） 1908年	运输 1912年	造船业 1908年	造船业 1912年	工业工程 1908年	工业工程 1912年	农业工程 1908年	农业工程 1912年	电气工程 1908年	电气工程 1912年
北部	0.0	0.0	0.0	0.0	0.0	0.0	0.0	0.0	0.1	0.1	0.0	0.0	0.0	0.0	0.0	0.0
西北部	27.1	23.8	20.7	27.0	31.6	21.8	24.7	18.1	72.1	41.8	24.3	12.9	0.2	0.1	38.9	57.6
波罗的海沿岸	10.5	10.0	10.6	9.0	10.5	10.6	15.1	17.6	5.0	5.7	9.0	8.9	2.5	3.4	36.4	17.4
白俄罗斯－立陶宛	1.5	1.6	2.9	3.0	0.5	0.7	0.0	0.1	0.0	0.0	1.1	1.1	1.3	1.8	0.0	0.0
中央工业区	23.4	30.9	23.2	28.2	23.6	32.6	42.3	43.8	2.7	31.0	23.0	37.3	5.5	13.9	24.6	21.8
中部黑土区	0.3	0.3	0.1	0.0	0.4	0.4	0.0	0.0	0.0	0.0	0.5	0.7	2.6	1.1	0.0	0.0
乌克兰	15.6	14.7	10.6	8.3	19.1	19.0	13.8	14.1	12.3	13.1	14.5	15.0	72.0	64.2	0.0	0.5
比萨拉比亚	0.1	0.1	0.0	0.0	0.1	0.1	0.0	0.0	0.0	0.0	0.0	0.0	0.5	0.3	0.0	0.0
顿河－北高加索地区	1.5	2.0	1.6	1.6	1.5	2.4	0.0	0.0	0.6	0.8	2.1	3.7	5.9	5.4	0.0	0.0
伏尔加河流域	2.7	1.4	4.2	1.3	1.6	1.5	0.0	0.0	4.6	6.9	1.5	1.7	1.3	0.4	0.0	0.0
乌拉尔	3.0	1.4	5.3	1.6	1.3	1.2	2.0	2.8	0.2	0.0	1.0	0.9	2.4	1.9	0.0	0.0
欧俄地区	85.7	86.2	79.2	80.0	90.2	90.3	97.9	96.5	97.6	99.6	77.0	82.2	94.2	92.5	99.9	97.3
波兰地区	12.0	13.0	19.6	18.6	6.7	9.4	2.1	3.5	0.0	0.4	15.4	17.6	5.8	7.5	0.1	2.7
外高加索地区	2.3	0.8	1.2	1.4	3.1	0.3	0.0	0.0	2.4	0.0	7.5	0.8	0.0	0.0	0.0	0.0

第一次世界大战前夕的俄国金融资本

表 2-15　俄国国民收入来源比重的变化

单位：%

年份	农业	工业、建筑业、交通通讯业	商业和服务业
1883~1887	57.4	23.4	19.2
1897~1901	51.3	30.6	18.1
1909~1913	50.7	32.3	17.0

工业的增长与农业生产的兴起提高了俄国在世界经济中的地位。然而相关文献资料中所运用的量化方法是否可靠有待商榷，用这个方法去证明俄国在全球工业生产中的地位所得出的结论并不令人信服，还需要进行进一步的论证。《苏联和资本主义国家》的编者 Я. А. 约费，在1939年提出1913年的苏联在世界工业产值中所占比重为2.5%，这一数字被很多人所引用，在当时，受斯大林主义半殖民依赖论的深刻影响，各论著中普遍存有低估俄国社会经济发展水平的倾向，而现在，学界中大部分人认为这一数字是毫无根据的。[①] 虽说如此，但一些苏联学者还是认可这个数字，并在自己的研究作品中使用了它。他们中一些人提出，那些地理区域指的不是1939年前的苏联，而是整个革命前的俄国。[②]

早在1955年，В. Е. 莫蒂列夫就在《历史问题》上发文，他反对随意低估20世纪初俄国工业发展水平的行为，他认为需要进一步关注国际联盟工作人员就工业化和国际贸易发展状况所进行的比较研究和计算。[③] 在西方文献中，研究人员常常使用的就是这种计算方式，正因如此，他们的结果往往更可靠。[④] 根据他们的数据（见表 2-16），1913年俄国在

---

① Проблемы экономики. 1939. No 4. C. 180. Подробнее см.: Лельчук В. С. Социалистическая индустриализация СССР. М., 1975. C. 207-208.

② Минц И. И. История Великого Октября. В 3-х т. Т. 1. М., 1967. С. 40; Изд. 2-е. М., 1977. Т. 1. С. 39.

③ Мотылев В. Е. Об особенностях промышленного развития России в конце XIX - начале XX века // Вопросы истории. 1955. No 7. С. 29.

④ Folke, H., *Industrialization and Foreign Trade* (Geneva: League of Nations, 1945), p. 13.

第二章　第一次世界大战前夕俄国的经济热潮（1909~1913年）

世界工业生产中的比重为5.3%。自19世纪90年代起，这个比重一直在上升，而英国、德国和法国的比重则在下降。

表2-16　俄国、美国、英国、德国和法国在世界工业生产中的比重

单位：%

国家	1881~1885年	1896~1900年	1913年
俄国	3.4	5.0	5.3
美国	28.6	30.1	35.8
英国	26.6	19.5	14.0
德国	13.9	16.6	15.7
法国	8.6	7.1	6.4

第一次世界大战前夕，俄国在工业总产值绝对值上又一次向法国靠拢，甚至在几个关键工业产品的生产上超过了法国：矿物燃料（煤炭和石油）、钢铁、机械、棉织品和糖料。然而，俄国同德国、英国之间的差距虽然缩小了，但它们之间的差值仍悬殊，俄国同美国的差距则持续拉大。此时俄国在工业生产上明显要领先于世界其他国家。

然而，俄国在世界工业生产中的比重要远远低于其人口在世界人口中所占的比重（10.2%）。唯一的例外是石油（占世界产量的17.8%）和糖料（占世界甜菜和甘蔗糖产量的10.1%）。[1] 在人均工业产值方面，俄国和意大利、西班牙、日本维持在一个水准上，不仅落后于先进的工业化国家，也落后于那些自19世纪下半叶开启工业化道路的国家。

俄国作为一个农业-工业复合型国家，其农业生产明显优于工业生产，在世界农业中实力较强。第一次世界大战前夕，俄国在最重要的5种谷物（小麦、黑麦、大麦、燕麦和玉米）的总产量方面仅次于美国，位居世界第二，而俄国未能占领第一的原因在于，美国在玉米生产方面

---

[1] Rather, S., et al., *The Evolution of the American Economy* (New York: Basic Books, 1979), p. 385.

有着巨大优势（比俄国多出近30倍）。不过在小麦、黑麦、大麦的产量上，俄国占首位，两国在燕麦产量上相差不大。1905~1914年，俄国占世界小麦产量的20.4%，黑麦产量的51.5%，大麦产量的31.3%，燕麦产量的23.8%，亚麻纤维产量的82.6%，亚麻籽产量的20.8%，谷壳产量的65.9%，大麻籽产量的89.9%。①如前文所述，在战前几年里俄国作为部分农产品（鸡蛋和黄油）的生产国，所发挥的作用也有所增强。

不过在农业上，俄国的人均产量还是低于其他一些国家，不仅低于农业-工业复合型国家，还低于工业-农业复合型国家（美国和德国）。

当对比俄国和其他资本主义国家的国民收入时，其社会生产绝对规模较大与人均收入水平较低的这一对比就显得格外突出了。1913年，俄国的国民总收入排世界第四，仅次于美国、德国和英国，在资本主义国家之中位于后列，处于奥匈帝国和日本之间。

应当指出的是，如果只计算欧俄地区（不包括西伯利亚、中亚、外高加索和波兰王国），所得出的俄国的人均收入甚至还不如整个俄罗斯帝国的人均收入。这片区域居住着约4/5的帝国人口，是帝国经济发展的中心。正如前文所述，这里是高度工业化的地区，是快速发展的资本主义农业地区，也是受农奴制挤压的落后地区之邻区。这样看来，1909~1913年的经济热潮，既加速了俄国先进工业部门和发达地区的发展，与此同时，也进一步加大了国家经济的两极化。

第二节　1909~1913年俄国货币市场的发展情况

保罗·格雷戈里通过计算向我们展示了俄国生产的产品是如何被消

---

① Ден В. Э. Положение России в мировом хозяйстве. Анализ русского экспорта. Пг., 1922. С. 52—53, 114, 116.

第二章 第一次世界大战前夕俄国的经济热潮（1909～1913年）

费的。表2-17显示的是1894～1913年俄国生产的产品的消费去向。①从表2-17中我们可以看到，在俄国每年生产的产品中平均有4/5用于个人消费：食品、杂物、租金、服务（交通、邮政、市政、医疗和家庭佣金）。其中约有1/10被国家所吸收。这1/10主要是对农业、工业、通讯、商业和建筑业的投资，也就是公积金。最后，约有1.5%的资金流向了海外，用于偿还债务。自然，个别年份的一些数字或多或少有些偏离平均值。但从这些偏差中很容易找到一个明确的趋势：在经济热潮时期，资本投资占国民经济的比重在增加，私人消费的比重在减少。此外，中央和地方政府支出所占的比重也在逐渐增加，这一点十分明显。在研究战前经济热潮的过程中，这一趋势也逐步得到了证实。1909～1913年，资本投资在国民经济中的比重要高于1894～1913年的平均值。然而，不得不指出的是，事实上这个数字要低于1894～1898年的平均值。在热潮初期的1910年，这一比重在达到顶峰后便开始下降。而政府支出则恰恰相反，在1909～1913年这5年中的最后时刻突飞猛进，在1913年更是创下了绝对纪录。

表2-17 1894～1913年俄国生产产品的消费去向（以现行价格计算）

单位：百万卢布

年份	俄国制造的产品价值	它们的去向							
		私人消费	占比	政府支出	占比	国内储存（投资）	占比	国外储蓄的流出(-)或国外储蓄的流入(+)	占比
1894～1898	45773	35326	77.2	3973	8.7	5672	12.4	(-)802	1.8
1899～1903	59933	47872	79.9	5024	8.4	6143	10.2	(-)894	1.5
1904～1908	68476	55164	80.6	6174	9.0	6359	9.3	(-)778	1.1
1894～1908	174182	138362	79.4	15171	8.7	18174	10.4	(-)2474	1.4

---

① 表2-17根据保罗·格雷戈里的数据而制成，参见Gregory, P. R., *Russian National Income, 1885-1913* (Cambridge: Cambridge University Press, 1982), pp. 58-59。

第一次世界大战前夕的俄国金融资本

续表

年份	俄国制造的产品价值	它们的去向							
		私人消费	占比	政府支出	占比	国内储存（投资）	占比	国外储蓄的流出（-）或国外储蓄的流入（+）	占比
1909	16101	12947	80.4	1402	8.7	1752	10.9	(+)29	0.2
1910	17610	13305	75.6	1488	8.4	2614	14.8	(-)203	1.2
1911	17323	13432	77.5	1482	8.6	2026	11.7	(-)182	1.1
1912	20267	15737	77.6	1934	9.5	2264	11.2	(-)332	1.6
1913	21422	16306	76.1	2224	10.4	2314	10.8	(-)578	2.7
1909~1913	92723	71727	77.4	8530	9.2	10970	11.8	(-)1266	1.4
1894~1913	266905	210089	78.7	23701	8.9	29144	10.9	(-)3740	1.4

根据保罗·格雷戈里的说法，他的研究将俄国和其他先进国家或资本主义经济快速发展的国家放在了一起，并比较了其净国民产值的分布状况（见表2-18）①，对于俄国这样一个人均消费水平较低的国家来说，有着如此巨大的资本投资比重实在是不同寻常。② 根据他的数据，20世纪初的俄国在净国民产值的生产性消费上，与德国、美国并肩，从世界各国中脱颖而出。然而在净国民产值的指标上，这3个国家有着很大的差异。美国的政府支出比重相对较低（4.9%），私人消费比重相对较高（81.9%）。与之相反，德国的特点在于私人消费比重相对较低（75.5%），但是政府支出比重相对较高（8.4%）。至于俄国，在第一次世界大战前夕，其私人消费占国民生产总值的比重几乎降到了和德国一个水准（77.4%），但是又在政府支出上超过了德国（9.4%）。

---

① Gregory, P. R., *Russian National Income, 1885-1913* (Cambridge: Cambridge University Press, 1982), p. 172.
② Ibid, p. 193.

第二章 第一次世界大战前夕俄国的经济热潮(1909~1913年)

表2-18 俄国和其他国家的净国民产值分布

(按现行价格计算其在净国民生产总值中的比重)

单位:%

国家	年份	私人消费	政府支出	储蓄（投资）	其中包括:	
					国外储蓄的流出(-)或国外储蓄的流入(+)	国内储蓄净额
俄国	1909~1913	77.4	9.4	11.8	(-)1.4	13.2
英国	1909~1913	82.7	7.9	9.4	(+)6.8	2.6
德国	1909~1913	75.5	8.4	16.1	(+)0.9	15.2
法国	1909~1913	87.8	87.8	12.2	(+)3.3	8.9
美国	1889~1908	81.9	4.9	13.2	(+)0.6	12.6
丹麦	1890~1909	93.8	93.8	6.2	(-)2.4	8.6
挪威	1885~1914	88.7	7.0	4.3	(-)5.2	9.5
瑞典	1901~1910	86.4	6.1	7.5	(-)0.5	8.0
意大利	1901~1910	84.3	4.5	11.2	(+)1.5	9.7
加拿大	1890、1910、1913	91.2	8.2	0.6	(-)8.8	9.4
日本	1909~1913	87.5	8.8	3.7	(-)1.6	5.3
澳大利亚	1900/1~1919/20	92.3	92.3	7.7	(-)1.9	9.6

俄国净国民产值分布的特征比较明显，国家经济中的投资水平很高，政府支出的比重再创新高，对此也值得进行专门的研究。在笔者看来，确定这些特征将有助于了解俄国货币市场运转的一般条件。

有关俄国货币市场（即贷款资本市场）的文献较为稀少。只在以下这三本书的部分章节中有所提及：М.И.波格列波夫主编的参考分析书《俄国的交换价值（1914~1915）》（圣彼得堡，1915）；А.Е.芬恩－伊诺塔耶夫斯基的《俄国的资本主义（1890~1917）》（莫斯科，1925）；И.Ф.金丁的《俄国商业银行：俄国的金融资本史》（莫斯科，1948）。这些书中短短的几个章节根本无法全面梳理这一问题，尽管如此，它们还是为笔者的进一步叙述提供了必要的框架。

虽然这些学者之间存在着一些分歧，但是他们都一致认为，战前的

第一次世界大战前夕的俄国金融资本

经济好转是俄国货币市场形成的重要阶段。

"严格意义上来说，俄国货币市场是俄国国民经济生活中不可或缺的一个重要基础，直至今日，这句话的重要意义才有所体现，"证券交易所的年鉴部分这样写道，"在19世纪末它才迎来成熟期。铁路的建设，对外国资本的吸引，邮政、电报线路设备的扩充，采矿业和制造业的增长，黄金的购入，城镇人口的快速增长以及其他各类因素，都为信贷经济的广泛发展创造了前提条件。在这些新的经济条件下，俄国货币市场逐渐从简单模式演变成为更为复杂的模式，它一步步地成长和自我改进，最终从无序的经济体中脱颖而出，变成了一个精密的组织……19世纪90年代的俄国经济建设需要大量的资金。而这笔资金无法在国内筹集，一是因为国内储蓄不足，也就是国民普遍贫困，二是因为俄国领土以内的广大地区仍徘徊在商品经济之外，也就是既没有参与到国家市场之中，又没有通过国家市场参与世界市场。因此，俄国货币市场发展的最初几年受到了外国资本的深刻影响，主要是德国和法国的影响，还有部分比利时、荷兰、英国的影响……在20世纪初，俄国的国民经济已经完全进入了资本主义的发展阶段，因此对资本的需求也变得更加均衡。在基于国家经济生活所发展起来的资本主义生产关系之下，又衍生出了一个新的货币市场组织，以满足对货币更新的、更大的、更复杂的需求，这之中自然包括了因商品周转而产生的需求。首先是信贷机构数量的大幅度增加。银行调动了国家的货币资本，一直以来，这些资本一直以流动资产、货币、财物的形式被私人家庭所支配着，而现在银行则将这些货币资本交付给货币市场支配。这样一来，货币市场的支配能力得到了大幅度加强，国家银行的地位也得到了大幅度巩固，它凭借自己巨大的黄金储备，能够向市场提供巨大的额外资本，并直接参与短期贷款业务，在其中发挥着重要作用。通过扩大银行机构整体网络和加强国家银行来构建国家货币资本，这两点能够给予市场以丰富的资源，并提高了它在国民经济

第二章　第一次世界大战前夕俄国的经济热潮（1909~1913年）

中的重要性，市场因此具有了更强的独立性，对国外影响的依赖也大大减少。其他因素对此也起着重要作用。1904~1905年高额的军费主要由国家内部所承担，这大大促进了存款的流入，增加了银行活期账户的资金数。1909~1910年的大丰收导致粮食价格上涨，这为市场带来了数亿新卢布，也进一步加强了流通货币的购买力。因此，近年来俄货币市场上呈现了一些国外市场所具有的典型特征，二者更为相似。国民经济对市场的巨大需求——此处不以短期为前提，满足了75.0%的需求，而且有时候贴现率甚至比德国和奥匈帝国还低。此外，在一些场合，俄国货币市场甚至能够协助德国市场运转。"①

A. E. 芬恩-伊诺塔耶夫斯基不主张夸大俄国国民经济中的资本主义发展成果，他分析了战前俄国的证券发行数据并指出："上述数据表明了，在1909~1913年，和1900~1908年相比，资本主义在股票和纸钞方面取得了重大进展。与1900~1908年相比，股票和纸钞的发展在俄国迈进了一大步……其中我最为感兴趣的是1909~1913年发行证券的主要构成部分——即38亿卢布，它们主要投放到了俄国国内（1904~1908年为29亿卢布）。这些数字意味着，这些年来俄国货币市场的能力有所提高。"②

更有意思的是A. E. 芬恩-伊诺塔耶夫斯基在对俄国货币市场的发展进行了全方位统计后，所得出的研究结果是："直到19世纪90年代初，俄国货币市场的发展极其缓慢。俄国资本主义面临的主要任务是铁路建设，而这项任务的完成几乎完全通过引进外国资本来实现。虽然从19世纪90年代到第一次世界大战，国内货币市场不断在扩大，但是，即便是在19世纪90年代，持续且密集的铁路建设和重工业建

---

① Русские биржевые ценности: 1914-15 г. Пг., 1915. С. 120-122.
② Финн-Енотаевский А. Е. Капитализм в России (1890-1917 гг.). 2-е изд. Том 1. М., 1925. С. 328.

设，还是离不开进一步扩大引进外国资本……俄国货币市场作为一个对贷款和金融融资独立性有着重要意义的市场，在1909~1913年才发展起来，贷款资本（银行资源）的数目规模十分惊人。然而，在和西方货币市场的资源做比较时，首先要考虑到，因融资方面被长期冻结，银行资金发生了大幅度调整，其次，还应考虑到俄国商业中的资本周转速度十分缓慢。可以说，俄国货币市场效率的低下，让有着一流资源的俄国货币市场变得和有着二流资源的货币市场（意大利、奥匈帝国）一样了。"①

以上这些著作的作者都注意到了，在战前几年里，俄国货币市场无论是能力还是规模都急剧扩大了。

为了验证这一观点，并了解其自由货币资本的增长动态，我们得先从俄国信贷机构的存款数额入手，因此笔者借用了И. Ф. 金丁对国家银行报告的处理结果，还使用了股份制商业银行、互助贷款协会以及城市公共银行的资产收支表。② 为完整起见，还应加上现有的小型信贷机构的存款数据。③ 从这些数据中我们可以看到，1909~1913年各类型的存款总和增加了100.5%。在战前的经济热潮中，其年平均增长率要高于1894~1899年：20.0%对18.0%。И. Ф. 金丁在分析自己的数据时写道："信贷系统中存款的增长率是如此之高，在其他国家几乎看不到这种现象。只有在德国，并且仅在该国19世纪90年代的工业繁荣期的股份制银行中，其存款增长率才接近这一数字。1909~1913年，主要资本主义国家的存款只增长了30.0%~40.0%。"④

---

① Гиндин И. Ф. Русские коммерческие банки. М., 1948. С. 255–257.
② См.: Там же. С. 410–411.
③ Корелин А. П. Сельскохозяйственный кредит в России в конце XIX – начале XX века. М., 1988. С. 143 (табл. 15).
④ Гиндин И. Ф. Указ. соч. С. 173.

第二章 第一次世界大战前夕俄国的经济热潮（1909~1913年）

**

众所周知，衡量货币市场能力的另一个标准是置于其中的证券价值。然而，要想确定证券的价值，至少面临两个困难。第一个困难，现有的国家资产、政府担保和非政府担保的流通资金的官方数据，以及官方对这些证券的所有计算都只考虑了它们的票面价值，而没有考虑到它们的实际汇率价值。计算实际汇率价值是一项非常复杂且费力的工作，目前还没有人来进行。因此我们的研究只能基于票面价值。

第二个困难，即俄国的流通资金不仅投放在了俄国，还投放在了其他国家。因此，想要判断俄国货币市场的价值，需要先了解俄国在国外究竟投放了多少资金。第一次世界大战前，1904年1月1日以及1908~1913年的政府担保流通资金的总数公布在了财政部的出版物《俄国货币市场（1906~1912）》和《财政部数据（1904~1913）》上。笔者在表2-19中借用了这些数据。遗憾的是，在由苏联中央国家档案馆所保管的财政部信贷科特别办公室的残存记录中，并没有找到用于计算上述数据的原始材料。至于国家资产投放的相关数据，毫无疑问，要从外国银行和圣彼得堡银行代表沙皇政府履行支付手段入手。Б. В. 阿纳尼奇发现了国家财政部档案资料，其中各项信息十分详尽，显示了每笔贷款的付息和还款金额，这有助于我们确定支付价值的票面金额。不过需要牢记一点，并非所有的俄国国家贷款都是在国外支付的。截至1914年1月1日，在俄国境内支付的贷款金额占12.5%。[①] 可以确定，外国是持有俄国债券的，因为一些贷款是在外汇交易中报价的。其他俄国债券的持有者也更倾向于使用优惠券来支付贷款。因此，俄国国家资产对外支付的减少，不一

[①] 计算方式参见 Отчет государственного контроля по исполнению государственной росписи за 1913 г. СПб., 1914.

第一次世界大战前夕的俄国金融资本

定是因为它们从国外转移到了俄国，反之亦然，俄国对外支付的增加也不一定是因为它们流向了国外。譬如，1909~1911年，国家贷款的利息和还款总额中对外支付的比重就急剧下降。起初，财政部的官员将这一现象归结为俄国资金从国外回流。[1] 但紧随其后，他们便清楚地认识到，应该还有另一个原因。"1911年对外支付金额的减少，"在1913年国家信贷机构系统估算数据的解释中这样写道，"不仅仅是因为资金在逐渐向俄国回流，还因为银行家们利用利好的利率，向俄国寄送了大量用于支付的票券和流通债务。"[2]

或许，在计算俄国的外国贷款数额时，信贷办公室的官员没有完全以外国支付信息为基准。除此之外，还有什么呢？这个问题，目前还没有答案。我们同样也不清楚他们是通过什么资料得出沙皇政府担保铁路公司的贷款投放数据的。

要想密切跟进俄国的国际收支情况，财政部需要获得关于有担保资产和无担保资产中的外国交易的相关信息。笔者在苏联中央国家档案馆 П. А. 萨布罗夫的个人档案中发现了1899年、1900年和1901~1902年俄国财政部的"国际收支状况"[3]，这个文件中不仅列出了"用政府贷款在国外买卖证券所获金额"这一项，还列出了"铁路、商业以及工业协会的贷款收益"和"外国资本涌入工业领域"这两项。从上述两份出版物中所公布的1904~1912年俄国各类资产的国内外发行量，以及它们在俄国的实际增长状况的相关数据来看，财政部能够不断地接收关于俄国非担保资金在国外运作的相关信息。但是，即便财政部对这些资金的投放曾经进行过计算，他们也从未公开过计算结果。我们从来没有在文献档案中找到过相关结果。

---

[1] Смета по системе государственного кредита на 1912 год. СПб., 1911.
[2] Смета по системе государственного кредита на 1913 год. СПб., 1912.
[3] ЦГИА СССР. Ф. 1044. Д. 215. Л. 1–2, 9–10, 12, 15–34.

第二章 第一次世界大战前夕俄国的经济热潮（1909~1913年）

由于所掌握的俄国资金投放的官方数据还不充分——只有担保价值，且这些数据横跨的时间段太短，因此研究人员不得不亲自计算。其中 П. В. 奥莱姆和 И. Ф. 金丁的计算意义重大。首先二人的计算数据有助于计算 1827~1915 年每年外国人拥有的企业股份。① 其次，借助 П. В. 奥莱姆的数据，能综合统计 1861 年、1881 年、1893 年、1900 年和 1914 年 1 月 1 日俄国国家资产的主要类别。②

表 2-19 基于新的数字材料和 И. Ф. 金丁的构想而制成。笔者重新计算了 1893 年和 1900 年的公债券、政府担保债券、铁路公司的股票以及国家抵押银行的负债数额，并具体介绍了 1908 年的情况。③ И. Ф. 金丁以 1913 年的原始数字为基准，通过计算获得了 1914 年前的数据，但在表 2-19 中使用的是 1913 年的原始数字。④ 根据 Л. Е. 舍佩列夫得出的俄国股份公司股票债券总资产，制定了股份公司股票债券的国内投资指标。⑤ 因为这里主要探讨的是俄国国家资产的分布问题，所以从 Л. Е. 舍佩列夫得出的俄国经济中经营的所有股份制公司的外国投资总额中，只提取了有关在俄经营的外国公司的持股数据。⑥

至于城市债券，И. Ф. 金丁给出了 1893 年、1900 年和 1908 年的国内外投资额，而笔者粗略地计算了一下 1913 年的数字。

需要强调一点，表 2-19 的数字都是近似值。П. В. 奥莱姆的计算结果或许是最接近现实的，这也是其他人计算在俄经营的股份公司证券和国内外投资比例的基础。一些学者在文章中，对这些数据的准确性提出

---

① Оль П. В. Иностранные капиталы в народном хозяйстве довоенной России. Л., 1925.
② Гиндин И. Ф. Указ. соч. С. 444-445.
③ 计算的改进方式详见 Бовыкин В. И. Формирование финансового капиталов России: Конец XIX века -1908 г. М., 1984. С. 157-163.
④ Министерство финансов. 1904-1913. Б. м. и г.
⑤ Шепелев Л. Е. Акционерное учредительство в России // Из истории империализма в России. М.; Л., 1959. С. 152-153, 166-167.
⑥ 很遗憾，材料中缺失了在俄国经营的外国公司的保税资本的相关数据。

了疑虑。尤其是 И. Ф. 金丁，他得出的结论是，1910～1914 年的真实数字应该高于 П. В. 奥莱姆的计算结果，这一阶段同前一时期不同，他认为，截至 1915 年 1 月 1 日，高出的部分"至少有 15%"。①

  П. В. 奥莱姆所得出的第一次世界大战开始时俄国公司在法国配售的股票和债券数，比起 1918 年 9 月～1920 年 1 月法国国民在法持有的俄国证券登记数，要高出 20% 以上。笔者对各个股份公司中法国股份的占比值进行了比证，其结果证实了各类文献对数据真实性的怀疑，即 П. В. 奥莱姆的数据源自各专家的推测，这些推测或许基于证券交易所对俄国和外国银行参与各公司新股销售分配的流出消息。最终的分布结果往往同最初不同，特别是在第一次世界大战的前几年，正如我们在下文所看到的那样，置于国外的俄国资产，最后往往还是回流到俄国。

  对在俄经营的股份制公司中外国资本参与度的过分夸大，主要是缺乏必要信息造成的，因此研究者不得不在计算中预留一定容差。在俄经营的股份公司，其债券中的外国投资被自然而然地视为了俄国公司债券中的外国投资，这主要是因为我们对这些投资中的外国公司的比重一无所知。与此同时，人们自然而然地认为，在俄经营的外国公司的股份全部都属于国外，尽管这些股份中的一部分是归俄国国民所有。

  现有的统计数据没有考虑到，在俄国市场上流通的不仅仅有外国公司的股票，还有外国国家的国债、城市债券以及铁路公司股票。此外，外国公债券也在俄国的证券交易所上市。截至 1914 年 1 月 1 日，这些股票债券的总额达到了 1.24 亿卢布。② 这在俄国证券交易所报价的证券总额（182.35 亿卢布）中只占 0.7%。但是从外国资产的报价来看，俄国或许真的储备了少量外国资产。

---

① Гиндин И. Ф. Указ. соч. С. 348, 401.
② Министерство финансов. Диагр. XVI.

第二章 第一次世界大战前夕俄国的经济热潮（1909~1913年）

圣彼得堡各大银行保存的历史记录证明了，它们参资了众多国际财团，这些财团负责对在国外发行的各种利息和股息证券进行配售。И. Ф. 金丁在从事俄国银行和工业关系研究的20年里，一直试图分析亚速－顿河银行和圣彼得堡贷款和贴现银行的银团业务。根据档案资料，他认为，1914年4月1日亚速－顿河银行在"外国银行发行额"上的参资共为200万卢布，其特征为"海外分行具有多样性以及发行了大量纯外国证券"。①

通常情况下，银行会将它们在国际财团中所获得的股份分配（"分发"）给他们的董事和会员客户，用分配的证券作为抵押向他们发放贷款。但遗憾的是，因为俄国银行文件资料的保存不善，俄国银行透支方案的具体内容也就无从得知。战前的几年内，外国资金已经开始出现在银行自身的投资方案中，其构成会在年度报表中公布。在银行真实持股数量及规模未公布的情况下，这些信息表明了一点，即银行有着一些无法隐藏的灰色收入。②

从俄亚银行的报表记录来看，它继承了其前身俄中银行的外国证券业务③，1910~1913年在其圣彼得堡分行的投资方案中，勒拿金矿公司股份（持10500股票，1910年价值315000卢布），摩洛哥银行股份（持2200股票，1910~1913年价值299000卢布），英俄银行（持5000股票，1911~1912年价值236400卢布），萨洛尼亚银行（持14325股票，1913年价值

---

① Гиндин И. Ф. Банки и промышленность в России до 1917 г. М.；Л.，1927. С. 131.
② Бовыкин В. И. О взаимоотношении российских банков с промышленностью до середины 90 - х годов XIX века // Социально - экономическое развитие России. М.，1986. С. 195 - 206.
③ 俄国银行的年度报告中附有一份银行自有证券"库存"清单，日期截至负债表上的日期。该银行的自由证券也被列入了俄国银行的年度报告之中。一些银行（俄亚银行、俄国对外贸易银行、俄国工商银行）也提供了它们一些海外分行的信息。这些银行拥有着大量外国资产。截至1914年1月1日，俄亚银行的外国分行共有现金370万卢布（ЦГИА. Ф. 630. Оп. 1. Д. 44. Л. 15）。在首都银行的外国分行的投资组合中，外国资产作为投资项目是十分罕见的。

537200卢布),以及中国在1913年改组的贷款债券(价值5094000卢布)是其投资的大头。①

1911年,外国资产出现在了圣彼得堡国际银行董事会的投资方案中——勒拿金矿公司的股票(持7775股票,价值3499000卢布)。但是这一投资还没落实多久就发生了变动,取而代之的是恩巴—里海石油公司(1912年持20196股票,价值96700卢布)和俄国石油总公司(1912年持4100股票,价值67600卢布;1913年持3975股票,价值66200卢布)。到了1913年,银行又成为比比艾巴特石油公司(持60401股票,价值143700卢布)的股东,并购买了中国重组的贷款债券(价值412600卢布)。②

这份从两家银行报表中整理出的清单并不完整,但是它表明了,战前的俄国货币市场上有着不少外国银行和公司的股票,还有一些外国政府的资产,而有些公司和银行甚至都不在俄国经营。遗憾的是,我们暂时还无法确定它们的数量。我们只能假设它们的规模相对较小,这样一来,即使遗漏这些数据也不会对我们评估俄国货币市场产生明显影响。

承认私人抵押银行的抵押债券放在了国外并不是件容易的事,尽管它们数量很小,但除此之外我们也找不到其他解释了。换句话说,这种情况较为罕见,在统计学上也没有显示。

虽然我们使用的是近似值,但是也不能忘记,造成数值近似的原因

---

① ЦГИА. Ф. 630. Оп. 1. Д. 21. Д. 16 – 20(Отчет Русско – Азиатского банка за 1910 год. СПб., 1911);Д. 31. Д. 23 – 26(Отчет... За 1911 год. СПб., 1912);Д. 38. Д. 12 – 15(Отчет... за 1912 год. СПб., 1913);Д. 44. Д. 12 – 15(Отчет... за 1913 год. СПб., 1914).

② ЦГИА Ф. 626. Оп. 1. Д. 16. Л. 40 – 41(Отчет по операциям С. – Петербургского Международного коммерческого банка за 1911 год. СПб., 1912);Л. 80 – 81(Отчет... за 1912 год. СПб., 1913);Д. 20. Л. 16 – 17. Отчет... за 1913 год. СПб., 1914).

第二章　第一次世界大战前夕俄国的经济热潮（1909～1913年）

在数据的来源上——它们所承载的信息迫使我们只能在一定范围内进行合理猜测。"一定范围内"决定了我们所获结果的准确与否，这也是区分计算中的误差能否被接受的一种有效途径。

如上文所述，И. Ф. 金丁向我们证明了，П. В 奥莱姆的数字只适用于战前时期，"它和股东以及信用统计的数字压根不相符"①，他也对此进行了适当的修正。笔者计算国债和担保贷款投放中的误差区间，主要是为了验证 И. Ф. 金丁计算的准确性。② 除此之外，通过计算还能证实数据是可以被适当改进的，这一点在后文中可以看到。

这就让我们有理由相信，尽管表2-19中列出的是近似值，但是它们或多或少正确地反映了一战前经济热潮时期俄国货币市场发展的主要趋势和各项比例，我们研究的目标也就达到了。

**

现在我们来对这些数据进行分析。1908～1913年俄国的证券发行总额（见表2-19）为48.55亿卢布。这其间的年平均增长额是1900～1908年的年平均增长额和1893～1990年的年平均增长额（5.37亿卢布）的1.5倍多。此外，与前一时期相比，俄国的证券投资结构发生了巨大的变化。

公债券在俄国证券投资总额中的比重在1900～1908年曾达到59.6%，1908～1913年时降至3.3%。1908～1913年，公债券、贵族银行和农民银行债券（其中贵族银行和农民银行债券在1908～1913年占近3/4）吸引的投资额在俄国证券投资总额中只占1/5。1908～1913年俄国

---

① Гиндин И. Ф. Русские коммерческие банки. С. 399.
② Бовыкин В. И. К вопросу о роли иностранного капитала в России // Вестник МГУ. Серия 9. История. 1964. № 1. С. 55-63.

表 2-19　由俄国政府和国家所担保的证券以及在俄经营的股份公司的股票、债券的投资额

单位：百万卢布

年份（截至每年1月1日）	公债券	贵族银行和农民银行债券	总计	政府担保的铁路债券和股票	俄国各城市的债券	股份制土地银行的抵押贷款	俄国股份公司的股票和债券			俄国证券投资总额	在俄经营的外国公司股票	在俄的俄国股票、债券及外国公司股票总额	在俄的俄国证券及外国公司股票总额
							股票	债券	总计				
1893	4802	209	5011	1047	17	1225	853	78	931	8231	89	1020	8320
1900	6242	561	6803	1063	87	1784	2937	216	3153	11990	365	3518	12355
1908	8714	1165	9879	1249	203	2224	2227	356	2583	16138	399	2982	16537
1913	8873	2025	10898	1658	425	2953	4581	478	5059	20993	553	5612	21546
1893～1900	1440	352	1792	16	70	559	2084	138	2222	3759	276	2498	4035
1900～1908	2472	604	3076	186	116	440	-710	140	-570	4148	34	-536	4182
1908～1913	159	860	1019	409	222	729	2354	122	2476	4855	154	2630	5009

第二章 第一次世界大战前夕俄国的经济热潮（1909~1913年）

表2-20 由俄国政府和国家所担保的证券以及在俄经营的股份公司的股票、债券的国内投资额

单位：百万卢布

年份（截至每年1月1日）	公债券、贵族银行和农民银行债券			政府担保的铁路债券和股票	俄国各城市的债券	股份制土地银行的抵押贷款	俄国股份公司的股票和债券			俄国证券中的国内投资总额	俄国企业中的外国公司股票	俄国企业中的股票和债券总额	国内投资总额
	公债券	公共银行债券	总计				股票	债券	总计				
1893	2712	209	2921	424	17	1225	739	43	782	5369	—	782	5369
1900	2917	459	3376	495	83	1784	1640	67	1707	7445	—	1707	7445
1908	4072	1069	5141	721	177	2224	1637	158	1795	10058	—	1795	10058
1913	4463	1839	6302	793	261	2953	3433	219	3652	13961	—	3652	13961
1913*	4463	1839	6302	793	261	2953	3605	258	3863	14172	—	3863	14172
1893~1900	205	250	455	71	66	559	901	24	925	2076	—	925	2076
1900~1908	1155	610	1765	226	94	440	-3	91	88	2613	—	88	2613
1908~1913	391	770	1161	72	84	729	1796	61	1857	3903	—	1857	3903
1908~1913*	391	770	1161	72	84	729	1968	100	2068	4114	—	2068	4114

* 根据И.Ф.金丁的计算结果，误差为15%，并进行了适当修正。

第一次世界大战前夕的俄国金融资本

表 2-21 由俄国政府和国家所担保的证券以及在俄经营的股份公司的股票、债券的外国投资额

单位：百万卢布

年份（截至每年1月1日）	公债券、贵族银行和农民银行债券			政府担保的铁路债券和股票	俄国各城市的债券	股份制土地银行的抵押贷款	俄国股份公司的股票和债券			俄国的外国投资总额	在俄经营的外国公司股票	在俄的俄国股票、债券及外国公司股票总额	外国投资总额
	公债券	公共银行债券	总计				股票	债券	总计				
1893	2090	—	2090	623	—	—	114	35	149	2862	89	238	2951
1900	3325	102	3427	568	4	—	397	149	546	4545	365	911	4910
1908	4642	96	4738	528	26	—	590	198	788	6080	399	1187	6479
1913	4410	186	4596	865	164	—	1148	259	1407	7032	553	1960	7585
1913*	4410	186	4596	865	164	—	976	220	1196	6821	553	1749	7374
1893~1900	1235	102	1337	-55	4	—	283	114	397	1683	276	673	1959
1900~1908	1317	-6	1311	-40	22	—	193	49	242	1535	34	276	1569
1908~1913	-232	90	-142	337	138	—	558	61	619	952	154	773	1106
1908~1913*	-232	90	-142	337	138	—	386	22	408	741	154	562	895

* 根据 И. Ф. 金丁的计算结果，误差为15%，并进行了适当修正。

第二章 第一次世界大战前夕俄国的经济热潮（1909~1913 年）

股份公司的股票和债券是俄国证券投资的主体。

一般来说，俄国所发行的公债券中包括铁路建设投资。我们需要将它们同其他用于"一般需求"的投资所区分，要根据其用途具体分析（见表 2-22）。①用于"一般需求"的公债券，在 1900~1908 年占了总投资公债券的近一半，而 1908~1913 年总投资公债券中"一般需求"的增长幅度仅为 0.5%。需要注意的是，发放公债券只是政府收入中的一项。1900~1908 年，沙皇政府迫于压力，对公债券的依赖性较大，但是即使在这种情况下，公债券带来的收入也没有超过 3.09 亿卢布，约占年平均预算总额（23.84 亿卢布）的 13%。1908~1913 年，公债券只占沙皇政府收入的 1% 多（总额为 2.35 亿卢布，其中公债券占 3180 万卢布）。②

1908~1913 年，"一般需求"对总投资公债券的贡献减弱了。这部分的损失在一定程度上由国家抵押银行的贷款所填补，这类银行存在的主要目的就是维护庄园的土地财产，以便在现有制度下平稳进行土地财产的重新分配。

股份制土地银行的抵押贷款投资额的大幅度上涨，反映了此时俄国正在发生着的、复杂而又富有争议的农业转型，比起国有银行，这些银行更多地履行了提供农业生产贷款的职能。总而言之，股份制土地银行抵押贷款约占 1908~1913 年俄国证券国内投资的 1/5。俄国股份公司的股票和债券、政府担保的铁路债券和股票与俄国各城市的债券分别占 50.3%、1.8% 和 2.1%（见表 2-20）。

若是将俄国证券的总投资额分为生产性投资（股份公司的股票和债券、政府担保的铁路债券和股票、俄国各城市的债券和私人抵押贷款）和非生产性投资（用于"一般需求"的公债券和国家抵押银行贷款），

---

① 表 2-22 根据 И. Ф. 金丁的方法，将公债券分为了"一般需求"和铁路建设。
② Шебалдин Ю. Н. Государственный бюджет царской России в начале XX века (до первой мировой войны) // Исторические записки. 1959. Т. 65. С. 164.

第一次世界大战前夕的俄国金融资本

表 2-22　由俄国国家和政府所担保的"一般需求"以及铁路建设贷款的资本投资

单位：百万卢布

年份（截至每年1月1日）	国内投资			国外投资			总投资		
	公债券		铁路建设总额	公债券		铁路建设总额	公债券		铁路建设总额
	"一般需求"	铁路建设		"一般需求"	铁路建设		"一般需求"	铁路建设	
1893	2583	129	553	595	1495	2118	3178	1624	2671
1900	2793	124	619	595	2730	3298	3388	2854	3917
1908	3647	425	1146	1914	2728	3256	5561	3153	4402
1913	3986	477	1270	1601	2809	3674	5587	3286	4944
1893~1900	210	-5	66	0	1235	1180	210	1230	1246
1900~1908	854	301	527	1319	-2	-42	2173	299	485
1908~1913	339	52	124	-313	81	418	26	133	542

第二章　第一次世界大战前夕俄国的经济热潮（1909～1913年）

我们就能发现，其中生产性投资在1908～1913年这五年间比上一个五年几乎增长了3倍，俄国国内的生产性投资占到了总生产性投资的近4/5（见表2-23）。

表2-23　俄国证券中的生产性投资和非生产性投资

单位：百万卢布

年份（截至每年1月1日）	国内投资		外国投资		总投资	
	生产性投资	非生产性投资	生产性投资	非生产性投资	生产性投资	非生产性投资
1893	2577	2792	2267	595	4844	3387
1900	4193	3252	3848	697	8041	3949
1908	5342	4716	4070	2010	9412	6726
1913	8136	5825	5245	1787	13381	7612
1913*	8347	5825	5034	1787	13381	7612
1893～1900	1616	460	1581	102	3197	562
1900～1908	1149	1464	222	1313	1371	2777
1908～1913	2794	1109	1175	-223	3969	886
1908～1913*	3005	1109	964	-223	3969	886

注：* 根据 И. Ф. 金丁的计算结果，误差为15%，并进行了适当修正。

这些投资上的新变化，使得俄国的流通资产结构发生了重大变动。

公债券在俄国证券总额中的份额下降了近10%，占总额的比重不超过50%。生产性投资的份额由此变成了63.8%，其分布如下：股份公司的股票和债券——24.1；政府担保的铁路债券和股票——23.6%；俄国各城市的债券——2.0%；私人抵押贷款——14.1%。

1908～1913年，俄国资产的国内投资增加了38.8%，根据 И. Ф. 金丁的误差值重新计算后为40.9%。它们的增长速度显然超过了总资产增长速度。由此来看，战前俄国货币市场的容量的确扩展了。在当时，俄国资产的增长额占俄国证券流通量增长额的80.4%（84.7%*），比1893～1898年（55.2%）和1900～1907年（63.0%）要多得多。相应地，其在外国货币市场中的份额减少了。也就是说，自1913年1月1日起，66.5%（67.5%）的俄国资产在俄国国内。

此处和上文中用星号标出的数额是根据 И. Ф. 金丁的误差值重新计算后的结果。

第一次世界大战前夕，财政部发布了1906～1912年俄国证券在国内外的发行量，以及近年来俄国证券在国内市场上的增值。财政部以图表的形式公布了这些数据，这从侧面说明了这些数据实际上十分接近。此外，财政部在《1909～1912年俄国货币市场》和《财政部，1904～1913年》中公布的同时期俄国证券发行数据不一致。《财政部，1904～1913年》中公布的俄国证券增长数据，在分组上，同之前所使用的分组方式不同。俄国证券的发行量和俄国证券在国内的增值，这二者的数据与同一出版物中俄国政府和国家担保的资产数不相符。因此，笔者对数据进行的比较（见表2－24）是纯指示性的。

1908～1912年的俄国证券发行量证明了外国投资的重要性正在下降。只有铁路公司和城市贷款的主要投放对象是外国市场。然而，从这些贷款所产生的相关问题和它们在俄国的增值来看，投向国外的城市贷款最后还是倾向于返回俄国，而投放于俄国的铁路公司贷款则恰恰相反，其中一部分倾向于流向国外。后一种趋势也是那些主要面向国内市场发行的证券的特点，唯一的例外是公债券。总体上来看，1908～1912年，在俄国发行的俄国债券是外国发行数量的两倍。虽然在俄国投放的一些证券流向了国外，但这也无法动摇俄国国内货币市场的主导地位。

在上文中我们所探讨的是俄国资产的去向问题，既包括俄国本土股份公司的股票债券，也包括在俄经营的外国公司，这些外国公司要么是为此特意在俄设立，要么是母公司的海外分支。换言之，外国投资总额高于俄国的境外资产数。尽管二者差别不大，但也不能掉以轻心，特别是在研究股份制公司内外资产比例的问题时。

第二章 第一次世界大战前夕俄国的经济热潮（1909～1913年）

表2-24 1908～1912年俄国在国外发行的俄国证券以及其在国内的增值

单位：百万卢布

证券类别	1908年 发行于 国外	1908年 发行于 国内	1908年 俄国国内增值	1909年 发行于 国外	1909年 发行于 国内	1909年 俄国国内增值	1910年 发行于 国外	1910年 发行于 国内	1910年 俄国国内增值	1911年 发行于 国外	1911年 发行于 国内	1911年 俄国国内增值	1912年 发行于 国外	1912年 发行于 国内	1912年 俄国国内增值	1908～1912年 发行于 国外	1908～1912年 发行于 国内	1908～1912年 俄国国内增值
公共基金	200.0	—	131.0	175.0	—	70.4	—	—	119.0	—	—	153.5	—	153.5	15.3	175.0	353.5	489.2
有租保和无租保的铁路保股票和债券	138.0	18.0	27.1	99.0	78.7	9.0	78.7	40.8	36.0	63.0	15.0	13.1	178.6	26.3	47.2	557.3	170.1	132.4
公共银行和私人土地银行的抵押贷款	277.5	179.6	174.8	150.0	272.0	—	—	463.0	232.2	—	635.0	405.9	100.0	544.7	311.4	250.0	2192.2	1303.9
城市贷款	69.1	3.2	28.4	26.6	7.0	0.1	31.5	41.8	10.2	16.6	10.9	58.6	55.1	2.1	6.3	198.9	65.0	103.6
银行股份	1.3	9.5	9.5	4.8	17.0	17.9	32.5	61.7	61.7	21.0	93.1	93.1	4.3	167.0	167.0	63.9	348.3	349.2
商业和工业企业的股票和债券	46.0	137.0	132.7	40.1	82.6	72.4	62.4	106.5	88.2	155.4	226.3	221.8	114.0	157.9	136.5	417.9	710.3	651.6
总计	254.4	645.2	508.3	495.5	448.6	344.6	205.1	713.8	547.3	256.0	980.3	946.0	452.0	1051.5	683.7	1663.0	3839.4	3029.9

第一次世界大战前夕的俄国金融资本

总的来说，到了 20 世纪初，外国货币市场在俄国经济、政治融资中的份额上升至 40%，到 1913 年 1 月 1 日，约达到了 1/3 多。由于外国投资相比于国内投资更少地被用于填补各种非生产性需求，它们在生产性投资中的比重（约 2/5）也高于非生产性投资（约 1/4）。在由政府和国家所担保的证券以及在俄经营的股份公司股票债券中，一半以上的外国投资用在了铁路资产上。这些证券有 3/4 位于国外。其余的证券，或多或少都由本国的资本所主导。

股票投资约占外国总投资的 1/4，其占比也没有大幅高出用于"一般需求"的国家贷款。不过截至 1913 年 1 月 1 日，在俄经营的股份制公司的股票、债券中，外国投资约占 1/3。

因此，尽管俄国此时已经走出了危机，但是外国资本依旧在俄国经济中发挥着十分重要的作用，甚至是主导作用。在经济热潮期，国内储蓄成为国家经济发展和工业增长的主要资金来源。同时，从与俄国外国投资结构相关的数据来看，外国资本有意同俄国资本进行更加紧密的合作，它采用了当地企业特有的法律和组织形式，这种方式在俄国的后危机时代是行之有效的。

**

根据 1909~1914 年俄国证券进入巴黎证券交易所的相关文件档案，我们能够确定当时法国货币市场对哪些俄国证券有需求。俄国证券获取到上市许可较为困难，过程相当复杂。法国银行或银行机构（一般来说是担保财团的银行）承担了在巴黎证券交易所上市外国公司股票或债券的工作。巴黎股票经纪公司的负责人在收到上市呈文后，会征求财政部部长的意见。财政部部长又会去征求外交部部长的意见，外交部部长则会向法国驻该国大使征询意见。因此，与之相关的文件最终存放在了财

第二章　第一次世界大战前夕俄国的经济热潮（1909～1913年）

政部和法国外交部的档案馆里。财政部的档案，分门别类地和这些与"是否允许股票债券报价"有关的公司文件保管在一起。而法国外交部的档案则按时间顺序集中储存在一起。对两处的档案资料（现在一个在法国国家档案馆，一个在法国外交部档案馆）进行比较研究，可以有效填补档案资料的不足。通过研究，我们能够得出，自1908年1月到1914年7月，共有6家俄国工业公司（布良斯克、"普罗沃德尼克"、"涅夫蒂"、杜莫、泰拉科波夫和哈尔科夫机车厂）、6家银行（联合银行、俄亚银行、亚速-顿河银行、西伯利亚商业银行、俄国工商银行和莫斯科私人银行）、11家铁路公司（伏尔加-布古尔马线、东南铁路、东北铁路、乌拉尔线、阿尔泰线、梁赞-乌拉尔线、阿克曼、尤尔加-科尔楚金线、黑海线和塞米列钦斯卡亚铁路）以及9家铁路公司的联合贷款债券成功进入了巴黎证券交易所中。这说明，法国投资者对俄国工业资产的兴趣十分有限，这些有着悠久历史的工业企业形成了一个小的投资圈，法国资本在19世纪末——最迟不超过19世纪90年代，就开始对这一投资圈中的企业产生投资兴趣。在1909～1914年，这些公司的股票和债券多次在巴黎证券交易所上市发行。而法国投资者投资的新对象，是俄国的银行和铁路公司。①

---

① 巴黎-荷兰银行和巴黎兴业银行等档案都证明了这一点。

第三章
新阶段俄国金融资本形成的先决条件

历史界限是有条件的。一般来说，发展过程中的质变事件是其表现形式。对于俄国金融资本史而言，这样的质变事件是1908年建立冶金信托基金的失败。1908年，卡特尔组织全面深入俄国国民经济，同时，1908年也是最高形式垄断传播的起点。

根据垄断资本主义发展的一般规律，此时俄国金融资本进入了一个新阶段。生产和资本的普遍化、垄断的逐渐形成以及银行在经济生活中的作用日益上升，在这些因素的长期作用下，俄国金融资本迈进了新阶段。而在本章之中，我们主要探讨的是这种迈进究竟产生于怎样的历史条件之下。

第一节 在俄外国资本的"新战略"

通过研究与俄国经济中的外国投资有关的文献，我们可以发现法国资本具有特殊意义。早在19世纪90年代末，法国资本向俄国扩张这一议题就经常出现在俄国和法国的各类期刊中。然而，20世纪初的经济学和历史学研究通常认为，法国对俄国经济的投资问题属于法国的资本输出问题，或者是属于在俄的外国资本问题。① 或许这主要是因为，无论是从法国向外输出资本来看，还是从法国向俄国输出资本来看，法国资本都在俄国经济中发挥了重要作用。但总体而言，单独讨论俄国经济中法国资本问题的著作还很少。② 尽管相关学术著作不多，但研究水准比其他那些研究"民族"起源的著作要好上不少。

Б. А. 罗曼诺夫、Б. В. 阿纳尼奇、Р. 日罗，他们不仅研究了俄日战争期间和1905~1907年革命期间俄国国家海外贷款的相关历史，还重点强调了法国资本在俄运作的金融环境和政治环境。③ Р. 日罗提出，在20世纪初法国金融界试图凭借他们在俄国的特殊地位——也就是身为沙皇专制政权的主要债权人，来巩固其在俄国国民经济中的地位，然而它的这一特殊地位却因为俄国社会的危机而变得岌岌可危。④

法国两大银行——巴黎-荷兰银行和法国兴业银行的档案资料进一步补充了Р. 日罗的研究，这两家银行是当时法国在俄投资的主力军，而Р. 日罗一直没有权限接触和使用这些档案资料。笔者之前的研究，主要是对两家银行董事会会议记录的分析，基于该分析所得出的结论是，在俄国危机年代，两家银行实施的各项决议措施主要是为了维持其在俄资助企业的生存和发展。如果经济没有好转的迹象，它们就会将这些企业转移给别人，清算这些企业的资产，以最小的代价甩掉这些企业。⑤

巴黎-荷兰银行直到最后还是未能挽救其主要投资企业。1897年，

---

① Arboux M. Les valeurs mobilieres entrangeres sur le marche francais. P., 1913; Guillaume L. L.'epargne francaise et les valeurs mobilieres etrangeres. P., 1907.

② 其中最出色的有：Girault R. Emprunts russes et investissements francais en Russie. 1887 - 1914. P., 1973（далее: Жиро Р.）.

③ Романов Б. А. Россия в Маньчжурии. 1897 - 1906. Л., 1928; Ананьич Б. В. Россия и международный капитал. 1897 - 1914. Л., 1970; Жиро Р. Указ. соч.

④ Жиро Р. Часть IV.

⑤ Бовыкин В. И. Формирование финансового капитала в России. М., 1984. С. 188 - 191.

它和万德尔工业、施耐德工业、德马奇银行、塞尔银行联合成立了伏尔加-维舍斯基采矿和冶金公司。该公司在北乌拉尔冶金厂的建设中发生严重失误，对于危机年代的企业来说，这次失误无疑是致命一击。① 工厂实际上收效甚微，喀山周边帕拉托夫斯基机械钢铁工厂的建设工程主要由沃尔日斯科-维舍斯基公司负责，自1900年夏季起，转由该公司分出的独立股份公司继续负责，1901年11月公司放弃了这项建设工程。在第一次世界大战前夕，这两家公司都被清算了。②

巴黎-荷兰银行在上伏尔加铁路物资公司的事务上也麻烦缠身，1897年这家公司由法国迪尔公司、巴卡兰公司、巴黎工商信贷银行、圣彼得堡私人商业银行共同成立。③ 为了安抚该公司的债权人，巴黎-荷兰银行在1902~1904年进行了财务重组，以改变自身对该公司的持股比例。④ 不过，巴黎-荷兰银行在关注迪尔公司和巴卡兰公司业务的同时，还继续向其在俄国的子公司提供贷款。直至1910年底，贷款二字才在银行的会议记录中消失。⑤

莫斯科机电公司的投资项目同样也不容乐观。1898年这家公司由巴黎-荷兰银行、俄国工商银行、圣彼得堡私人贷款银行共同创办。1899年夏季，П. П. 冯德维萨公司倒闭之后，俄国工商银行便退出了投资方，公司最终由剩余两家银行控股。不过，即便公司获得了这两家银行的贷款支持，也不过是苟延残喘罢了。⑥ 1907年，公司被政府接手，进入清算

---

① Буранов Ю. А. Акционирование горнозаводской промышленности Урала. М., 1982. С. 87 - 90.
② Бовыкин В. И. Формирование... С. 189 - 190.
③ Бовыкин В. И. Формирование... С. 189 - 190.
④ Архив Генерального Общества (далее: - Г. О.), Протоколы Совета за 25 ноября 1902, 7 июля и 3 сентября 1903 г., 29 марта, 26 апреля и 3 ноября 1904 г.
⑤ 1911年，该公司被置于债权人的管理之下。
⑥ 巴黎档案馆中保存的巴黎-荷兰理事会会议记录和苏联中央国家担纲的圣彼得堡私人银行董事会会议记录证明了这些贷款的存在。

程序。①

自19世纪90年代末，巴黎－荷兰银行便以其他贷款机构合作伙伴的身份，参与到一些公司的融资之中。一些公司在危机中破产（俄国黄金工业公司、乌拉尔－伏尔加冶金公司），一些企业则逃过一劫（图拉轧制铜和弹壳制造公司，切利亚兹煤矿公司，塔甘罗格冶金公司）。

从1900年上半年的银行理事会记录来看，当时银行的上层想减少俄国股息证券的业务。这一点从俄国工业总协会的清算记录中也得到了印证。圣彼得堡国际银行的档案资料中详细地介绍了该协会的历史。② 这些档案资料中还包含了圣彼得堡国际银行在俄国工业总协会中的合作伙伴——巴黎国际银行的相关活动，但是资料对于巴黎－荷兰银行的作用却缄默不语。这一问题的研究人员一直以来都怀疑，巴黎国际银行在俄国的活动或许是在巴黎－荷兰银行的鼓励、甚至是指导下进行的。笔者在查阅巴黎－荷兰银行的档案时，找到了能证实这一怀疑的相关证据。在这些档案资料中包括与俄国工业总协会相关的文献。③

1901年，巴黎国际银行和俄国工业总协会几乎是在同一时间被清算。巴黎国际银行所遭受的损失，特别是损失中涉及俄国证券交易的部分，迫使银行必须立刻进行财务重组。巴黎国际银行和另一家失败者——法国南非银行进行了合并。与此同时，两家银行的股本减半，新成立的法国工商银行占比2/3，剩下的1/3由"最重要的信贷机构"参股。④ 巴黎－荷兰银行、国家审计总署各派两名代表加入新成立银行的董事会，

---

① Максимов В. Алфавитный указатель совершеннолетних лиц и товариществ... ограниченных в правоспособности.... по всей Российской империи... за время с 1866 г. по 1 июля 1911 г. М., 1912.

② 参见Ю. Б. 索洛维约夫和Р. 日罗的著作以及В. И. 鲍维金的《俄罗斯金融资本的产生》一书。

③ 这是因为巴黎－荷兰银行负责了这家公司的清算工作。

④ Г. О. Протоколы Совета за 1904 г.

第一次世界大战前夕的俄国金融资本

因此它们在银行的股份构成中发挥着特殊作用。

法国工商银行并没有继承巴黎国际银行在俄国的利益。显然，巴黎国际银行的惨痛教训以及俄国不容乐观的经济条件，迫使新银行的经理放弃了继续在俄国开展先前业务的打算。

1901 年底，俄国工业总协会也被清算了。从其 90 年代的财务状况来看，该协会的损失显然不小，甚至可能达到其股份的 40%，因此股东大会于 1901 年 12 月 27 日做出决定——对该协会进行清算。① 正如文献所述，俄国工业总协会的活动并没有让法国或俄国的控股人满意。各方都想着如何利用协会为自己谋取利益，然而彼此之间的利益冲突又使得协会在行动时难以形成统一的方案。② 1897~1899 年，俄国工业总协会为在俄经营的一半以上公司打理证券交易业务，这些公司横跨冶金、煤矿、石油、电力和纺织等各个行业部门。③

从档案资料中我们可以看到，巴黎 - 荷兰银行对俄国工业总协会的兴趣比之前预想的要大得多，但从中还是看不出其对该协会的态度。唯一明确的是，银行认为没有必要继续支持俄国工业总协会的发展。因此它亲手操办了协会的清算工作。④

截至清算时，该协会的投资组合外加上其所控的 13 家俄国公司股份，资产收支价值 1369200 法郎。⑤ 此外，俄国工业总协会对 1899 年成立的俄国企业辛迪加的投资额约为 63900 法郎。⑥ 1910 年初，清算委员会

---

① Архив Парижско - Нидерландского банка（далее：ПНБ），200/75；Протоколы Совета за 10 мая, 12 и 19 июня, 11 июля 1901 г.

② Соловьев Ю. Б. Петербургский международный банкифран цузскийфинансовыйк ап итал... // Монополии и иностранный капитал в России. М. ；Л.，1962。

③ 俄国工业总协会理事会会议纪要的原始记录存于波兰人民共和国档案馆内，其副本存于苏联中央国家档案馆馆藏的圣彼得堡国际银行的相关文件中。

④ 巴黎国际银行的行长杜帕索承担了俄国工业总协会的所有清算事务。

⑤ ПНБ. 200/76.

⑥ Дякин В. С. Германские капиталы в России. Л.，1971. С. 66 и ел.

已经处理掉了大部分证券，这些债券共价值 814100 法郎，剩余的证券则被巴黎－荷兰银行以 50000 法郎的价格购下。①

根据巴黎－荷兰银行董事会的会议记录，1901~1905 年该银行不再投资俄国工业事务。②

然而从 1906 年开始，巴黎－荷兰银行又重新对俄国工业事务进行投资。③ 但是，正如下文即将提到的那样，决定该银行能否获取到在俄利益的并不是这件事。

法国兴业银行自身也损失巨大：它所资助的伊斯特冶金机械公司破产，丘尔科夫斯基煤炭公司面临清算。法国兴业银行及其合作伙伴在国家银行的扶持下，以刻赤冶金和矿业公司的亏损为代价（公司被关停，股本被转移到了国家银行），才将那些自 90 年代就在其麾下的公司——布良斯克铁轧钢、钢铁和机械公司，从崩溃的边缘拯救出来。④ 和巴黎－荷兰银行不同，法国兴业银行保留了自身的大部分股份。在保留股份方面，1890 年法国兴业银行于比利时成立的俄国采矿和冶金总协会发挥了重要作用，法国兴业银行就是通过该协会来控制其资助的各个企业的。1912 年法国兴业银行在圣彼得堡设立的分支北方银行也为其控制资助的企业提供了便利。⑤

根据法国兴业银行的董事会会议记录，在 20 世纪 90 年代前半期，银行竭尽全力地维持着被资助企业的经营。自 1906 年起，银行开始扩大对

---

① ПНБ. 200/77.
② 这种参与是小范围和偶然的。
③ 一般情况下，银行并不会主动提出投资的意愿，而且在绝大多数情况下，这些投资都是小事一桩。
④ Гиндин И. Ф. Неуставные ссуды Государственного банка и экономическая политика царского правительства // Исторические записки. 1950. Т. 35; McKay J. P. Pioneers for Profit. Chicago, L, 1970.
⑤ 这点请参见 Жиро Р. Указ, соч.; Бовыкин В. И. Формирование... .

第一次世界大战前夕的俄国金融资本

俄国工业的投资范围。①

两家大型银行的投资活动均在此时发生转变并非是一个偶然现象。这一现象不仅仅是因为俄国政治和经济形势发生了转变，还因为1906年是巴黎－荷兰银行与法国兴业银行之间关系转折的一个重要节点。1905年10月27日，巴黎－荷兰银行和法国兴业银行之间达成一项协议，根据该协议，巴黎－荷兰银行承诺认购5万股法国兴业银行在1906年春季发行的10万股股票，以便向其股本中再注入5000万法郎。② 与此同时，在1905年底或1906年初，巴黎－荷兰银行与"某个集团"达成协议，认购法国兴业银行的3万股旧股。③ 1906年1月，巴黎－荷兰银行和法国兴业银行达成协议，互相支持对方在法国以及未来开展的其他业务，尤其是那些与证券投放相关的业务。④

1906年3月30日，法国兴业银行的负责人在向股东大会报告与改善巴黎－荷兰银行关系的相关事宜时表示，他们"很乐意与巴黎－荷兰银行建立联系，这样既不损害两家银行的独立性，又能推动两家银行的共同行动"⑤。然而后续各种事实证明了，两家银行对"相互独立"的定义并不一致。在1907年3月29日提交给下一届股东大会的报告中，法国兴业银行的董事会重申了进一步加强同巴黎－荷兰银行关系的意愿，表示"根据当时的协议，巴黎－荷兰银行提出应向我方派驻两名称职的管理人员，以促进彼此之间共同事务的展开"⑥。

巴黎－荷兰银行和法国兴业银行之间的协议为其在俄国开展联合行

---

① 1906年11月，法国兴业银行向俄国线螺公司提供了200万法郎的贷款。
② ПНБ. Протоколы Совета 31 октября 1905 г.；ГО, Протоколы Совета 25 и 31 октября 1905 г.
③ ПНБ. Протоколы Совета 31 октября 1905 г.
④ Г. О. Протокол Совета 30 января 1906 г.
⑤ Г. О. Доклад Совета 30 марта 1906 г.
⑥ Г. О. Доклад Совета 27 марта 1907 г. Представителями ПНБ являлись А. Бенак и А. Спитцер.

第三章　新阶段俄国金融资本形成的先决条件

动构建了框架。此外，以这些银行为首的金融集团各成员之间的关系也因此变得更加和睦了。

我们在上文提到过，兴业银行在俄国有一个重要的分支——北方银行。这家银行成立于俄国危机最严重的时候，可谓是筚路蓝缕。北方银行每年不得不注销越来越多的可疑债务，而且，因为其投资组合中的证券价格下跌，注销的数额也变得越来越多。1904 年，注销的数额近 70 万卢布。① 北方银行从一开始就不得不面对来自其他银行的激烈竞争，不仅仅是俄国的银行，还有法国的银行。1901 年 10 月 16 日，也就是北方银行开业的一个月后，其董事兼经理在写给法国财政部部长 J. 卡约的一封密信中抱怨，当时唯一一家在俄国设置分行的法国银行、唯一一家外国银行——里昂信贷银行对其极端的敌视态度。② 一个月后，M. 维斯特拉特在向法国兴业银行经理 L. 多里松汇报其在圣彼得堡的竞争对手的所作所为时这样写道："说实话，虽然我预料到了这些敌对行为，但是我没有想到，他们竟然做得如此出格。"③

1903 年初，M. 维斯特拉特在一份定期汇报中再次谈到这个问题，他指出只有收购了其他省份的分支机构（破产的圣彼得堡 - 阿佐夫银行），北方银行才能进一步发展其业务。"圣彼得堡就像莫斯科一样，竞争十分激烈，企业的利润很少"，他这样写道，"从过去一年的利润状况来看，只有在其他省份我们才有更多盈利机会。由此，我得出的结论是，我们必须要通过建立新的分支机构来拓宽我们的活动范围。当然，不得不承

---

① ЦГИА СССР. Ф. 637. Оп. 1. Д. 16. Л. 17 и ел.
② Жиро Р. Указ. Соч. С. 360 – 361；Национальный архив Франции（далее – НАФ）. F 30, 337.
③ ЦГИА СССР. Ф. 637. Оп. 1. Д. 5. Л. 68. Письмо от 27 ноября / 10 декабря 1901 г. 《Свору》составляли: Ротштейн（Петербургский Международный банк）, Петрококино（Учетный и Ссудный）, Мураний（Петербургский частный）и《лионцы》.

认，现在其他省份做生意的确变得越来越难了。"①

北方银行各项工作的开展以及其向俄国信贷机构深入发展需要大量的资金。M. 维斯特拉特在1901年11月16日写给L. 多里松的信中指出，总社需要进一步提高北方银行的贷款额，应当从最初的300万法郎提高到1200万法郎，以便"迅速创造一个强大的核心客户群"②。显然这个提议并没有得到L. 多里松的肯定，他提醒北方银行的经理要谨慎行事。1901年12月4日，M. 维斯特拉特在回复L. 多里松时这样写道："我一定谨遵您在信中的指导，让我们的业务范畴和我们所掌握的资源规模相匹配。万事自有其时。"③ 然而在12月11日，他要求法国兴业银行向北方银行贷款250万法郎，这笔钱主要是用来运营北方银行从圣彼得堡-阿佐夫银行那里收购的10家分行。④

当面临其他银行的激烈竞争时，北方银行的经理总是要依赖法国兴业银行的支持，其业务范畴超出了其实际能力，这也让它的巴黎金主十分担忧。在1902年9月27日的信中，M. 维斯特拉特再一次向L. 多里松保证："我十分感激您的建议，一定会以此为指导行事。和您一样，我也认为应当进一步巩固我们的地位而不是盲目扩张。我们的确不能无休止地快速发展。策略是否有效还是要通过时间来检验。"然而在信的下一段，话题又转向了应该何时增加北方银行的投资这一问题。⑤

1903年，北方银行的股本从500万卢布增加到了1250万卢布。即便如此，资金仍旧不足。在1905年，增加银行投资的问题再一次被提上日程。除此之外，还存在其他问题。北方银行作为俄国主要的信贷机构，其未来发展和它身为法国兴业银行分支机构的实质地位的矛盾越来越大。

---

① ЦГИА СССР. Ф. 637. Оп. 1. Д. 5. Л. 384. Верстрат – Доризону, 12/25 февраля 1903 г.
② Там же. Л. 41.
③ Там же. Л. 85.
④ Там же. Л. 98.
⑤ Там же. Л. 32.

第三章　新阶段俄国金融资本形成的先决条件

早在 1901 年 11 月，北方银行刚刚起家时，M. 维斯特拉特就在和 L. 多里松的谈话中提出，希望北方银行能够在获取法国兴业银行贷款方面拥有更多的自主权。① 4 年后，M. 维斯特拉特更加强烈地提出，希望北方银行的行政部门能够获得更多的自主权，他指出应当"给予目前形同虚设的行政部门真正的权力"。②

当普罗旺斯街上的法国兴业银行的领导层正在思考，接下来该如何处理俄国这个发展过快、越发不服管束的孩子时，隔壁乔恰街上的巴黎联合银行的经理们开始对"这个孩子"越发感兴趣。1904 年比利时总协会银行和一些巴黎的银行组成了所谓的"银行上层"，而巴黎联合银行就是在这个基础上建立起来的。③ 当巴黎国际银行被清算时，巴黎联合银行邀请其前董事——著名的"俄国事务专家"T. 隆巴顿前来就职。聘请其就职的这一事实充分说明了巴黎联合银行的意图。正如 P. 日罗所指出的那样，正是 T. 隆巴顿提出了要利用北方银行来发展巴黎联合银行在俄国的业务。④ T. 隆巴顿在 1905 年 12 月 4 日写给巴黎联合银行行长 R. 维拉尔的信中提出："北方－巴黎联盟要比 Э. 内兹林－维什涅格拉茨基联盟更强大、更值得信赖。"⑤

在那之前，巴黎兴业银行和巴黎联合银行之间既没有任何商务合作，也没有建立任何联系。尽管巴黎兴业银行作为巴黎联合银行创始者诺弗利兹公司的投资方，间接参与了该银行原始股份的分配，但就其 1/10 的控股比例来看，这种分配只不过是象征性的。⑥ 不过，两家银行的领导层很快找到了合作的切入点。在 1906 年 5 月 1 日的法国兴业银行理事会会

---

① Там же. Л. 43. Верстрат – Доризону, 16 ноября 1901 г.
② Там же. Л. 401. Верстрант – Доризону, 18 ноября 1905 г.
③ Банкирские доли – Готтингер, Малле, Берн, Нафлиз и Мирабо.
④ 《Париньон》——巴黎联合银行的简称（Банка Парижского союза）。
⑤ Жиро Р. Указ. соч. С. 437.
⑥ Г. О. 6641. Досье БПС.

议上，根据会议记录双方就巴黎联合银行增资北方银行相关事宜进行了谈判。1906年5月22日，法国兴业银行理事会批准了针对这一行动的特别修订案。北方银行的投资额增加了1250万卢布，也就是翻了2倍。其中五项投资来自巴黎联合银行，剩下一项来自巴黎 - 荷兰银行。① 显而易见，巴黎兴业银行和巴黎 - 荷兰银行之间的协议也在此处生效了。

1906年底，北方银行的新股票在巴黎证券交易所上市。② 根据巴黎联合银行的股份额度，T. 隆巴顿和P. 达西成为北方银行的董事会成员。为了协调两家银行的利益纠纷，北方银行特意成立了一个由法国兴业银行和巴黎联合银行代表组成的委员会。该委员会的第一次会议在1906年11月27日举行。③

T. 隆巴顿在实现"北方 - 巴黎联盟"这一构想的同时，也让俄国银行和法国银行之间的关系变得更加复杂了。T. 隆巴顿在1905年12月4日写给R. 维拉尔的信中称，自己构想中的"北方 - 巴黎联盟"就好比"Э. 内兹林 - 维什涅格拉茨基卡特尔联盟"之下的巴黎 - 荷兰银行和圣彼得堡国际银行联盟，然而这种说法其实是不太准确的。长期以来，这些银行在俄国政府贷款的投放方面有着密切的合作。④ 它们还在1895～1896年底创办了俄中银行，对该银行业务的发展起着重要作用。⑤ 除此之外，这些银行还通过联合融资同一些俄国的工业企业建立了联系。⑥ 不过总的来说，这些银行之间的联系还比较松散。⑦ 它们之间多为多边合作，

---

① Г. О. Протоколы Совета 1 и 22 мая 1906 г.；ПНБ. Протокол Совета от 6 июня 1906 г.
② НАФ. F 30. 337. Досье 《Северный банк》.
③ ЦГИА СССР. Ф. 637. Оп. 1. Д. 31. Л. 2.
④ 此处参见上文所提到的Б. А. 罗曼诺夫和Б. В. 阿纳尼奇的著作。
⑤ Романов Б. А. Россия в Маньчжурии…
⑥ 参见Ю. Б. 索洛维约夫的论文和В. И. 鲍维金的著作《俄国金融资本的起源》。
⑦ 除此之外，巴黎 - 荷兰银行的理事会会议记录和圣彼得堡国际银行的股东名单都证明了这一点。

第三章 新阶段俄国金融资本形成的先决条件

每一家银行都坚定地捍卫着自身的利益。①

1906年初，俄中银行成为维系圣彼得堡国际银行和巴黎－荷兰银行关系的重要纽带。俄中银行是一个特殊的信贷机构，它在法国银行和俄国银行的积极参与下建立且不受政府控制，其建立的目的主要是，为沙皇在远东的外交政策谋取利益并实行经济扩张。俄中银行的创始人是当时的财政部部长 С. Ю. 维特，然而这家银行事实上的领导者是巴黎国际银行的董事 А. Ю. 罗特施泰因。М. 维斯特拉特在一封信中指出，1904年 А. Ю. 罗特施泰因的逝世是导致俄中银行和巴黎国际银行分离的重要原因。在他看来，法方代表 Э. 内兹林和哥廷格应当趁机而入。② 不过，和 М. 维斯特拉特预想的不太一样，根据巴黎－荷兰银行的记录，Э. 内兹林并没有去圣彼得堡，也没有采用任何行动来强化巴黎－荷兰银行对俄中银行的影响力。或许俄国和日本之间的战争进程让他对接管俄中银行持观望态度。

随着俄日战争的结束，沙皇政府也不再需要俄中银行了。不过蹊跷的是，根据 М. 维斯特拉特的说法，在《朴次茅斯和约》签订的前几天，刚刚接任圣彼得堡国际银行总经理一职的前信贷部部长 А. И. 维什内格拉茨基去了巴黎，就俄中银行相关问题同 Э. 内兹林进行了探讨。③ 1906年3月26日，巴黎－荷兰银行理事会决定在巴黎证券交易所中投入8万股俄中银行的股票，这也是俄中银行的全部股本。此外，巴黎－荷兰银行还同意和圣彼得堡国际银行共同组成（1/3 的参比）一个财团，以便从国家银行手中购买俄中银行的12000股股票，并将这些股票转卖给公众。④

---

① Соловьев Ю. Б. Петербургский Международный банк и французский финансовый капитал... // Очерки по истории экономики и классовых отношений в России конца XIX – начала XX века М; Л., 1964.
② ЦГИА. Ф. 637. Оп. 1. Д. 6. Л. 232 – 233. Верстрат – Доризону, 13/26 ноября 1904.
③ Там же. Л. 464. Верстрат – Доризону, 20 августа / 2 сентября 1905.
④ ПНБ. Протокол Совета.

第一次世界大战前夕的俄国金融资本

6月，俄中银行股份获准在巴黎证券交易所上市，以财团身份将从国家银行手中购买的股票全部抛售出去。①

与此同时，1906年5月初，圣彼得堡国际银行邀请巴黎-荷兰银行共同（同样也是1/3的参比）购买国家银行手中持有的俄中银行另一笔"巨额股份"（10000股）。巴黎-荷兰银行理事会认为，分批购买俄中银行的股份更为合适，同时，它们也希望国家银行能够继续保持对俄中银行的兴趣。② 从那时起，巴黎-荷兰银行就一直以财团身份充当俄中银行的长期投资者。③

这一历史事件的许多细节还有待考证。比如，巴黎-荷兰银行究竟抱有何种目的我们还尚不清楚，为何它在不情愿的情况下还是购买了一家毫无前途的俄国银行的股票我们也无从得知。1907年12月1日~14日，俄中银行理事会决定成立巴黎委员会，该委员会由理事会中的法方成员组成。④ 也就是说，到1907年底，俄中银行中的一些人员已经搬到了巴黎。

因此在1906~1907年，法国在俄国商业信贷系统中的地位得到了极大的加强。正是通过这些地位的加强，法国兴业银行和它年轻的合作伙伴巴黎联合银行，看到了在俄国国民经济中开展业务的前景。它们在俄国的"前哨"则是已经逐渐壮大了的北方银行。

巴黎-荷兰银行还和俄国另一家本土银行有所联系，也就是俄中银行，不过我们只能通过猜测来判断银行高层的动机。随着巴黎-荷兰银行深入俄中银行事务，其主要合作伙伴圣彼得堡国际银行的身影便逐渐淡去。1908年3月4日，法国驻圣彼得堡大使M.庞巴迪在给法国外交部

---

① ПНБ. Протокол Совета 26 июля 1906; НАФ. F 30. 337. Досье 7.
② ПНБ. Протокол Совета 8 мая 1906 г.
③ ПНБ. Протоколы Совета за 1906–1908 годы.
④ ЦГИА СССР. Ф. 632. Оп. 1. Д. 1. Протокол Совета № 118. 1/14 декабря 1907.

第三章　新阶段俄国金融资本形成的先决条件

部长 S. 比雄的信中指出，根据消息灵通的 M. 维斯特拉特提供的信息，俄中银行"事实上已经同国际银行分开了"。①

巴黎-荷兰银行的档案文件中保存了 1906 年底该银行董事 E. 杜帕索和当时著名商人 Г. 斯皮茨的通信往来。Г. 斯皮茨虽然住在圣彼得堡，但是和法国商界的关系十分密切。根据这份秘密信件，Г. 斯皮茨和伏尔加-卡马银行的董事 П. Л. 巴克就其股东能否在海外出售大笔股票，从而让银行买断新股票这一问题进行了近一个半月的谈判。Г. 斯皮茨定期向上·杜帕索汇报谈判的进展。尽管这可能是 Г. 斯皮茨个人的意愿，但显然他和上·杜帕索事先协商过整个行动。Г. 斯皮茨在一封信中强调："前几天你就伏尔加-卡马银行一事提出的建议很有参考价值。"② 二人的通信显示，Г. 斯皮茨或许将收购伏尔加-卡马银行的股份和在海外建立一家金融公司（"信托"）这两个想法结合起来了，其主要目的是通过这个公司转卖俄国证券。③ 不过，巴黎-荷兰银行的经理们本身就对伏尔加-卡马银行感兴趣。在发现 Г. 斯皮茨对事情的理解不符合他们的预期后，他们便直接联系了 П. Л. 巴克。不过在谈话中，Э. 内兹林认为这件事"不够稳妥"，因为 П. Л. 巴克既做不到迅速出售大量伏尔加-卡马银行的旧股份，又无法壮大其资本并向市场发行新股票。④ 鉴于伏尔加-卡马银行在危机期间比其他俄国银行遭受的损失较小，且其分支机构在全国分布范围最广，巴黎-荷兰银行可以说对它是有些狂热。

1906～1907 年法国金融资本对俄国感兴趣的另一个重要领域是铁路建设。

---

① НАФ. F 30, 337.
② ПНБ. 190/17. 5 декабря 1906 г.
③ Там же. Спитцер – Дюпассору, 13 декабря 1906.
④ Там же. Дюпассор – Спитцеру, 14 декабря 1906.

第一次世界大战前夕的俄国金融资本

　　19世纪60年代末法国银行积极参与俄国铁路总公司的创立。但在19世纪70年代，德国银行逐渐在配售俄国铁路公司国外债券中发挥主导作用。即使是19世纪80年代末，俄国的国家资产转移到法国之后，德国仍然是俄国铁路债券最重要的市场。①

　　1904～1908年，无论是在俄国还是在国外，都没有发放过俄国铁路贷款。在俄日战争爆发和紧随而至的革命背景之下，建立新的铁路公司和增加老铁路公司的资本都伴随着巨大的风险。

　　1905年6月10日，于1904年制定的"关于吸引私人资本参与俄国铁路建设的相关条例"获得了大臣会议和国务会议的最高批准。②1905年8月底，著名工业家Ф.E.恩纳基耶夫造访了北方银行，向银行介绍了用7500卢布创建北顿河铁路公司并在俄国南部铺设铁路网的项目。M.维斯特拉特在向L.多里松汇报这次谈话时这样写道："经过审查，我认为这个项目十分有趣，从各方面来看它都具有可行性……不过我还是建议Ф.E.恩纳基耶夫亲自和你谈谈这个项目。他今天晚上要去布鲁塞尔，想在比利时总协会银行谈谈这个问题，然后他会前往巴黎。他大概会在8天后到达巴黎，并希望与您见上一面。"③然而巴黎总理事会的会议记录中并没有留下Ф.E.恩纳基耶夫的身影。也就是说，即便他和L.多里松谈过了这件事，L.多里松也没有把这件事放在心上。

　　然而在一年之后，也就是1906年11月，巴黎联合银行审查了Ф.E.恩纳基耶夫的项目，在那里，这个项目获得了T.隆巴顿等人的热情支

---

① 1897年的夏天，国家审计署金融信息处的工作人员在计算法国在俄国股份公司中的投资额时，建议法国只对4家俄国铁路公司进行投资，且投资额最好不要太大。
② ЦГИА СССР. Ф. 268. Оп. 3. Д. 943. Л. 140-208.
③ ЦГИА СССР. Ф. 637. Оп. 1. Д. 6. Л. 463. Верстрат - Доризону, 27 августа / 9 сентября 1905 г.

持。① А. М. 索洛维约夫强调，俄国财政部对 Ф. Е. 恩纳基耶夫的项目持积极态度。他可以肯定，圣彼得堡国际银行是 Ф. Е. 恩纳基耶夫背后的金主。② 建立北顿河铁路公司项目的提案被长时间搁置，部分是因为另一个集团——亚速-顿河银行发起了竞争投标，在这种情况下，圣彼得堡国际银行的领导层很有可能选择一个更简单的组合。

根据财政部铁路司的档案资料，90 年代末建立铁路总公司的构想基本失败，但这一想法却保留了下来，并从中孕育了新的项目。其中就包括建立俄国铁路运营股份公司这一项目，该项目在 1905 年 7 月获得了最高批准，甚至得到了最高认可③。该公司其中一位创始人——И. 伯根在收到批准文件后便前往巴黎筹措资金。最初，他通过电报和巴黎-荷兰银行进行谈判——"有关建立一个强大的金融集团的相关事宜"。④ 在巴黎-荷兰银行的记录中找不到任何和这场谈判有关的内容。但是，到了 1906 年 4 月，И. 伯根在向俄国财政部汇报时却说，谈判十分成功，就建立一个由法国工商银行领导的银行集团一事上取得了成果。⑤ 从这时起，比 И. 伯根身份更为显贵的人物开始参与"这件事"：刚刚卸任法国财政部部长和法国工商银行行长的 М. 鲁维尔，N.S 巴达克公司的负责人 N. 巴达克以及圣彼得堡国际银行的总经理 А. И. 维什内格拉茨基。这些人借助在法国建立的协会行事，他们的行动在巴黎-荷兰银行的董事会记录中也有迹可循。1906 年 9 月至 10 月，理事会三次审议了法国工商银行有关"在俄国政府资助下成立铁路机车公司"的相关提议，由于目标不够

---

① Жиро Р. Указ. соч. С. 468–470.
② Соловьева А. М. К вопросу о роли финансового капитала в железнодорожном строительстве России накануне первой мировой войны // Исторические записки. 1956. Т. 55. С. 192.
③ ЦГИА СССР. Ф. 268. Оп. 5. Д. 29. Л. 192.
④ Там же. Л. 231. Телеграммы 5 и 26 марта 1906 г.
⑤ Там же. Л. 245.

明确，提议被驳回。① 尽管如此，1906年12月4日，法国铁路建材总公司还是在巴黎成立了。②

这件事在圣彼得堡反响平平。法国铁路建材总公司正式注册前不久，俄国财政部在首都报纸《意见》上就公司即将成立的谣言发表了一篇澄清声明。声明中写道，的确有几个外国资本家的代表和财政部进行了接触，他们提出将负责出资建设生产铁路机车的工厂，希望用这笔资金来抵销铁路的租金。这个建议事实上是在向政府提供一笔高利贷，也正因如此，政府拒绝了这项提议。③

由于俄国财政部不愿将生产公共铁路机车和机皮的任务交给法国铁路建材总公司，这家公司便试图同一家私营铁路公司——东南铁路公司签订这份合同。又因为法国公司需要政府来担保私营铁路公司履行合同，1907年8月27日为了审议法国铁路建材总公司所提出的要求，财政部专门召开会议，会议得出的结论是这件事"无利可图"。④

不过在1907年8月30日召开的第二次会议上，他们又认为可以接受法国铁路建材总公司的要求。⑤ 财政部部长 В. Н. 科克夫佐夫在1907年11月8日~21日致 М. 鲁维尔的信中揭示了促成这一转变的具体原因。В. Н. 科克夫佐夫在涉及他10月份在巴黎逗留期间和 М. 鲁维尔谈话的部分时这样写道："我想你会对我们刚刚做出的决定感到愉悦，即按照东南铁路公司和法国资本家 А. И. 维什内格拉茨基先生共同商定的条件，向该公司订购110辆蒸汽机车、1000辆货车和39辆客车……"最后 В. Н. 科克夫佐夫指出，他对这个协议十分满意，"我在其中看到了一个好兆头，

---

① ПНБ. Протоколы Совета.
② ЦГИА СССР. Ф. 268. Оп. 5. Д. 30. Л. 24.
③ Слово. 1906. 7 декабря.
④ ЦГИА СССР. Ф. 268. Оп. 5. Д. 30. Л. 106.
⑤ Там же. Л. 148.

第三章　新阶段俄国金融资本形成的先决条件

那便是法国市场再次对俄国铁路产生兴趣。"① B. H. 科克夫佐夫的这番话被翻译回俄文后就格外直率了，这封信现在被保存在财政部铁路司的档案资料之中："我非常满意，这将是法国资本参与俄国铁路业务的开端。"②

财政部的决议遭到了工商业代表大会的反对。1907 年 12 月 5 日，大会决定向政府请愿，要求修改铁路建材总公司和东南铁路公司之间的合同。③ 不少俄国报纸尖锐地批评了法国铁路建材总公司的做法和 B. H. 科克夫佐夫的立场。1907 年 12 月 7 日，《意见》上发表了一篇题为《M. 鲁维尔的骗局——维什格拉茨基与其公司事件详情》的文章，文中写道："昨天的工商业代表大会上披露了 M. 鲁维尔先生、维什格拉茨基先生及其公司骗局的细节，他们手握上级部门的支持，在那样苛刻的条件下居然同意拱手让出俄国铁路机车几乎全部的生意，这简直是罔顾国家尊严和经济状况。"④

法国外交部部长 S. 比雄向 J. 卡约通报了俄国商界对 B. H. 科克夫佐夫决定的反应，他引用法国驻圣彼得堡大使的原话，B. H. 科克夫佐夫所做出的决定被首都圈视为他 10 月份访问巴黎期间同法国兴业银行旗下集团所达成协议的直接结果，该集团正在努力提高俄国基金的费率，效果十分显著，这一点从证券交易所中便能看出。他承认，俄国首都圈的这种反应主要是因为它们在东南铁路公司和原料工厂（其供应商）之间起着桥梁作用，而法国的铁路建材总公司打算向东南铁路公司收取其蒸汽机车租金预付款的 7.0% ~ 7.5%，并向原料工厂收取订单总额 6% 的佣金。这些工厂，"为了躲避这笔佣金，主张应让东南铁路公司发行由政府

---

① Там же. Л. 158.
② Там же. Л. 161.
③ Там же. Л. 187 - 189.
④ 其他的一些报纸上也刊登了类似的文章。

担保的债券，并且应当直接交付蒸汽机车。"① 1908 年 2 月初，法国驻圣彼得堡大使报告说，由于机器制造企业的强烈反对，法国铁路建材总公司最终还是"未能如愿以偿"。不过值得注意的是，反对活动背后的领导者是布良斯克工业公司。②

此时，创立北顿涅茨克铁路公司这一项目业已成型。1907 年发生在法俄银行财团之间的一些事件在这家公司筹备的过程中发挥了重要作用。吉罗德的著作对这段历史进行了较为详细的介绍，笔者对此只做些许评论和补充。

1906 年 11 月 30 日到 12 月 13 日，巴黎股票代理商的负责人（代理人）德·维尔纳伊向 B. H. 科克夫佐夫提议，组织一个由俄国银行和法国银行共同组成的"强大"金融集团，"在法国资本的帮助下"促进俄国工商业的发展。③ P. 日罗认为，德·维尔纳伊这一想法或许来自 T. 隆巴顿，又或许是来自刚刚从圣彼得堡回来的 P. 杜默。④

就 T. 隆巴顿而言，从他 1907 年 1 月于巴黎寄来的信中能看出，他很晚才知晓德·维尔纳伊的提议。在他看来，此事真正的发起人或许是 N. 巴达克和 J. 德－金斯伯格，这确实同事实十分接近。不管怎样，德·维尔纳伊的提议立刻得到了 B. H. 科克夫佐夫十分积极的回应。在 1906 年 12 月 8 ~ 21 日的信件中，B. H. 科克夫佐夫向德·维尔纳伊表示，他提到的所有俄国银行"都很乐意加入这个法俄银行集团"，这些银行将派出自己的代表前往巴黎进行谈判。⑤

谈判的日期是 1907 年 1 月 2 日 ~ 6 日和 1907 年 1 月 15 日 ~ 19 日。在 1 月 15 日和 16 日的某次会议中，出席者除了德·维尔纳伊和 4 家俄国

---

① НАФ. F 30, 331. Пишон - министру финансов, 20 декабря 1907 г.
② НАФ. F 30, 228. МИД - Министерству финансов, 1 февраля 1908 г.
③ Русские финансы и европейская биржа в 1904—1906 годы М. ; Л. , 1926. С. 371 - 372.
④ Жиро Р. Указ. соч. С. 470.
⑤ ЦГИА СССР. Ф. 637. Оп. 1. Д. 37. Л. 45. Ломбарде - Верстрату, 19 января 1907 г.

银行的代表（圣彼得堡贷款和贴现银行的 Я. И. 乌迪纳、圣彼得堡国际银行的 А. И. 维什格拉茨基、伏尔加-卡马银行的 П. Л. 巴尔克以及俄国对外贸易银行的 И. 哈梅尔基），还有法国银行家 J. 哥廷根、R. 哥廷根、N. 巴达克、J. 德-金斯伯格以及圣彼得堡国际银行巴黎分行的准行长 И. 雷丁。这次会议上通过了要在法国成立一个特殊的股份公司的决议，公司由两方共同构成——巴黎主要信贷机构的代表和俄国各主要银行，各方共同商议了在俄国建立商业公司的可能性。与会人员通过了公司章程的基本议程，尤其是与公司业务范畴有关的内容，即"与法俄工业企业直接或间接相关的各类工业、金融、动产和不动产事务，包括：（Ⅰ）购买或承包铁路、有轨电车、照明、电力工程、公共工程等；（Ⅱ）购买或取得采矿特许权；（Ⅲ）通过非招标方式或其他手段提供军事、海洋和铁路设施；（Ⅳ）俄方出资将订单转移到法国工厂，或者由法方出资将订单转移到俄国工厂，总体把握并发展俄法之间的工商业关系。这里所列举的业务范畴是解释性的，不会因此而限制或缩小拟建公司的业务范畴。"法方和俄方在公司股本（总共为 500 万法郎）中的占比为 6 : 4，预计将根据此比例划分双方人员在行政理事会的席位。

巴黎-荷兰银行、国家审计署、法国兴业银行、巴黎联合银行、工商业信贷协会和法国工商银行的代表也参加了 1 月 17 日和 18 日的两次会议。在全体成员对各项决议无异议的基础上，各代表又对各项决定进行些许调整。第一项决定是按照法律法规成立财团，各项行动应以财团形式推进。成立财团的具体日期将在接下来的两个月内敲定。财团名称由"法俄工业企业和公共工程公司"改为"俄法工业企业和公共工程公司"。尽管它以"俄"字打头成立了一家俄国公司，但俄方在财团中的权利却被削减了。这具体体现在，法方在财团委员会和行政理事会中的代表人数从 6 人增至 7 人，除此之外，规定财团（以及后来的公司）中的法方成员在行动上拥有绝对自主权，而俄方人员则需要经过必要的审批手续。

第一次世界大战前夕的俄国金融资本

1月18日晚间，财团中的法方成员内部召开了会议，对所成立公司中各自的股份进行了分配，具体情况如下：巴黎-荷兰公司——10.8；哥廷根公司集团——8.9；国家审计署——9.5；工商业信贷协会——6.9；巴黎联合银行——5.4；法国工商银行——5.4；N. 巴达克——4.5。次日，双方成员共同举行会议，签署了一份成立公司的协议书和一份公司章程主要条款备忘录，① 随后，俄国各银行代表离开了巴黎。

不久之后，М. 维斯特拉特向 L. 多里松报告了公司对财团股份的分配情况：Э. 内兹林占1.0%；德·维尔纳伊占2.0%；巴达克集团占2.0%。这也就意味着，财团中的俄国人决定，把属于他们那部分的"蛋糕"分给那些能够在财团组织中起决定性作用的人。还有4%分给了公司行政理事会中即将赴任的4名理事，作为对他们即将就任的奖励。剩下的部分（31.0%）分配给俄国的各个银行：圣彼得堡国际银行、圣彼得堡贷款和贴现银行、伏尔加-卡马银行、俄国对外贸易银行、俄中银行、北方银行以及其他132家愿意加入财团的银行——例如亚速-顿河银行和莫斯科商业银行。②

在评价该财团的重要价值时，P. 日罗正确地指出了一点，即"从结果上来看，法国周旋于4家俄国银行之间，成功掌握了俄国未来经济发展的控制权，财团若是未能充分利用这些优势进行发展，俄国政府将不再给予其铁路、城市经济、矿山等领域的特别许可…"③ 事实上正如 T. 隆巴顿讽刺的那样，由于北方银行未受邀参加谈判，法国和俄国的各大

---

① НАФ. F 30, 340. Копии протоколов заседаний 15 – 19 января 1907 г. и документов, подписанных участниками этих заседаний. Архив МИД Франции（далее：ДАФ）. Россия. 59. Л. 135 – 144. Копии протокола 19 января 1907 г., обязательств и меморандума.
② ЦГИА СССР. Ф. 637. Оп. 1. Д. 6. Верстрат – Доризону, 29 января/11 февраля 1907 г.
③ Жиро Р. Указ. соч. С. 472.

第三章　新阶段俄国金融资本形成的先决条件

银行创造了一个"怪物财团，它几乎包揽了一切"。① 然而，在这种包罗万象之下潜藏着一个弱点——它将俄法双方中互相竞争着的银行集团聚集在了一起。

遗憾的是，目前还没有哪个文献资料能让我们判断财团组织者的真正目的和企图。在巴黎-荷兰银行和法国兴业银行的档案文献中，笔者尚未发现涉及这些银行加入财团缘起的文件。如前所述，俄方最为活跃的财团成员——圣彼得堡国际银行的档案中缺失这一时期的文件。P. 日罗使用的巴黎联合银行档案文献和笔者所研究的北方银行档案文献中都包含了极其有趣的信息。但是因为这两家银行在财团历史中只扮演了无足轻重的小角色，借助这些信息也无法解答我们的问题。

不论财团组织者的真实目的究竟是什么，有一点可以明确，那就是财团后续发展不佳，很多事情只停留在了构想阶段。

法国和俄国的银行家们在巴黎谈判了足足5天。谈判先是在意大利街上的大酒店内进行，接着转场到了法国财政部附近安亭街上的巴黎-荷兰银行。这样一来，法国财政部部长理应对这场谈判有所耳闻，但令人难以置信的是，事实上他对此一无所知。在法国财政部和外交部有关此事的通信中可以看到，财政部部长 J. 卡约是从法国驻圣彼得堡大使 M. 庞巴迪写于1907年1月25日的一封信中得知了该财团成立的消息。M. 庞巴迪说，在圣彼得堡流传着 A. И. 维什内格拉茨基和其他俄国银行家要前往巴黎的传闻，他相信财政部部长已经从 S. 比雄那里得知了此趟巴黎之行的目的，还希望阁下能够向他转告巴黎谈判的最终结果。②

不难想象，J. 卡约收到此封信时是多么的愤怒。实际上，在法国有一个悠久的传统，即无论在法国货币市场上市的外国证券多么不起眼，也必须要向法国财政部报备。然而，从 J. 卡约寄给 S. 比雄的回信中可以看

---

① ЦГИА СССР. Ф. 637. Оп. 1. Д. 37. Л. 45.
② НАФ. F 30, 340; ДАФ. Россия. 59. Бомпар - Пишону, 20 февраля 1907 г.

出，这位巴黎股票代理商（代理人），也就是德·维尔纳伊，在没有通知法国财政部的情况下直接向俄国财政部的 B. H. 科克夫佐夫传达了自己的意见。J. 卡约写道："德·维尔纳伊的确向我提出了有关这一问题的大致看法，但是我没有想到，他从理论付诸实践的速度如此之快。我推测，他觉得这件事没有必要交给法国的财政部部长来决定，按部就班来走程序或许还会影响政府的行动效率，因为政府在评估是否应当立即成立一个组织的时候，往往需要进行必要的政治调查，以采集必要的信息。"根据 J. 卡约的说法，这些事情他都和德·维尔纳伊解释过了，除此之外 J. 卡约还补充了一点，政府此前就在类似的情况下对代理人的不当之举提出过抗议，德·维尔纳伊当时承诺若是自己发生这种情况，会和政府进行有效沟通。"因此我有理由认为，"J. 卡约总结道，"应当严肃处理代理人德·维尔纳伊的这一不正当行为，并且下不为例。"①

J. 卡约显然被德·维尔纳伊这一行为惹恼了，他甚至在 2 月 18 日和当事人沟通之后，还让德·维尔纳伊把给 S. 比雄的答复复制一份给自己。在这份复制答复的附函中，德·维尔纳伊表达了自己的决心，在新成立的法俄金融工业集团的问题上，他定会将贯彻自我发展方针同"尊重政府特权"相结合。冷静过后，财政部部长决定不向德·维尔纳伊提供现成文件，而是指示其助手向他传达了一个"口头信息"。②

在巴黎，正当法国的财政部部长训斥和惩戒一位"非法"集团的成员之时，在圣彼得堡，俄国财政部部长 B. H. 科克夫佐夫正在向被他派往法国的俄国银行负责人提供建议。这主要是因为，当他阅读他们从巴黎带回来的文件时，并没有从中找到自己所期望的东西。1907 年 2 月 9 日，T. 隆巴顿在圣彼得堡报告了他和财政部部长 B. H. 科克夫佐夫的谈话，"部长对财团越来越冷淡，他说这一切都是个误会，财团成立的目的和他

---

① ДАФ. Россия. 59. С. 159；НАФ. 30, 340. Кайо - Пишону, 1 марта 1907 г.

② НАФ. F 30, 340.《Устное сообщение》было сделано де Вернейль 4 марта 1907 г.

第三章 新阶段俄国金融资本形成的先决条件

原先想象的完全不一样。他同情这个吸收了134个成员的大财团,想要做好现有的事情并促进其健康发展,但因为资金不足难以推进……但他压根没有想到,这个财团想要做的事业涉及铁路、由国家担保的公共工程等领域。"В. Н. 科克夫佐夫指出,他在巴黎的会议记录中看到了"希望能向外国人提供铁路建材的订单"并"希望在不受该国风俗习惯拘束的情况下来建立建筑公司"的内容,他表示,"他永远不会支持这样的条例组合"。财政部部长说,"俄国这边把自己摆到了一个极低的位置,说无论怎样的组合都能接受,为了获得资金将不惜代价,实际上这怎么可能呢。"部长接着说,"比起屈从于有损国家尊严的繁文缛节,俄国更愿意等上一两年再开始完善铁路网。"① M. 庞巴迪向他的上司通报了这一情况。在1907年2月7日~20日的一份信件中他这样形容,在巴黎成立财团的条件让俄国的财政部部长感到"震惊":"从德·维尔纳伊的信件中,В. Н. 科克夫佐夫了解到,这件事的重点在于获取到在巴黎市场运营俄国工业事务的许可,这些工业事务本身是有益的,但是现在其发展遇到了瓶颈,需要一定的资本来改善设备,并筹集到俄国工业发展所必需的周转资金,以渡过难关。在过去的几年里,俄国其他银行被迫向工业社会发放大量贷款,并向其提供大量预付款。国家银行受此影响最大……因此В. Н. 科克夫佐夫对于德·维尔纳伊的提议十分满意,他从中看到了减轻国家银行和俄国其他银行身上过于沉重的负担的一个机会……那些在建立新企业,特别是在建设铁路方面处于领先地位的法国银行家,他们也因此成为俄国银行家们学习的对象。"②

法俄两国财政部部长的这种态度让财团和俄法工业和公共工程公司的项目最终走向了失败。根据巴黎-荷兰银行的会议记录,该公司确实

---

① ЦГИА СССР. Ф. 637. Оп. 1. Д. 28. Л. 16-18. Ломбарде-Виллару, 27 января / 9 февраля 1907 г.

② ДАФ. Россия. 59. Л. 137. Бомпар-Пишону, 7/20 февраля 1907 г.

第一次世界大战前夕的俄国金融资本

在 1907 年 4 月成立了。① 但是它开展的"业务"只有参与创建北顿涅茨克公司。

自 1907 年起，T. 隆巴顿和 M. 维斯特拉特之间的通信内容多为铁路业务。T. 隆巴顿坚持不懈地寻求实施 Ф. E. 恩纳基耶夫项目的途径。他试图组建一个银行集团来承担融资的工作，但是由于北方银行（背后势力为法国兴业银行）、巴黎联合银行和国际银行之间存在激烈竞争而受挫，国际银行面对激烈的竞争，选择和巴达克银行集团、巴黎-荷兰银行和国家审计所联手。巴黎-荷兰银行和法国兴业银行达成和解无疑促成了两方协议的签订。或许这要得益于大财团的建立，正如 T. 隆巴顿在和维尔赛信件中提到的那样，该财团的成立促成了北方银行和圣彼得堡国际银行双方领导人的谈判。1907 年 2 月，双方协商起草了"两个集团之间的协议草案"。"巴黎兴业银行、巴黎联盟银行、比利时兴业银行、北方银行应当将项目的所有研发对象移交给圣彼得堡国际银行，并向其提供一笔用于恢复研究并支付其研究人员报酬的经费。"当圣彼得堡国际银行获得特许权时，根据协议草案，"该案的融资仅由圣彼得堡国际银行来承担，或由财团承担。由 4 家银行所构成的财团有权按比例进行股份分红。"在协议草案中，该财团还有权任命即将成立的铁路公司 1/3 的董事会成员。在这份协议草案中，还商定了各方的利益分配、北方银行和圣彼得堡国际银行在铁路公司日常账户中的份额等问题。根据最后一项规定，如果圣彼得堡国际银行没有在规定时间内取得特许权，那么由 4 家银行组成的财团将具有最高决定权。②

在这个项目中，北顿涅茨克铁路的主导权主要在圣彼得堡国际银行手里。遗憾的是，笔者并没有找到上述谈判以及两家银行所缔结协议的最终条款文件。不过我们有足够的间接证据证明这样一个协议确实存在。

---

① ПНБ. Протоколы Совета 11 апреля и 7 мая 1907 г.
② ЦГИА СССР. Ф. 637. Оп. 1. Д. 37. Л. 49–50.

第三章 新阶段俄国金融资本形成的先决条件

P. 日罗发现，1907年4月17日，在巴黎国际银行集团（巴黎-荷兰银行、国家审计署、巴达克集团）和北方银行集团（巴黎联合银行、法国兴业银行）的代表在巴黎联合银行召开的会议上，同意两年内"在铁路事务中将不再恶性竞争，而是在双方共识的基础上实现发展。"①

在巴黎，政府正在审议那些提出要向俄国铁路建设提供资金的银行集团的关系，而在圣彼得堡，政府正在就具体案例展开讨论。在1907年5月17日~30日的一封信里，M. 维斯特拉特将圣彼得堡国际银行和北方银行之间的一份协议递交给L. 多里松，这份协议涉及赫鲁廖夫和Ф. Е. 恩纳基耶夫，他们将成为北顿涅茨克铁路公司的创始人。② 我们可以看到，北方银行和圣彼得堡国际银行联手行动了。这也带来了相应的效果。1907年7月，俄国财政部的新铁路委员会批准了Ф. Е. 恩纳基耶夫的提议。③ 不过在具体实施北顿涅茨克山区铁路的"业务"方面，他们还面临着严峻挑战。

其中一个挑战是，正如Б. В. 安纳尼奇所提出的，法国财政部部长J. 卡约出于某些政治原因想要限制涌入法国货币市场的俄国贵重资产数目，他在1907年3月提出了一个条件，即由沙皇政府担保的铁路公司债券在国外上市时必须得到国家杜马的批准。直到1907年10月，他才放弃了这一条件。④

1907年10月，巴黎-荷兰银行理事会对北顿涅茨克铁路公司的组织问题进行了调查。12月10日，它又对调查的结果进行了审议。理事会发现，它同两个集团签订了协议，第一个集团包括巴黎联盟银行、法国兴业银行和比利时兴业银行，另一个集团包括圣彼得堡国际银行，组建俄

---

① Жиро Р. Указ. соч. С. 474.
② ЦГИА СССР. Ф. 637. Оп. 1. Д. 6. Л. 864.
③ Соловьева А. М. Указ. соч. С. 474－475.
④ Ананьич Б. В. Указ. соч. С. 203－212.

第一次世界大战前夕的俄国金融资本

国北顿涅茨克铁路公司的股本为 1200 万卢布，政府担保债券资本为 8500 万卢布。前一个集团持股比例为 60%，后一个集团持股比例为 40%。以雷吉斯·维塔利为首的建筑公司承包了铁路的建设工作。银行理事会通过了参与"业务"投资的决议，比重约为第一集团所占份额的 1/4。银行理事会还认为预期业务可以正常进行。此外，还有一项决议，即由俄法工业和公共工程公司负责实施预期业务，以帮助北顿涅茨克公司融资。不过在了解到 В. Н. 科克夫佐夫对这个公司的消极态度后，银行的经理们决定与这项决议划清界限。①

毫不意外，这项决议带来了负面影响。造成这种负面影响的原因不仅仅在于法国商人试图重振臭名昭著的俄法财团。法国商人声称不仅要为北顿涅茨克铁路建设提供财政支持，还要接管针对铁路建设的技术管理，这是造成 В. Н. 科克夫佐夫消极态度的主要原因。想要让沙皇政府将这条铁路的建设移交给一家外国建筑公司，这显然有悖于俄国铁路的建设准则。法国人的要求既无法带来经济效益，在技术上也行不通。此外，它还带来了需要将在建铁路设备和机车的生产订单转移到国外的这一问题，这个问题很有可能会让处于严重萧条的俄国金属加工和机器制造业爆发抗议。因此，В. Н. 科克夫佐夫的回答是，沙皇政府"没有理由在这次铁路建设中打破一直以来的原则性条件，仅同意在此次建设中向法方提供财政援助"②。

这位俄国财政部部长——В. Н. 科克夫佐夫的回复在巴黎引起了强烈的反应。身处巴黎的 Т. 隆巴顿在收到 В. Н. 科克夫佐夫的信后不久，向 М. 维斯特拉特写道："我得花些时间和你详细说说俄国的情况，其中包括北顿涅茨克公司那件事和与一般俄国事务相关的事情。"③ 参与此事的

---

① ПНБ. Протокол Совета.
② Там же. 14 января 1908 г.
③ ЦГИА СССР. Ф. 637. Оп. 1. Д. 44. Л. 7. Ломбарде - Верстрату, 3 февраля 1908 г.

第三章　新阶段俄国金融资本形成的先决条件

法国人，他们之间的利益也不完全一致。他们对于在雷吉斯·维塔利公司的领导下创立一个专门的建筑公司来建造北顿涅茨克铁路一事上持有不同的意见：这件事得到了与雷吉斯·维塔利公司有关的银行机构——国家审计署、"奥特银行"金融机构、特别是巴达克公司的大力支持。而其他人对这件事的重视程度则低得多。T. 隆巴顿在解释情况时这样写道："因此，若是该建筑公司倒闭了，我们这边倒是无所谓，但是雷吉斯·维塔利公司和国家审计署会不高兴。"[1]

然而在讨论 B. H. 科克夫佐夫的回应时，雷吉斯·维塔利公司的支持者占了上风。或许 J. 卡约在其中发挥了作用，法国财政部金融活动负责人洛夫在和 J. 卡约交谈后，对 Э. 内兹林说："如果组织方连工业职能都丧失了的话，那么法国财政部将拒绝让北顿涅茨克铁路公司的股票在巴黎证券交易所上市。"[2] 最终，在2月18日，北顿涅茨克铁路"事件"中的法国集团向他们的俄国合作伙伴发送了电报，称其无法保证按照他们所开出的条件认购即将成立的这家公司的股本。[3]

在巴黎，正如 T. 隆巴顿在其信中所说的那样，人们认为这样一来 B. H. 科克夫佐夫会有所让步。[4] 雷吉斯·维塔利公司的代表继续留在了圣彼得堡，显然是在等俄国财政部部长回心转意。[5]

然而在回到圣彼得堡后，T. 隆巴顿得出的结论是，B. H. 科克夫佐夫在这个问题上不会做出任何让步。他在给 E. 梅尔的信中写道："北顿涅茨克这件事基本上败局已定，虽然最终结果还没出来，但这件事加剧了我们和俄国财政部之间的紧张局面。"[6] 两周后，T. 隆巴顿再次联系他

---

[1]　Жиро Р. Указ. соч. С. 477.
[2]　Там же. С. 477–478.
[3]　ЦГИА СССР. Ф. 637. Оп. 1. Д. 44. Л. 5, 8 и ел.
[4]　Там же Д. 28. Л. 7. Ломбарде - Виллару, 12/25 февраля 1908 г.
[5]　Там же. Д. 42. Л. 9. Ломбарде - Мею, 17 февраля / 1 марта 1908 г.
[6]　Там же. Л. 22. Ломбарде - Мею, 1/14 марта 1908 г.

的前合伙人，他这样写道："在北顿涅茨克这件事上我们不能和俄国闹得太僵，这件事到此为止。我们现在正在结清雷吉斯·维塔利公司的账目并向它们说明具体情况。"①

这些信息证实了 P. 日罗的观点，即在这种情况下，法国银行的利益要高于法国工业的利益。② 俄国财政部在金融事务方面对法国银行做出了进一步的让步，以确保它们能获得更大的利益。③ 它们在此基础上于 4 月底达成了一项协议。自此，一切都按部就班地顺利运转了起来。

4 月 26 日，巴黎-荷兰银行同法国兴业银行的董事会召开了会议，批准了北顿涅茨克铁路公司的新条例。公司的股本减少到 1000 万卢布，而债券资本则增加到了 9000 万卢布，这有助于构建一个对公司股东更加有利的股份债券的资本比例。俄国银行在此过程中获得了 1/3 的股份。④

1908 年 5 月 8 日，国务院第二厅批准了北顿涅茨克铁路公司的章程。B. H. 科克夫佐夫根据以往的实践经验描绘了在这种情况下所形成的独特金融环境，他坦率地说："北顿涅茨克铁路或许能够成为吸引私人资本发展铁路系统的一个转折点。因此，我们必须要为股东提供一种能让他们期待更多回报的资本条件。"⑤ 1908 年 6 月，北顿涅茨克铁路公司获得了最高批准。

与此同时，该公司在巴黎还成立了一家银团来保证公司股票和债券资本的分配。银团成员包括法国兴业银行、巴黎-荷兰银行、国家审计署、里昂信贷银行、巴黎联合银行、比利时兴业银行、Г. 斯皮茨银行之家集团、俄法工业和公共工程公司（"财团"）、圣彼得堡国

---

① Там же.
② Жиро Р. Указ. соч. С. 485.
③ 详细内容可参见 Соловьева А. М. Указ. соч. С. 196。
④ ПНБ. Протоколы Совета; Г. О. Протоколы Совета.
⑤ Соловьева А. М. Указ. соч. С. 196.

第三章 新阶段俄国金融资本形成的先决条件

际银行和北方银行。① 显而易见，雷吉斯·维塔利公司和其主要盟友巴达克公司已经退出了"游戏"。7月初，"安银"②银团完成了公司股票和债券配售全部工作。③ 9月，公司的债券在巴黎证券交易所上市。④

北顿涅茨克铁路公司的建立结束了这段不断试错的历史，它见证了在第一次世界大战前夕的工业热潮期间，法国银行在俄国推行"新战略"的历程。"新战略"一词是P.日罗最先提出来的，它反映了战前法国银行投资政策的一个特点，即利用俄国的信贷系统来向其国家经济新部门实行金融扩张。1906~1907年，法国银行在这条道路上迈出了第一步。在多数情况下，其所建立的企业都鲜有成功。在这些失败的案例中，除了所谓的"M.鲁维尔骗局"和"德·维尔纳伊的财团事件"，还可以算上1907年北方银行的法国管理层试图通过接管几乎破产的波拉克银行分行来扩大其影响这件事。⑤ 通过这些失败的案例，双方汲取了经验教训，制定了双方都能接受的合作条件和组织形式，保障了后来的成功。北顿涅茨克铁路公司的建立就是其中一个成功案例。1908年，其在巴黎发行出售的股票和债券资本成为当年货币市场上最大的一笔交易，⑥ 这件事本身就具有重大意义。但其重要性首先体现在为此后类似的活动开辟了道路。1909年1月，法国财政部批准伏尔加-布古尔马铁路公司的债券在巴黎证券交易所上市。9月，东南铁路公司的债券获得了进入巴黎证券交易所的许可。⑦

---

① ДАФ. Россия 59. Л. 262；НАФ. F 30, 339.
② "安银"——它没有向证券交易所寻求帮助，而是借助其客户实行了认购。
③ Г. О. Протокол Совета 7 июля 1908；ПНБ. Протокол Совета 16 июля 1908 г.
④ НАФ. F 30, 339. Досье 10；Россия 59. Л. 250-263.
⑤ 此处请参见 И. Ф. 金丁 和 Ю. А. 彼得罗夫的著作。
⑥ Жиро Р. Указ. соч. С. 486.
⑦ НАФ. F 30, 338. Досье 10 и 11；ДАФ. Россия 59. Л. 273-289.

第一次世界大战前夕的俄国金融资本

**

在俄国经济从 1899~1903 年危机中恢复的过程中，外国投资在俄国经济中的作用这一问题需要进行进一步的研究。在评估外国资本对国家生产力发展的直接影响时，必须要考虑到贷款资本所带来的负面影响，这些从外国引进的资本被用于支持落后的政治上层建筑，这对国家经济发展的阻碍作用最大。此外，1900~1907 年，外国投资在股份制企业中占据明显优势，但这绝对不代表其在整个俄国经济发展过程中起决定性作用。

就研究资本主义企业的高级形式而言，早先关于国内外资本在俄国股份制企业中的投资比例的数据，能够证明外国投资对俄国垄断资本主义的形成影响最大。

在这些外国资本当中我们需要特别关注法国资本，不仅仅是因为其在数量上占有优势，还因为，90 年代德国资本明显放慢了其在俄国的扩张速度，而英国投资的迅速流入仅限于俄国采矿业这个狭窄的圈子里，但法国资本不但在俄国重工业的主要部门中占据了重要地位，还引领了俄国工业生产的进程，同俄国银行建立了广泛的联系。这些成就为法国金融资本向新的投资战略过渡打下了基础，它在俄国用此方式顺利地渡过了危机。在法国资本向国家经济渗透的阶段，它选择了在俄国金融资本体系中充当关键一环的商业银行作为媒介，并对俄国商业银行的发展产生了重大影响。

第二节　进入卡特尔阶段的国民经济

同其他国家类似，20 世纪初俄国垄断企业的建立始于国民经济的卡

第三章 新阶段俄国金融资本形成的先决条件

特尔化。列宁在描述资本主义向帝国主义转变的最后时刻时这样写道:"19世纪末的高涨和1900~1903年的危机使卡特尔成为全部经济生活的基础之一。"①

但这并不意味着当时尚未出现托拉斯形式的垄断。只不过总体上来看,90年代国民经济的垄断是朝着垄断经营协会的方向发展的,其中卡特尔占主导地位。

俄国刚刚走出危机,正处于一个缓慢的恢复期,由于生产过剩,工业企业之间的产品竞争变得越来越激烈,而缓解这种竞争的主要途径就是生产商之间签订卡特尔协议,通过协议对特定产品的销售进行管制。笔者在之前的研究中曾尝试分析卡特尔是如何成为俄经济生活的支柱以及其发展的方向。经过分析,该过程包括两个方面:一是经营协会的建立并取得垄断地位;二是垄断经营体系的形成。②

在整个分析过程中,笔者采用了可信度较高、足够完整、能够让人了解一些垄断协会组织结构、构成和运作时间的信息。已有的文献、期刊和其他资料之中有很多间接或零散的数据,这些数据证实了,俄国经济中的垄断程度比迄今为止所研究的任何垄断协会都要深。笔者相信这一研究在未来仍会取得突破性成果,或许能发现我们尚未意识到的垄断现象,深化我们对已知垄断的理解。在研究过程中,笔者对此越发有信心。近年来的档案研究成果中,格外瞩目的是在罗斯柴尔德银行和法国国家档案馆中发现与石油工业相关的历史文件,这当中包括了诺贝尔集团和罗斯柴尔德集团对俄国石油工业进行垄断的相关历史文件,诺贝尔兄弟石油公司和"重油"公司之间的卡特尔合同草案也在其中。

这份合同的身世较为神秘。我们对于这份藏于苏联中央国家档案馆

---

① Ленин В. И. Полн. собр. соч. Т. 27. С. 317.
② 参见 В. И. 鲍维金的《俄国金融资本的形成》。

的诺贝尔兄弟石油公司和"重油"公司的协议并不陌生。① 这份合同为 П. В. 沃罗布耶夫于 1955 年得出的结论提供了依据，即诺贝尔兄弟石油公司和"重油"公司"显然在 1905 年"达成了卡特尔协议。② 除了这份合同的文本，我们后来在阿塞拜疆苏维埃社会主义共和国中央国家档案馆中还发现了诺贝尔兄弟石油公司、"重油"公司与俄国"奥列姆"石油和液体燃料生产公司于同一天所签订的另一份合同。③《俄国石油工业的垄断资本》（М. ; Л. , 1961）中收录了诺贝尔兄弟石油公司、"重油"公司和希巴耶夫公司所签合同，该书的编者评论称，根据诺贝尔兄弟石油公司莫斯科办事处文件中所提供的间接数据（中央国家历史档案馆，莫斯科，355 号文件），"早在 1903 年诺贝尔兄弟石油公司和'重油'公司便签订了第一份合同。"④ 然而根据出版社的说法，这一合同的原始文本共更新过两次，也就是说应该至少存在三个版本，但研究人员在苏联档案中一直没有找到对应资料。

罗斯柴尔德银行档案中保留了诺贝尔兄弟石油公司、"重油"公司于 1905 年 3 月 14 日和希巴耶夫公司、"奥列姆"公司签订的两份合同。这里还可以找到这些合同的第一份也是唯一一份副本（诺贝尔兄弟石油公司资料中的合同的保存状况也与此类似），除此之外，这里还有合同的原始版本。⑤ 不过，在银行档案中没能找到诺贝尔兄弟石油公司和"重油"公司所签订合同的最终版本。我们只找到了一个草案，既然它不是最终版本，那它应该是最后的某个版本。⑥

---

① ЦГИА СССР. Ф. 1458. Д. 205. Л. 1 - 7, 20 - 25. См. также: Д. 1267.
② Волобуев П. В. Из истории монополизации нефтяной промышленности дореволюционной России (1903 - 1904 годы) // Исторические записки. Т. 52. С. 82.
③ Ибрагимов М. Дж. Нефтяная промышленность Азербайджана в период империализма. М. , 1982.
④ МКНПР. С. 701.
⑤ An. 132 AQ. Banque Rothschild (Банк Ротшильда - далее: БР) 165 и 187.
⑥ Там же. 187 и 189.

第三章 新阶段俄国金融资本形成的先决条件

根据这份草案，合同的签订日期是1903年5月（数字的位置空了出来），于1903年4月1日生效（号码的位置留有空白）。后面这个日期出现了两次，应该不是笔误。根据惯例，这类合同的日期常常具有滞后性，当事人往往在这之前就开始执行合同内容。很明显，在执行合同的时候双方应该至少在基本问题上达成了共识。从该协议确实自1903年4月1日生效来看，这个惯例确实存在。这一点在1904年5月24日写给诺贝尔兄弟石油公司莫斯科办事处主任的信件中得以证明，写信人提到1902年8月的竞标时称，还有7个月诺贝尔兄弟石油公司就要和"重油"公司签订合同。① 换言之，我们在档案中所找到的文本，可以在一定程度上呈现双方所签订的合同的实质内容。

与之前的文献资料相比，该文本能让我们更准确地确定签订合同的目标："在整个俄罗斯帝国范围内联合销售石油"。这份合同确定了各方在联合销售中的份额（诺贝尔兄弟石油公司占70%，"重油"公司占30%），与第三方或其他公司签订合同的流程、价格、相互结算模式，与买方的关系等内容。该合同期限为6年，附加条件是在1908年1月1日前签订新期限的合同，规定可以根据第一个期限内合同执行的结果对新合同进行适当的修改和补充，在此情况下修订的文本必须于1904年5月之前签订。②

这项合同是卡特尔开始的标志，该卡特尔后来被称为"诺贝尔－重油"集团，这又一次表明，俄国工业各分支在19世纪末垄断的主要方向是托拉斯化，20世纪初垄断的形成是各公司达成卡特尔协议的结果。

对俄国垄断经营的研究清楚地证明了1907~1909年是一个历史转折点。该时期，在变化巨大的经济形势中出现了一种自然选择，即只有那些经过检验后具有可行性的垄断形式才能得以保留。俄国经济卡特尔化

---

① ЦГИА г. Москвы. Ф. 355. Оп. 1. Д. 105. Л. 83–84. Это именно тот документ, на который сослались составители публикации МКНПР.
② БР. 187.

第一次世界大战前夕的俄国金融资本

的最后时刻发生在俄国经济从危机中恢复并向新的经济热潮过渡的时期。

在此阶段内,垄断取代自由竞争的现象主要发生在工业产品的经营上,其垄断是粗放的。随着经营协会——卡特尔和辛迪加的建立,对工业产品的经营垄断或多或少退居到了次要地位。此外,随着这种组织数量的增加,工业产品经营的垄断性监管范围也在不断扩大。这一过程最初涉及主要生产工具和部分重要大众消费产品的生产,后来慢慢扩展到了整个行业,并以"连锁反应"的方式扩散到工业生产的相关部门。

这实际上是俄国垄断企业建立史步入卡特尔阶段的内容。垄断取代自由竞争以激烈斗争的形式进行,其过程受到多种因素的影响,在不同的行业表现形式不尽相同。因此,经营协会的形式多种多样,而且它们对垄断产品销售的从属程度也有很大差异。

1907~1909年,经营垄断协会依据其销售状况形成了稳定的组织,并适应了所经营行业的具体特征。当然,垄断经营协会继续发展,但是这种发展是在已有的组织结构框架下进行的。与此同时,1907~1909年垄断市场监管的局限性也显现出来,经营协会可以根据其垄断产品生产和销售的特点避开监管。只有在部分特殊情况下,建立经营垄断协会才会导致局外企业退出竞争。通常情况下,即便是在垄断产品的销售过程中,经营垄断组织的活动也不能完全消灭竞争,它们只是在一定程度上限制了竞争的发展。至于构成竞争活力的原因、确保局外企业存在的因素以及市场从属经营垄断组织的条件,只有在对个体情况进行具体研究后才能获得答案。C. B. 库什尼鲁夫对俄国南部煤炭工业的一项研究表明,"食品-煤炭"组织中的企业,它们的采矿能力和技术条件要比那些保持"独立"的企业要差,这导致"食品-煤炭"承包商公司生产煤炭的成本要高于组织外公司。[1]

---

[1] Кушнирук С. В. Синдикат 《Продуголь》(1906 – 1914 годы). Автореферат. М., 1984. С. 30 – 37.

第三章 新阶段俄国金融资本形成的先决条件

垄断经营协会的成立也无法完全消除其成员之间的竞争。它们只不过是通过统一销售条件以及限制部分产品的生产规模来限制竞争。然而，由于各个企业的生产技术和经济条件不同，其生产成本和利润也不同。这便导致了经营协会成员之间的内部竞争，而市场条件的变化又进一步加剧了这种竞争，从而导致了协会的瓦解。

辛迪加"制钉"协会试图完全垄断螺旋线产品的销售，而它迎来的便正是"瓦解"的命运。1906~1908年，由于内部矛盾的激化，协会丧失了对市场的控制，直接瓦解。取而代之的是于1908年底成立的波罗的海沿岸、圣彼得堡和莫斯科螺旋线区域销售协会，也就是效率更高的"螺旋线"辛迪加。①

1908~1909年，精磨机卡特尔也成为国内激烈竞争的受害者。②

垄断发展的历程表明了，经营联盟并不适用于解决消费品行业（特别是食品饮料业和纺织业）所面临的销售低集中度和高弹度问题。因此，经营协会主要集中在那些拥有大客户的俄国工业消费部门：国企、铁路部门、大型工业公司和建筑公司。在一些领域——黑色金属与有色金属冶金业和机械工程，甚至出现了整个行业的集团经营。垄断协会在那些生产需求量大、不利于统一管理的行业则没有得到广泛的发展。因此，在1907~1909年，经营协会在缓解个别工业生产部门的竞争和统筹整个俄国工业部门方面的能力已经达到极限。

早在20世纪初，俄国垄断企业的一些组织者就看出了销售协会垄断的有限性。1900~1901年，当讨论起如何组建俄国冶金公司垄断协会时，在塔甘罗格冶金公司主管 Г. 特拉琴斯特的一个项目中，曾设想将俄罗斯

---

① Нетесин Ю. Н. Синдикаты 《Гвоздь》 и 《Проволока》 (1903 – 1914 годы) // Исторические записки. 1961. Т. 70.

② Давыдов М. А. Монополия и конкуренция в сахарной промышленности России начала XX века (соглашения рафинеров). Автореферат. М., 1986.

第一次世界大战前夕的俄国金融资本

南部所有的工厂都合并为一个单一的股份公司。① 这个想法在当时被否决了。最终敲定的方案是，合并经营承包商公司的产品，将其产品的独家销售权转让给一个联合成立的贸易公司。这个项目成为"经销公司"的前身。

然而"经销公司"成立还不到 5 年，建立冶金工业托拉斯的想法又一次吸引了人们的注意力。

和冶金托拉斯失败有关的文章数量不少。这些文章首先被刊登在报纸上。1908 年，报纸上刊登了大量文章，这些文章从不同角度报道了托拉斯组织的筹建计划。② 在革命前俄国垄断企业发展问题的专门研究中也涉及托拉斯筹建失败这一问题。③ 苏联的经济学家和历史学家在处理这一问题的时候也往往会谈及冶金工业托拉斯筹建失败这一案例。然而，他们主要参照的是革命前文献中的已知事实。不过 М. Я. 赫夫特的《俄国建立冶金托拉斯斗争的相关研究》则突破了这一局限性。④ 正如其标题所示，文章主要围绕托拉斯组织者活动的社会氛围展开。而活动本身，在文章中则是通过孤立的事实来表现，并没有揭示其具体内容。通过对这一冶金托拉斯的不断深入研究，一些新的材料也浮出水面。

现在我们来尽可能地复原这一事件的发生背景。М. Я. 赫夫特这样写道："各项活动都在巴黎和布鲁塞尔举行。主办方是南俄罗斯第聂伯河冶金协会，其负责人亚修科维奇长期以来担任法国 - 比利时资产的代理人，同时也是'经销公司'的第一任主席。"⑤ М. Я. 赫夫特本人在文章中指

---

① 参见 В. И. 鲍维金的《俄国金融资本的形成》。
② 其中一些论文的全文或节选被收录在了《Сборнике документов для практических занятий по источниковедению истории СССР》. Вып. 2. М., 1950; М., 1980. С. 255 – 272.
③ В частности, в работах Гольштайна, Загорского, Кафенгауза.
④ Исторические записки. 1954. Т. 47.
⑤ Гефтер М. Я. Указ. соч. С. 128.

第三章 新阶段俄国金融资本形成的先决条件

出,早在1903年,第27届俄国南部矿业生产者大会委员会就得出了这样的结论:以托拉斯形式对冶金生产进行监管,"在目前看来应该是最完美的方式"。① 因此,筹建托拉斯这一想法显然是在吸收国际垄断发展经验的基础上孕育而生的,在俄国南部矿工中,支持这一想法的人越来越多,既有本国人也有外国人,很明显,"经销公司"的成立还远远无法满足需求。

　　法国财政部档案文件揭示了法国商界对于建立"经销公司"的兴趣,在这些文件中,笔者未能找到能够证明将"经销公司"转变为托拉斯的构想源于巴黎的确凿证据。② 法国兴业银行和巴黎-荷兰银行,以及两家银行的俄国分行——北方银行虽然对俄国冶金工业的状况不怎么关注,它们的态度也大致相同。③ 但从法国兴业银行的资料来看,实际上,这些银行对于俄国冶金工业的状况是有所反应的。这一点在1907年1月底T. 隆巴顿写给R. 维拉尔的信中有所体现,他这样写道:"事情的进展十分顺利,或许你们有所耳闻,收购休斯工厂后,银团的力量得到了加强,但是休斯工厂从未放弃过脱离银团控制的想法。休斯工厂的加入让钢梁的价格提高到了每吨15法郎,希望今年能和它签订一项内容更为广泛的合同,以便将提价扩展到商业用铁领域。如果能签订这项合同,那么所有工厂的情况,特别是俄国'线螺'公司的情况将大为改善。"④ 由此可见,代表巴黎联合银行利益的北方银行董事,并没有进一步扩大"经销公司"辛迪加负责的冶金产品的范畴,即它没有囊括市场上需求巨大的冶金产品——长铁和异形铁。他们认为当下的任务应当是沿着最初"销售产品"的计划再向前迈进一步,计划中设想的是组织所有的对口工厂

---

① Там же.
② 在 Р. 日罗的作品中并没有找到。
③ 有关法国商界对"经销公司"的兴趣,可参见 В. И. 鲍维金的《俄国金融资本的形成》。
④ ЦГИА СССР. Ф. 637. Оп. 1. Д. 28. Л. 22. Ломбарде - Виллару, 27 января / 9 февраля1907 г.

第一次世界大战前夕的俄国金融资本

进行联合销售。

保存于苏联中央国家档案馆的博戈斯洛夫斯基采矿和工程股份公司文件中的"经销公司"资料证明了，1907年初"经销公司"内部对该问题也进行了讨论。不过，由于博戈斯洛夫斯基在1907年1月与"经销公司"在铁梁和管道销售上的竞争对手成为合作伙伴，这组文件显得颇为零碎，因此我们也很难从中确定一些事情的细节。但是，在追溯冶金托拉斯理念出现和发展的关键阶段方面，这些文件确实大有裨益。

拉开该事件序幕的是1907年初"经销公司"承包商会议的召开，会议就其联合出口的某类产品（钣金和铁梁）以及延长现有承包商合同相关事宜展开讨论，除此之外，会议上还讨论了其他一些紧迫的问题。其中就包括将俄国冶金工厂所生产的产品出口到国外的问题，这一想法自1906年起就被反复提起。① 在1907年2月21日的铁梁承包商会议上同样讨论了这个问题，这次会议的纪要被保存了下来。会议所得出的结论是，必须要以联合的方式实现共同出口，以应对在国外自由销售铁梁和钢轨时遇到的"恶性竞争"。此外，纪要上还写道："单独行动的工厂将无法同德国冶金工厂联盟签订合同，不过随着俄国工厂逐渐形成一个统一体，单独行动的工厂也能和联盟签订合同。"②

铁皮承包商的会议纪要则没能保存下来，但是"经销公司"办事处在1907年4月15日写给全体承包商的信件中涉及这次会议，虽然会议场合各不相同（参会者多为铁皮和铁梁承包商），但所有会议都和德国钢铁联盟有关。公司提交了铁皮承包商们在1907年3月24日通过的决议，该决议宣布"热切希望""在德国钢铁辛迪加的基础上统一所有的冶金厂"，也就是承诺要进行产品集中销售。各承包商受邀参加会议，以"与公司

---

① 一些工厂在这一年参与了向国外提供钢轨和机车的工作。
② ЦГИА СССР. Ф. 54. Оп. 1. Д. 904. Л. 79–80.

第三章　新阶段俄国金融资本形成的先决条件

商讨有关出售冶金厂各类产品的协议"。①

"经销公司"的实践经验激励了其成员在垄断冶金产品市场的道路上越走越远：它们从征服个别类型产品的销售市场到完全覆盖市场，从征服国内市场到瓜分外部市场。

会议于1907年5月13日举行。博戈斯洛夫斯基公司的资料中保存了一份题为"为建立俄国钢铁工厂联盟而举行的会议"的便笺，很显然，这个便笺是会议前夕发给各承包商的。写这一便笺的人是德国科罗列夫斯基与劳拉股份公司（该公司隶属于"经销公司"）的董事R.费舍，他认为，由于德国和俄国的法律和经济条件不同，"德国钢铁联盟的模式"无法复刻到俄国冶金工人身上。②

在会议的开幕式上，"经销公司"理事会方代表P.达西指出，鉴于公司与铁皮和铁梁承包商之间的合同即将到期，有必要展望一下财团未来的命运。他指出，"现有的联合工厂模式虽然让部分产品躲过了恶性竞争并保住了自身价格，但是由于冶金工业产品消费量的大幅下降，冶金工厂也出现了产能过剩，由于各工厂的订单数量是按照股份进行分配的，部分工厂难以获得订单，这直接导致了产品成本的急剧增加。"因此，"必须找到突破这一困境的办法：要么参照'钢铁联盟'的模式组织一个更大的俄国冶金工厂联盟，要么尽可能地合并更多的冶金工厂，这样一方面可以根据预期的订单数量调整正在运营的工厂数目，另一方面可以更合理地向正在运营的工厂分配产品订单。"P.达西认为，"后一种方法更合适，也是最理想的方案，在实施的时候会大幅降低冶金工厂各产品的成本，这样一来便为俄国冶金厂各产品的出口提供了可行性。"

参会人员表示"在原则上他们同意"将他们所代表的公司"联合成一个统一的组织"，"为了更全面地商榷会议上所提出的问题以及起草拟

---

① Там же.
② Там же. Д. 905. Л. 33－39.

建组织的相关事项,他们选举产生了两个委员会:国外的委员会由'俄国海外工厂代表'组成;俄国委员会由'俄国工厂代表'组成。"①

显而易见,在会议的筹备和进行过程中,召开会议的最初原因——按照德国"钢铁联盟"的模式组建俄国冶金联盟,即对联盟成员生产的总产品进行集中销售的想法,随着建立"冶金托拉斯"想法的萌生而被搁置在一边。不过最终的选择如何还悬而未决。

"冶金托拉斯"这一想法是"俄国"委员会在1907年5月8日的第一次会议上提出来的,在这次会议上,亚修科维奇为"托拉斯"的构想摇旗呐喊。在通过他的建议后,委员会还审议了"同意合并"或"预计同意"工厂的名单。第一份名单内包括了239家企业,第二份名单中则是4家。②

建立"托拉斯"也是"国外"委员会的主流观点,Т.隆巴顿在提及1907年7月13日~26日召开的委员会会议时,顺势称其为"俄国冶金托拉斯委员会"。③

正是在这个时候,为建立冶金托拉斯而准备进行谈判的消息传到了俄国媒体的耳中。1907年7月8日,《莫斯科之声》写道:"在冶金行业中有小道消息称,在俄经营的所有外国公司准备就金属生产达成一项协议。协议规定,上述所有公司的工业和商业活动都将在一个董事会中集中处理,并严格实施各公司的专业化生产。与此同时,董事会需要同外国财团签订相关协议,以便组织钢铁产品的对外出口。据悉,距离这一计划的实施还有一段时间,因为该项目的推广程度仍比较低,在德国和英国的一些企业中更是如此。"

不过有待解决的事情还有若干件。将几家股份公司合并成为一家公

---

① ММПР. С. 12-13.
② ЦГИА СССР. Ф. 54. Оп. 1. Д. 205. Л. 103-105.
③ ЦГИА СССР. Ф. 637. Оп. 1. Д. 37. Л. 84.

第三章　新阶段俄国金融资本形成的先决条件

司需要解决一些复杂的问题，首先是要对这些公司资产的实际价值进行评估，这便要求彻底审查他们的事务状况。但困难主要在于如何解决俄国南部最大几家冶金公司的利益冲突：南俄罗斯第聂伯河公司、俄罗斯－比利时公司和新罗西斯克公司。第一家公司由比利时的约翰－科克瑞尔公司控股，第二家公司由比利时兴业银行控股。这些在危机年代仍保持了良好财务状况的公司决定着该托拉斯的命运。法国驻圣彼得堡大使 M. 庞巴迪于 1907 年 12 月 11 日～24 日前寄给巴黎的信中写道："如果能让主宰俄国南部的 4 大公司达成协议：南俄罗斯第聂伯河公司、俄国－比利时公司、新罗西斯克公司和由佐夫斯基公司，托拉斯的筹建就能取得进展。对于建立托拉斯，就法国公司而言（至少在资本方面），以下公司已经决定加入：乌拉尔－伏尔加河流域的查姆林斯基工厂、马里乌波尔的'线螺'制造公司、莫斯科的'古荣'公司。据悉，马凯耶夫卡的亚历山大洛夫斯基工厂和布良斯克的贝日茨基工厂也有加入的意愿，但是德鲁日科夫卡工厂和古塔－班科瓦工厂对此十分抵触。"①

不过，第聂伯河公司和接管俄国－比利时公司利益的比利时兴业银行之间的谈判被搁置了。这个谈判直到 1907 年 12 月 27 日～1908 年 1 月 9 日才完成。双方同意承认他们之间完全平等。T. 隆巴顿在向古荣通报这件事的时候这样写道："他们现在要开始研究由佐夫斯基案了，正如 P. 达西告诉我的那样，亚修科维奇或许没有返回圣彼得堡，而是去了尤扎姆。"②

几天后，T. 隆巴顿告诉梅伊："托拉斯谈判的形势正逐渐好转，我希望谈判能尽快结束。P. 达西和我正在为托拉斯制定一个总体方案，我在下次访问巴黎和布鲁塞尔的时候会向俄方提交这个方案。来自德内普

---

① НАФ. F 30, 340. Копия письма Бомпара－Пишона, переадресованная в Министерство финансов.
② ЦГИА СССР. Ф. 637. Оп. 1. Д. 96. Л. 1. Ломбарде－Гужону.

第一次世界大战前夕的俄国金融资本

罗夫斯基的亚修科维奇先生要去萨尔塔纳待上几天,并顺便参观'线螺'工厂,P. 达西会想办法和他见上一面,并说服他去察里津。"① 不久之后,在寄给比利时兴业银行经理 J. 亚都的信件中提到了这一情况,T. 隆巴顿当时正在收集与预合并工厂生产力相关的信息,以分析合并后可能会带来的经济结果,除了第聂伯河公司和俄罗斯-比利时公司以外,他还提到了顿河-尤里耶夫公司、"线螺"公司、乌拉尔-伏尔加公司、塔甘罗格斯基公司、古荣工厂和赫伯茨工厂(即莫斯科金属厂和圣彼得堡金属厂)。②

正如 P. 日罗所提到的那样,有关建立托拉斯的"原则性协议"于 1908 年 2 月 27 日最终达成,不过遗憾的是,他没有进一步展开协议的具体内容。P. 达西向 T. 隆巴顿发了一份电报来宣布这件事,从第二天 T. 隆巴顿写给梅伊的信来看,对于这件事情,T. 隆巴顿显然没有太多印象。"你会从 P. 达西那儿听到有关托拉斯谈判的最新进展,"T. 隆巴顿这样写道,"谈判目前没什么太大进展,我十分担心这件事会不会被搁置。不过,我得提醒你一句,我对'线螺'公司的关注度要远远超过乌拉尔-伏尔加公司。"③ 第二天,他在回复 P. 达西的电报和信件时安慰了 P. 达西:"不必为你在布鲁塞尔留下的坏印象而灰心丧气。"显然,在布鲁塞尔,他们因对建立托拉斯所持的不同观点而发生了冲突。亚修科维奇所代表的第聂伯河公司提出了一个比 P. 达西和 T. 隆巴顿所构想的方案"更为广泛"的一个方案,他们想要将由法国兴业银行和巴黎联盟银行所资助的 151 家公司以及他们的"古荣伙伴"一同纳入托拉斯。亚都则支持范围更为"狭隘"的托拉斯。他尤其反对古荣加入托拉斯。为了保持内部团结,T. 隆巴顿再一次强调:"我已经给你发过一次电报,和您一样,我更喜欢 6 人的协会。第 6 个成员应当是休斯公司或者顿河-尤里耶

---

① Там же. Д. 42. Л. 7–8. Ломбарде – Мею, 3/16 января 1908 г.
② Там же. Д. 42. Л. 12. Ломбарде – Мею, 8/21 января 1908 г.
③ Там же. Д. 42. Л. 12. Ломбарде – Мею, 17 февраля / 1 мая 1908 г.

夫公司。但是，这件事的决定权不在我们手上，而是在俄国-比利时公司和第聂伯河公司手上，除非我们能说服这2家公司，不然我们只能选择接受这种安排……我实在无法理解亚都佯装质疑法国兴业银行的重要性这件事，因为他是第一批提出其重要性的人。这个问题我也同他交流过。"①

尽管存在各种分歧，但是1908年2月27日~3月11日还是成功签订了一份有关建立托拉斯的协议。② 目前我们还没有这份协议的文本资料，因此很难确定托拉斯的成员数量和具体构成。在文献资料中也没有给出相应的数据。根据 Л. Б. 卡芬卡乌斯的说法，该托拉斯中共包括9家公司（第聂伯河公司、俄罗斯-比利时公司、新罗西斯克公司、"俄国线螺公司"、乌拉尔-伏尔加公司、塔甘罗格公司、顿河-尤里耶夫公司、布良斯克亚历山罗夫斯克工厂和马凯耶夫卡兴业公司）。③ 根据那份存于北方银行的托拉斯拟建方案——"俄国冶金工厂和矿山协会"中的相关内容，该托拉斯中只有5家公司（第聂伯河公司、塔甘罗格公司、俄国-比利时公司、顿河-尤里耶夫公司和马凯耶夫卡兴业公司）。不过，除此以外，该托拉斯还收购了一些别的公司。④ 俄国冶金工厂和矿山协会的股本十分庞大——1.002亿卢布到1.115亿卢布，保税资本为6000万卢布。公司的数目存在多种说法的原因在于，有关筹建托拉斯的工作一直在跟进，在这个过程之中也在不断产生着新的分歧。根据 T. 隆巴顿的信件和电报，第一次分歧产生于5月⑤，不过这次分歧很快就得到了解

---

① Там же. Д. 96. Л. 40. Ломбарде-Дарси, 18 февраля / 2 марта 1908 г.
② Жиро Р. Указ, соч.；ММПР.
③ Кафенгауз Л. Б. С. 222-223.
④ Жиро Р. Указ. соч. С. 482.
⑤ ЦГИА СССР. Ф. 637. Оп. 1. Д. 478. Л. 31-46.

决①，各方同意了6月草案。② 不过由于财政部部长 B. H. 科克夫佐夫正在休假，财政部推迟了5周~6周才审批了草案。③ 与此同时，第聂伯河公司和俄国-比利时公司之间再次产生了争端。这时，P. 达西和 T. 隆巴顿积极投入谈判之中，为挽救托拉斯付出了很多心血。由于第聂伯河公司的主任亚修科维奇拒绝妥协，二人甚至设法让亚修科维奇辞去职务。④ 即便如此他们也难以力挽狂澜：1908年9月底，比利时兴业银行和俄国-比利时公司的负责人宣布他们将拒绝参加进一步的谈判。⑤

各项文献资料都证明了一点，即建立托拉斯的失败，既不是因为政府的反对，也不是因为革命人士的反垄断运动，而是因为托拉斯组织者之间无法调和的矛盾。根本原因虽然不在于此，但这并不意味着建立这样一个组织是可行的。恰恰相反，因为阻碍其成立的因素来自内部，而不是外部，从根本上来说，这些倡议者所敲定的协会组织形式是无法克服这些内部矛盾的。

这些公司从一开始就未能建立起信任，这似乎助长了辛迪加化的势头。这一点在"经销公司"身上体现得尤为深刻，它于1908年底同生产铁皮和异形铁的工厂签订了反竞争协议，以便进一步巩固自身的地位和实力。

不过，很快人们就会发现，筹建托拉斯的过程中所出现的那种趋势，将在俄国的生产、资本筹集中发挥主导作用。

---

① Там же. Л. 51.
② Там же. Л. 58.
③ Там же. Л. 63.
④ Там же. Л. 70.
⑤ ЦГИА СССР. Ф. 637. Оп. 1. Д. 44. Л. 43.

第四章
第一次世界大战前夕经济热潮中的俄国商业银行

1908～1914年俄国信贷体系发展的主要指标可以参见表4-1①。从这些指标来看，股份制商业银行增长迅速，它们在私人信贷机构中占主导地位。互助信贷协会也呈现了较高的增长率，但仍然处于次要地位。

国家信贷机构，尤其是储蓄银行，在这一时期吸收了大量的储蓄。绝大部分的储蓄存入了私人信贷机构之中，尤其是股份制商业银行。

表4-2展现了1900～1914年股份制商业银行的各项重要活动。② 这些股份制商业银行不仅为商品流通提供贷款，还为工业发展提供融资和贷款。就这一点而言，需要简要介绍一下俄国股份制商业银行发展的主要阶段。

---

① Гиндин И. Ф. Русские коммерческие банки. М, 1948; Русские акционерные коммерческие банки по отчетам за 1914 г. Пг., 1915.
② Гиндин И. Ф. Указ. соч.

第一次世界大战前夕的俄国金融资本

表4-1 1900~1914年俄国国家信贷机构和私人信贷机构的资金发展情况

单位：百万卢布，家

年份	国家银行				国家储蓄银行		股份制商业银行			互助信贷协会			城市银行		
	股本	存款和活期账户			数量	存款数额	数量	股本	存款和活期账户	数量	股本	存款和活期账户	数量	股本	存款和活期账户
		国债资金	银行储蓄账户	私人存款	共计										
1900年	53.1	594.0	23.0	195.6	812.6	4781	608.3	39	275.2	547.9	117	37.7	168.1	241	38.9	97.0
1908年	55.0	357.4	53.1	231.1	641.6	6710	1149.2	35	311.2	818.1	304	54.6	228.9	267	48.1	111.0
1914年	55.0	951.2	13.9	263.1	1228.2	8553	1685.4	47	836.5	2539.0	1108	150.9	595.3	317	59.5	198.3
1900~1908年增长值	1.9	-236.6	30.1	35.5	-171.0	1929	540.9	-4	36.0	270.2	187	16.9	60.8	26	9.2	14.0
1908~1914年增长值	0	593.8	-39.2	32.0	586.6	1843	536.2	12	525.3	1720.9	804	96.3	366.4	50	11.4	87.3

注：年份截至每年1月1日。

在俄国股份制商业银行发展的最初扩张阶段，也就是19世纪60年代末至70年代中期，会计业务快速增长并成为其主要的活动方向。股份制商业银行在其成立之初就和铁路公司以及工业企业联系紧密，并不断向它们提供贷款，这也是股份制商业银行在70年代中期陷入困境的一大原因。自那时起，随着存款热潮渐渐褪去，银行经理们不得不紧急限制贷款业务，对发放贷款的对象也越发挑剔。银行的票据贴现业务在1876～1880年几乎减半，并在近10年内都保持在这个水平上，直到19世纪90年代，这项业务才有所起色。这一阶段，股份制商业银行的发展和工业生产的增长几乎没有任何关联。19世纪70年代后半期和80年代，银行将大部分资源投放在了"硬"证券上，也就是由国家和政府担保的铁路债券。

表4-2 1900～1914年俄国股份制商业银行的主要资产结构

单位：百万卢布，%

年份	汇票和次级商品交易（票据贴现、以汇票作为抵押的贷款、次级商品贷款、以汇票和商品为抵押的贷款）	所占比重	担保证券的交易（私人业务、借贷业务、透支业务、彼方账户业务）	所占比重	非担保证券的交易（私人业务、借贷业务、透支业务、彼方账户业务）	所占比重	主要资产总量	所占比重
1900年	602.3	49.4	169.9	13.9	345.1	28.3	1218.9	100.0
1908年	1086.9	62.4	221.7	12.7	284.9	16.3	1742.7	100.0
1914年	2584.2	52.6	381.2	7.8	1619.8	33.0	4913.8	100.0
1900～1908年增长值	484.6	80.5	51.8	30.5	-60.2	-17.8	523.8	43.0
1908～1914年增长值	1497.3	137.8	159.5	71.9	1334.9	468.6	3171.1	182.0

注：年份截至每年1月1日。

19世纪90年代是俄国股份制商业银行建立和银行体系形成的关键阶段。国家经济的繁荣推动了俄国银行的快速发展，特别是工业的飞速增长。银行的主要活动是向迅速发展的商品经济部门发放贷款。这一时期银行的票据贴现、货物贷款和期票业务增加了近 2.5 倍。这些业务的资产增长占股份制商业银行主要资产增长的一半多。此外，在 1900 年，各省银行贡献了约 3/5 的票据交易和次级票据交易额。圣彼得堡银行分行数目的增加强化了其和各省银行的联系（圣彼得堡银行分行的数目约增加了 2.5 倍多）。圣彼得堡银行先前主要负责国家担保证券的相关业务，同各省银行几乎没有什么联系，但现在旗下的业务逐渐覆盖整个俄国。到 1900 年，在股份制商业银行的活跃业务中，证券业务已经退居二线，取而代之的是票据业务和次级商品贷款业务，但整体来说，证券业务仍是银行最为重要的业务。不过这项业务的内容发生了一些变化。90 年代，银行交易的主要对象是无担保证券，主要是工业资产。在空前的工业繁荣和随之带来的股东爆炸式增长的背景之下，银行在创建新公司、分配资本以及额外发行现有公司股票债券方面还是发挥了重要作用。

19 世纪 90 年代末的危机让俄国不少从事工业产权交易的股份制商业银行感到措手不及。在这些银行的投资组合之中，股票数目太多，难以出售。由此而带来的损失让一些银行彻底破产。那些破产的银行大多规模较小。在国家银行的支持下，大型银行还是设法渡过了难关。大型银行缩减了工业融资的数额，继续发展并巩固了商品贸易贷款，并让该业务扩展至国家的边缘地区和一些受危机影响较小的经济部门。

随着新的经济热潮的到来，俄国经济状况逐渐好转，股份制商业银行在增加商品贸易贷款的同时，对工业融资的态度也越来越积极。

И. Ф. 金丁在其《俄罗斯的商业银行》一书中详细地分析了第一次世界大战前经济好转期间俄国股份制商业银行的活动，直至今日，该书仍是研究这一问题的重要参考著作。其结论如下所示。

股份制商业银行在俄国信贷机构中的主要功能是发放贸易贷款。在

1908～1913年，股份制商业银行票据业务和次级商品贷款业务的增长率是商品流通速度的3倍，这证明了股份制商业银行对贸易的渗透程度进一步加深了。在此基础上，货物抵押贷款业务和票据贴现业务都有着进一步的发展。

不过，在第一次世界大战前的经济热潮期间，股份制商业银行对工业增长的资助是其发展特征形成的最重要因素。И.Ф.金丁在对1908～1913年的相关数据进行初步估算时指出，"银行为重工业和其他部门的大型企业提供融资服务，这笔金额与其持股资本的增长量十分接近"，即超过了7亿卢布。①

И.Ф.金丁提出："在这6年里，工业金融业务的蓬勃发展推动了圣彼得堡银行各业务的迅速发展，信贷系统对首都各银行来说越来越重要。"② 圣彼得堡各银行的地位急剧上升。"其他的股份制银行——莫斯科的银行和部分波罗的海沿岸银行的业务范围仍较为狭隘，"И.Ф.金丁进一步指出，"各省级银行几乎全部消失了。"③ 圣彼得堡的几家大型银行是当地银行业务增长的主力军，这些银行的发展反映了俄国银行垄断和金融资本形成的总趋势。

而这些大型银行也正是我们接下来要进一步分析的对象。

第一节 俄国大型银行的发展状况

笔者将从当时俄国最大的两家银行开始谈起，即圣彼得堡国际银行和俄国对外贸易银行。这些银行在俄国的经济生活中发挥了极为重要的作用，但是在留存下来的资料中这一点却鲜有体现，因此，此处我们把

---

① Гиндин И. Ф. Указ. соч. С. 333-336.
② Там же. С. 178.
③ Там же. С. 200.

二者放在一起来研究。从时间上来看，苏联中央国家档案馆馆藏的圣彼得堡国际银行档案文献中的大部分文献都在19世纪80年代到90年代之间。银行在此之后的活动就鲜有记载了。只有部分20世纪初的银行年度报表和股东名单得以保留。

根据银行的报表，20世纪初期资金数额和活跃业务数量迅速增长。[1] 截至1908年，圣彼得堡国际银行的股本为2400万卢布。在经济热潮期，这个数字增长了3次：1909年为3000万卢布，1911年为4800万卢布，1914年为6000万卢布。同一时期，该银行的储备资金从1200万卢布增长到了3000万卢布。

银行此时的存款和活期存款增长额甚至更大，从1908年12月31日的8310万卢布增长到1913年12月31日的2.648亿卢布，也就是增加了足足两倍。

1909~1913年，圣彼得堡国际银行的利润超过3000万卢布。但与此同时，银行为了克服危机而注销的坏账约为1300万卢布。

众所周知，圣彼得堡国际银行和两家德国银行——德国贴现银行和汉德尔工业银行之间有着很深的历史渊源。1909年这两家德国银行牵头的财团对圣彼得堡国际银行进行了增资。这两家银行同布莱克雷德银行、门德尔松银行和加尔迪银行等各大银行组成了一个财团，为圣彼得堡国际银行的下两期股票配售提供担保。[2]

苏联中央国家档案馆中的圣彼得堡国际银行馆藏文件中包括了银行提交的股东大会参会人员的正式名单，该名单中并没有详细说明这家银行背后的控股方究竟有哪些。首先，银行发行的股份中通常只有一小部分会提交至股东大会。[3] 其次，在上述名单之中，除了董事会成员、管理

---

[1] ЦГИА СССР. Ф. 626. Оп. 1. Д. 14, 16, 20（отчеты）. Д. 11, 18（списки акционеров）.
[2] Ронин С. Иностранный капитал и русские банки. М., 1926. C. 62.
[3] 根据章程规定，股东若要参与股东大会，其股份应占总股数的1/5以上。

第四章　第一次世界大战前夕经济热潮中的俄国商业银行

委员会成员、银行董事会中的工作人员以及一些我们从其他资料中获取的银行家和实业家的名字之外，还包括了数百个过往资料中从未出现过的姓名。这些人既有可能是银行的有效股东，也有可能是空壳股东——即在董事会会议前夕被临时分配一部分股份以便投票的股东。

幸运的是，在档案资料中，除了正式的股东名单之外，还包括了几份名单草稿，银行的工作人员在这上面做了笔记——直接说明了各股东所拥有的股份。在1908年、1911年和1913年的资料中，我们都找到了类似的名单草稿。[①] 从笔记来看，20%~30%提交至股东大会的股票之前都存放在银行的库房、通讯员仓库或是董事办公室以及莫斯科和基辅的分行。这些股份大多由董事会成员、银行领导以及同这些人员关系亲密的人来代理。

其他银行和银行机构也派代表参加股东大会，这些代表中不少人持有圣彼得堡国际银行理事会颁发的授权书。1908年3月26日的股东大会就是这样，参与大会的有巴黎-荷兰银行（1298股），布莱克雷德银行（150股）、德国贴现银行（1434股）。

1908年3月26日和1911年3月26日的股东大会中的股东构成和股份分配状况十分相似。而1913年11月13日，为进一步增加巴黎国际银行的资本而召开的第二次特别大会则和前两次股东大会不同。此时，银行发行的股票总数达到了192000股。提交至股东大会的共有72751股，其中能够行使表决权的股票共有471股。1913年11月13日，股东大会中的其他参会银行代表数少于平时圣彼得堡国际银行董事会和管理层的代表人数。这些银行的代表手中差不多只掌握了12%的股份和23%的投票权。不过在这次会议上，德国贴现银行显然下定决心要展示自身实力。除了向股东大会提交了其所持的近3802股股权之外，银行

---

① ЦГИА СССР. Ф. 626. Оп. 1. Д. 11. Л. 122 – 126，128 – 130，170 – 178；Д. 18. Л. 47 – 51а.

的 30 名股东还出示了他们所持的股份授权书——共计 9846 股。因此，德国贴现银行及其委员会获得了近 28% 的投票权。除此之外，德国贴现银行还在德国市场上配售圣彼得堡国际银行的合作伙伴，即门德尔松银行和布莱克雷德银行的股票，这两家银行拥有的股份约占 20%，但是两家银行分 5 个方面向股东大会提交了自己的股份，因此只获得了 5% 的选票。

这也证明了，德国贴现银行在这次股东大会上的行动并没有违背圣彼得堡国际银行董事会和管理层的意愿。德国贴现银行和圣彼得堡国际银行在行动上保持了一致。德国贴现银行背后实力强大，因此其合伙人无须为其股份是否能获得最高票数而担心。由德国贴现银行领导的财团决定进一步增加银行股本并发行新的股票，或许是受这项决定的影响，圣彼得堡国际银行和德国贴现银行的负责人决定彻底铲除股东大会上的反对声音。也正因如此，德国贴现银行对其客户的股份进行了微调，以此来声援圣彼得堡国际银行。

1913 年 11 月 13 日召开的股东大会上的权力制衡表明了，德国贴现银行及其合伙人有权控制圣彼得堡国际银行的活动。但是，从事圣彼得堡国际银行活动相关研究的学者始终无法找到能证明这种"控制"存在的证据，这一问题还有待解决。只能说，前人著作和文献中所提出的各种论断目前来说还只是假设。

圣彼得堡国际银行的报表反映了它的主要活动，从报表来看，圣彼得堡国际银行可以说是 20 世纪初俄国银行的一个典型代表。圣彼得堡国际银行最重要的活跃业务包括票据贴现业务、以货物或是贸易义务为担保贷款形式的商品流通贷款业务以及证券业务。

票据贴现可能占银行资产的绝大部分，且利润很高。1908 年 12 月 31 日～1913 年 12 月 31 日，票据贴现量翻了一番，贴现的利润增加了两倍。然而在这 5 年里，票据贴现业务在银行活跃业务中的比重稍稍有所下降，

第四章　第一次世界大战前夕经济热潮中的俄国商业银行

从 23% 降到了 20%。票据贴现业务的一大典型特征是，它需要在银行分支机构之中进行，1908～1913 年，该业务在银行分支机构中所占的份额从 64% 增加到 79%，而这些银行分支机构对银行贴现业务的贡献占比从 63% 增加到了 89%。

商品贷款业务和证券交易业务最重要的实现形式为透支贷款和商业往来账户。这些交易高速发展着，特别是透支贷款形式的证券交易，其利润增长的速度甚至超过了贴现业务。在 1913 年，这两项业务的地位所差无几。①非担保证券下的透支贷款业务和商业往来账户数量的增长表明，圣彼得堡国际银行此时正积极地替股份公司融资。但是由于圣彼得堡国际银行遗失了部分该时段的文件，这一问题的研究就变得极为困难。根据其他资料，20 世纪初圣彼得堡国际银行对 20 多家工业公司抱有兴趣。其中有 6 家公司受银行控制。这 6 家公司分别为：俄国哈特曼机械制造公司、尼科波尔—马里乌波尔采矿和冶金公司、俄国黄金工业公司、比比—黑巴德石油公司、莫斯科玻璃工业公司和雷维尔斯科酒业合作公司。共有 10 家公司与银行进行联盟并且与之相关的资料得以保存（布良斯克轧铁、铁路和机械制造公司、А. И. 普迪罗夫工业公司、亚历山大罗夫斯基钢铁公司、乌拉尔—伏尔加冶金公司、"钢铁"公司、图拉轧制铜和弹壳制造公司、俄国"西门子和哈尔克斯"电气公司、俄国联合公司、"电力"公司和"重油"公司）。文献资料显示，圣彼得堡国际银行在 7 家公司中的利益较为复杂（这 7 家公司分别为：库达科公司、布拉罕斯基公司、曼塔舍夫合作公司、俄国石油工业公司、里洛夫斯基煤炭公司、布尔什维克制造公司、"吉尔斯和迪特里希"制造厂）。②

但是并非所有的公司都挺过了危机年代。"钢铁"公司、库达科公司、亚历山大罗夫斯基钢铁公司、布拉罕斯基公司和乌拉尔—伏尔加公

---

① Там же. Д. 14, 16, 20 (отчеты, счета прибылей и убытков).
② Бовыкин В. И. Зарождение финансового капитала в России. М., 1963.

第一次世界大战前夕的俄国金融资本

司没能挺过去,最终被清算。不过,绝大部分公司都挺了过来。既然这样,银行是否保留了在这些公司的权益?想要找到这一问题的答案,并弄清楚银行还建立了哪些新联系,我们需要查阅银行与企业的个人联系。银行的代表——董事会成员或者银行高级员工出席公司的董事会,是银行参与公司的一大标志。[1]

在 1914 年圣彼得堡国际银行的关系网中,它和哈特曼机械制造公司、尼科波尔—马里乌波尔采矿和冶金公司、俄国黄金工业公司、比比—黑巴德石油公司、图拉轧制铜和弹壳制造公司、"西门子和哈尔克斯"电气公司、曼塔舍夫合作公司和里洛夫斯基煤炭公司之间保持着利益往来。从某种意义上来说,这一关系网还表明银行发展了新的利益关系——科隆姆纳工业公司、"索尔莫沃"公司、俄国炮兵工厂、"雪佛兰—雪铁龙"公司、恩巴—里海石油公司、通用电气公司(它在 1905 年兼并了俄国联合公司)、电力照明公司(1886 年)、蒙古罗尔公司、原伊万尼茨公司、马林斯基金矿公司、电力公司、库茨涅茨克煤矿公司和巴库石油公司。此外,从董事会成员名单和文献中出现过的代表圣彼得堡国际银行利益的人员来看,银行还同一些工业公司——尼古拉耶夫造船和机械铸造公司、俄国造船公司、俄国蒸汽机车生产和机械制造工厂、俄国—比利时公司、拉博特尼克公司、А. И. 普迪罗夫工业公司、上伏尔加公司、法俄工厂、贝克尔公司、布瑞尔公司、诺贝尔兄弟石油公司以及北方玻璃制造厂等其他公司有所联系。[2] 不过圣彼得堡国际银行同这些工业公司之间联系的性质需要我们进一步深入研究。

除此之外,从圣彼得堡国际银行的个人持股状况来看,它还投资入

---

[1] Бовыкин В. И., Шацилло К. Ф. Личные унии в тяжелой промышленности России накануне первой мировой войны // Вестник Московского университета. Серия история. 1962. № 1. С. 55 – 59.

[2] Акционерно - паевые предприятия в России. СПб. 1914 г.

第四章　第一次世界大战前夕经济热潮中的俄国商业银行

股了波尔塔瓦土地银行、两家保险公司（分别为俄国保险公司和圣彼得堡保险公司）、4家铁路公司（分别为莫斯科—温达沃—里宾斯克铁路公司、科尔丘金斯基铁路公司、波多利斯基铁路公司和黑海铁路公司）。①

值得注意的是，圣彼得堡国际银行在两家总部设在伦敦的公司——勒拿金矿公司和俄国石油总公司的董事会中派设代表，这一点我们将在后文讨论。

通过对圣彼得堡国际银行个人账户进行分析，我们能够得出与该银行投资状况有关的结论，要想对这项结论的数据来源进行进一步的验证或完善，可以借助圣彼得堡国际银行年度报表中银行所持证券的相关数据。不过有一点需要明确，即在银行的投资组合中是否只有一家公司的股票或债券，这本身并不能作为判断银行是否在该公司中攫取了绝对利益的依据，同理，也不能作为判断银行利益同公司利益是否互相冲突的凭证。银行收购股份公司的股息或者计息证券，可能是出于某种投机目的，也有可能是偶然之举。此外，即便银行的投资组合中不包括该公司证券，银行也可以借助其他的手段来对该股份公司实行控制。

1908～1913年，圣彼得堡国际银行投资组合中所持有的工业资产主要是上文中提到的那些与银行私人关系密切的公司的股票和债券。不过，莫斯科机车制造公司和К.П.费多罗夫斯基制糖公司的持股额是个例外，1911～1913年，银行所持有的这两家公司的股份主要集中在其分支机构中。

就抵押的贵重物品而言，不仅有上文中所提到的波尔塔瓦土地银行的抵押贷款，还有一些其他银行的抵押贷款。在圣彼得堡国际银行的投资组合中一直都包含波尔塔瓦土地银行的抵押贷款（其价值波动很大，幅度每年约为72.5万卢布）。与此同时，1909年圣彼得堡国际银行所拥有的其他

---

① A. M. 索洛夫耶娃根据这些协会的报表和其他一些出版书籍确定了1914年铁路协会理事会的组成，但在上述目录中没有提到相关内容。

第一次世界大战前夕的俄国金融资本

抵押贷款的银行分别为：莫斯科土地银行（年均 80 万卢布）、贝萨拉比—陶里亚土地银行（40 万卢布）、自 1910 年开始投资的顿河土地银行（150 万~80 万卢布）。① 与圣彼得堡国际银行有所联系的 2 家保险公司，出现在圣彼得堡国际银行投资组合中的只有 1 家——俄国保险公司，而且这一投资开始于 1911 年，且投资数目很小（平均每年 18.5 万卢布）。

在圣彼得堡国际银行的投资组合之中，除了上文所提到的莫斯科—温达沃—里宾斯克铁路公司的债券和股票，自 1908 年起，还包括东南铁路公司、梁赞—乌拉尔铁路公司、莫斯科—基辅—沃罗涅日铁路公司的股票；自 1909 年起，还包括弗拉季卡夫卡兹铁路公司的股票；自 1911 年起，还包括第一铁路公司的股票。银行分别于 1909 年和 1912 年向北顿河铁路公司和波多利斯基铁路公司派驻了股份代表。②

以上这些数据基本上能够说明圣彼得堡国际银行的投资状况，不过从该银行的投资组合来看，它可能同铁路公司存在着更广泛的联系。

**

俄国对外贸易银行是圣彼得堡众银行中最为神秘的一家。甚至在苏联中央国家档案馆中都找不到它的年度报表。虽说年度报表缺失的实际影响并不大，但是由于还缺失了股东名单、董事会和理事会会议纪要，以及几乎完全缺失银行主管部门的往来信件，我们难以确定其整体面貌并研究其业务范围，整个研究也因此变得异常困难。

在第一次世界大战前的经济热潮初期，俄国对外贸易银行的股本是 3000 万卢布。从 1909~1914 年，这个数字翻了一番，总共增加了 3000 万卢布，总金额达到了 6000 万卢布，这样一来，俄国对外贸易银行的股

---

① ЦГИА СССР. Ф. 626. Оп. I. Д. 14, 16, 20.
② Там же.

第四章　第一次世界大战前夕经济热潮中的俄国商业银行

本就几乎与圣彼得堡国际银行持平了。

但是，正如1909~1913年俄国对外贸易银行的报表①中所呈现的那样，虽然银行的有价证券业务出现了一定的增长，但是在其活跃业务中占主导地位的还是票据贴现业务和商品贷款业务。И. Ф. 金丁在描述俄国对外贸易银行的这一特点时指出："俄国对外贸易银行与俄国其他银行略有不同，它对工业的投资相对较少。"②

与圣彼得堡国际银行一样，俄国对外贸易银行也是在德国银行的参与下成立的，并且还和德国银行保持着密切的联系。第一次世界大战前，俄国对外贸易银行三次发行股票都是在以德意志银行为首的银团之担保下进行的。③ 根据 C. 罗尼所使用的俄国财政部信贷科和新闻报刊中的文献资料，俄国对外贸易银行约有一半的新股放置在了"国外，且有充足的理由相信是在德国"。和 П. В. 奥尔一样，С. 罗尼同样认为"德国银行在俄国对外贸易银行中所占的资本份额不低于40%"④。

目前为止，我们要在这二人所做结论的基础上继续推进研究仍比较困难。学界目前对俄国对外贸易银行与德意志银行以及其他德国信贷机构之间关系的定性还比较模糊。

学界对俄国对外贸易银行活动的定性也同样较为模糊。И. Ф. 金丁曾指出："和这家银行的名字正好相反，俄国对外贸易银行并不是一家专门从事对外贸易贷款的银行。"⑤ И. Ф. 金丁的话不无道理，事实的确如此。И. Ф. 金丁这句话对过往文献中有关俄国对外贸易银行活动领域的相关论述进行了很好的概括。不过学界的普遍看法还是认为这家银行的主要活

---

① 俄国对外贸易银行的报表收藏在列宁图书馆中。
② Гиндин И. Ф. Указ. соч. С. 364.
③ Ронин С. Указ. соч. С. 61.
④ Гиндин И. Ф. Указ. соч. С. 364.
⑤ Китанина Т. М. Хлебная торговля России в 1875 – 1914 гг. Л., 1978. С. 155 и сл.；ЦГИА СССР. Ф. 599. Д. 54（ведомости оборотов хлопка）.

第一次世界大战前夕的俄国金融资本

动是贸易贷款。

　　文献资料中零星的数据证明了，在第一次世界大战前夕，俄国对外贸易银行在粮食和棉花贸易中发挥了重要作用。① 就这一方面而言，俄国对外贸易银行和沃高公司之间开展的合作也值得一提。②

　　俄国对外贸易银行的现存档案向我们展示了它与工业的关系。在1911年底的工业融资上，它显然落后于其他各大银行。从90年代初俄国对外贸易银行和工业企业的双方关系来看，它对工业的投资主要是"合作伙伴"式的，即在为这些工业企业融资的过程中，俄国对外贸易银行通常是借助其他银行的合作伙伴这一身份发挥自身的作用。③ 苏联中央国家档案馆馆藏的俄国对外贸易银行银团参与凭证，银行对某个领域产生兴趣时，就会按照惯例同其他信贷机构开展合作，该银行至少在俄国的一个工业分支中占据了主导地位——制糖业。革命前，学者们便注意到了俄国对外贸易银行对制糖业的兴趣。И. Ф. 金丁的研究在20世纪20年代引起了轰动。根据他的计算，截至1915年，俄国对外贸易银行投资的制糖企业，其制糖产量占全俄制糖总产量的30%。④ 根据档案资料，俄国对外贸易银行对俄国银行进军制糖业起了积极作用。特别是，它领导了建立俄国银行对"布罗茨基案"领导权的1912～1913年运动。

　　不过，正如俄国对外贸易银行的银团账簿中所显示的那样，俄国对外贸易银行更愿意成为那些工业公司证券业务的参与者，而不是这些业务的负责人。它只管理了少数几个辛迪加，并向这类公司配售新股，也购买旧股出售，银行的档案文件提到了若干个它在1912～1914年参与的

---

① История монополии Вогау（торгового дома《Вогау и К0》）. Материалы по истории СССР. Т. VI. М.，1959.
② Бовыкин В. И. Зарождение финансового капитала в России. М.，1963.
③ Гиндин И. Ф. Банки и промышленность в России по 1917 г. М.；Л.，1927. С. 163.
④ ЦГИА СССР. Ф. 599. Оп. I. Д. 385，386，387.

第四章　第一次世界大战前夕经济热潮中的俄国商业银行

辛迪加。①

其中两本账簿显示了俄国对外贸易银行对"凤凰"机车和机械制造公司有兴趣——银行购买了贝洛列茨克铁路公司和莫斯科冶金合作公司的股票，这表明俄国对外贸易银行参与到了这些公司的运营之中，而这些公司受沃高公司控制。除此之外，购买股票的行为还体现出了银行和这两家公司的关系。俄国对外贸易银行的银团账簿还印证了一些在文献资料中出现过的已知事实，即该银行在1912~1913年参与了成立于英国的卢森通用石油公司和卢森烟草公司。②

从俄国对外贸易银行的私人关系网中可以看出，它与"索尔莫沃"合作公司、圣彼得堡机车制造合作公司以及圣彼得堡皮革加工公司存在联系。与此同时，从银行的私人关系网中还可以看出，它对贝萨拉比—陶里亚土地银行、俄国劳埃德保险公司、俄罗斯科特拉斯—阿尔汉格尔斯克—摩尔曼斯克轮船公司感兴趣。③

在银行行长 В. И. 季米里亚泽夫的帮助下，俄国对外贸易银行和英国拉申矿业公司和勒拿金矿建立了联系，他本人还担任了这两家公司的董事会主席。

当我们在分析俄国对外贸易银行的活动时，还需要考虑到，俄国对外贸易银行的投资组合中包括了大量特洛茨基铁路公司、罗斯托沃—弗拉季卡夫卡兹铁路公司、莫斯科—基辅—沃罗涅日铁路公司和波多利斯基铁路公司、基辅土地银行、别萨拉布斯科—塔夫里切斯基土地银行以及俄国第一保险公司的股票。

亚速-顿河银行的相关档案资料保存得就比较完整。这些档案目前

---

① 1912~1914 年，俄国对外贸易银行经营这一个银团：（1）"凤凰"机车和机械制造公司，共12000股股票；（2）阿塞林水泥厂公司，共8000股新股；（3）帕什科夫的贝洛列茨克铁厂公司，共20000股新股；（4）莫斯科金属合作公司，共6000股股票。
② Там же. Д. 387. Л. 11–13; Д. 389. Л. 14, 25.
③ Акционерно-паевые предприятия в России.

第一次世界大战前夕的俄国金融资本

收藏于苏联中央国家档案馆中，其中囊括了银行董事会的各类行政文书：股东大会档案（包括年度报表和董事会报告、股东名单、会议纪要）、理事会和董事会的会议纪要、业务记录、会计资料和银行分支机构的活动记录。这份档案文件中包括一套独一无二的文件——寄给银行董事会主席 Б. А. 卡门克的信件，以及 Б. А. 卡门克回信的副本。这些文件按照通讯录进行分类，有远房亲戚寻求支持和物质援助的请求信，有银行雇员的请愿书，有银行分行主管的报告书，还有俄方同外国银行负责人以及工商业人士的往来信件。[①] 不过亚速-顿河银行的档案资料中还是遗失了一部分文件。比如说，只有1910年致 Б. А. 卡门克的信件集里包括了从"А"到"Я"的所有通信者，而其他年份的部分信件丢失了。有关银行业务的材料也残缺了。不过总体来说这套资料还是比较完整、较为丰富的。

早在20世纪20年代，И. Ф. 金丁就开始对这份档案资料进行研究。他在《俄国的银行与工业》一书中发表了自己对亚速-顿河银行工业金融融资业务的研究成果，在研究过程中他选取银行会计记录作为分析样本，对这个问题进行了全面考察，因此，此处笔者将使用他的研究成果来进行论述。

在具体论述之前，有必要先简要介绍一下亚速-顿河银行的整体特点。和前两家银行不同的是，前两家银行自成立以来一直都在首都经营，而亚速-顿河银行在1871年成立于塔甘罗格，它是从省内一步步发展起来的。直到1903年，它才将其董事会迁到了圣彼得堡。就资本而言，亚速-顿河银行比不上当时圣彼得堡的一些银行，但和那些银行不同的是，它并没有因为危机而遭受巨大损失。到1909年，这家银行的股本已经基本接近当时圣彼得堡最大的银行——圣彼得堡国际银行

---

① ЦГИА СССР. Ф. 616. Оп. 1. Д. 190-207.

第四章 第一次世界大战前夕经济热潮中的俄国商业银行

（其股本为2000万卢布，储备资本为1220万卢布）。在存款和往来账户方面，亚速-顿河银行甚至比圣彼得堡国际银行还要多（8410万卢布）。①

1909~1913年，亚速-顿河银行的股本达到了5000万卢布，存款和往来账户达到了2.116亿卢布，贷款和会计业务量增加了1.5倍多。就结构而言，亚速-顿河银行和圣彼得堡国际银行区别很小，二者的区别主要体现为，亚速-顿河银行的票据贷款和货物贷款份额要高于圣彼得堡国际银行，但有价证券的份额则比较低。亚速-顿河银行在同业往来业务方面也落后于其他银行，这表明其银团的业务范围比较小。② 因此，同圣彼得堡国际银行相比，亚速-顿河银行从某种程度上来说对工业融资的参与度较低，对贸易融资的参与度较高。

亚速-顿河银行的股本来源问题较为复杂。在1908~1913年，这家银行曾在法国埃斯孔国家银行和马赛商业银行的协助之下4次发行股票。③ 自1911年起，银行的股票正式在巴黎证券交易所上市。因此，我们推测亚速-顿河银行的很大一部分股本位于法国。根据П. В. 奥尔的计算结果，1915年法国对该银行的投资额高达1000万卢布。④ C. 罗尼在对俄国财政部信贷科的相关资料进行梳理后得出的结论是：法国方面对亚速-顿河银行的投资额至少有1250万卢布。⑤ 笔者发现，在1919年于法国登记的俄国证券材料中包含了亚速-顿河银行的股份，其金额（按面额）为1950万卢布。⑥

亚速-顿河银行的股票还投放到了德国。自1910年起，该银行的股

---

① Там же. Д. 25, 35, 41, 51, 60, 64 (отчеты банка за 1908–1913 гг.).
② Балансы банка в упомянутых выше делах.
③ Ронин С. Указ. соч. С. 76.
④ Оль П. В. Иностранные капиталы в России. Пг., 1922.
⑤ Ронин С. Указ. соч. С. 77.
⑥ Национальный архив Франции (далее: НАФ) F 30. 1091.

第一次世界大战前夕的俄国金融资本

票在柏林证券交易所上市。亚速－顿河银行股票的上市得益于汉德尔工业银行、柏林商业公司和德意志银行的帮助。但是，C.罗尼认为，"就我们目前所掌握的数据而言，还不能完全确定德国的这些银行和公司参股了亚速－顿河银行。不过有一点可以肯定，那就是在亚速－顿河银行中，德国资本的占比要低于法国资本。"[1]

现存的亚速－顿河银行的档案资料中包含了每年股东大会的出席名单，名单的版本是我们在上文中论述过的内部版本[2]，通过对这份名单的研究，我们能够得知哪些人在会议上起主导作用。和圣彼得堡国际银行的股东大会相比，亚速－顿河银行的股东大会在人数上更少。其股东大会的参与者，从人员持股量上来看比较稳定，每个人的持股量不足银行股本的1/5，因此在召开每次股东大会的时候，公告上还需要加上一个"二级"会议的日期，以防"一级"会议上的票数不足。[3]

我们在对1909～1914年亚速－顿河银行股东大会参与者的状况进行分析后能够发现，会议上绝大部分股份和投票权都掌握在银行董事会、管理委员会和修订委员会成员手里。"外部"股东，即那些非银行管理机构的人，很难持有大量股份。在1909年4月8日的股东大会上，汉德尔工业银行的代表Э.兰兹戈夫就是亚速－顿河银行的一名"外部"股东。自1912年起，他便成为亚速－顿河银行股东大会上的常客，他所拥有的股份大约相当于5张选票。至于其他的外国银行，比如说国营公社、马赛商业银行、柏林商业公司，通常，这些银行中的亚速－顿河银行股份的持有者会将代理权转交给各自银行的主管部门。然而，在1914年3月27日的股东大会上，代表汉德尔工业银行出席股东大会的不是Э.兰兹戈

---

[1] Ронин С. Указ. соч. С. 77-78.
[2] ЦГИА СССР. Ф. 616. Оп. 1. Д. 34. Л. 8; Д. 39. Л. 6-7; Д. 40. Л. 3, 20; Д. 59. Л. 4-5; Д. 67. Л. 5-6, 62, 65-67; Д. 63. Л. 86-87.
[3] 第二次股东大会可以提交任意数量的股份。

第四章 第一次世界大战前夕经济热潮中的俄国商业银行

夫,而是 Б. А. 卡门克。这表明汉德尔工业银行并不打算一家独大。① 这样看来,那些外国银行要么没有机会,要么认为它们不适合在亚速-顿河银行的股东大会上发号施令。

O. 威尔特于 1911 年当选为亚速-顿河银行的董事会成员,他的当选无疑和银行的海外股票配售计划相关。O. 威尔特曾担任过北方银行的董事,他也是北方银行在亚速-顿河银行的代表。而现在,在亚速-顿河银行的董事会上他应该代表一些外国银行的利益。但是他代表的究竟是哪家银行呢?不过,他作为一名经验丰富的专家,现在受雇于亚速-顿河银行,也不是没有可能。

至于亚速-顿河银行中的法方代表,通过查阅外交部和法国财政部在 1913 年巴黎证券交易所接收下一批银行股份时的通信文件,我们能清楚地找到答案。外交部部长要求亚速-顿河银行在"监事会中给予法方更重要的职位",对此财政部部长解释道,虽然在亚速-顿河银行的董事会中已经有两名法国商界的代表,即 M. 莱格拉夫和前法国驻俄国领事 R. 米琼,但是他依旧希望对那些帮助亚速-顿河银行股票在巴黎证券交易所上市的法国银行给予更多的关注,希望将来在亚速-顿河银行的董事会中"能够有第三个法国席位"。②

从上文中所提到的法国财政部信件档案中可以看出,M. 莱格拉夫承认他受邀进入了亚速-顿河银行的董事会,"以推动 1912 年 6 月在巴黎证券交易所上市现有的 160000 股股票"。至于 R. 米琼,在亚速-顿河银行行长 Б. А. 卡门克本人的倡议下,他入选了银行的董事会。法国财政部从未提出过在亚速-顿河银行董事会中引入第二个法国代表的问题。M. 莱格拉夫认为,获取亚速-顿河银行新一批股票上市许可这件事和向董

---

① ЦГИА СССР. Ф. 6. Оп. 1. Д. 79.
② Архив МИД Франции (далее – ДАФ). Россия 61. Л. 139 (письмо Ш. Дюмона – МИД, 12 ноября 1913 г.); НАФ. F 30, 336 (отпуск письма Ш. Дюмона).

事会中引进一名法国人一事并不相干,因为新上市的这批股票只是上述这 16 万股票中的一小部分。M. 莱格拉夫在描述巴赞对这件事的看法时这样写道:"巴赞先生对俄国金融界十分了解,他认为目前绝对不能要求在董事会中获得一个新的席位,他还认为这样的提议会在圣彼得堡的银行圈内产生不良影响。"①

还需要补充一点,即根据亚速-顿河银行董事会的记录,M. 莱格拉夫在董事会期间从未出席过任何一场会议。②

在亚速-顿河银行的档案中,有一份档案比较奇怪,其中提到亚速-顿河银行的领导对于银行的股份在哪并不知情。这是一张未注明日期的纸条,从内容上来看,其日期应该在第一次世界大战之前,纸上写着董事会主席 Б. А. 卡门克受指示起草了一份该银行法国股东的名单。③

文献资料中所提到的亚速-顿河银行股票去向的特别之处在于,它们分散在各小型"持股人"手中,因此银行的管理层要通过控制这些小型"股票"来实现对股权的控制。И. Ф. 金丁通过计算得出,在 1914 年初,亚速-顿河银行用于抵押贷款的证券组合中有 8000~9000 股是银行自有股票。④ 这一股权完全由银行董事会所持有,约占 1914 年 3 月 27 日提交至股东大会的股份数量的 1/3。然而,正如现存的该场股东大会的出席股东名单所显示的那样,银行的经理们不愿意使用抵押给他们的股份。他们使用的是从其他银行——莫斯科商业银行、伏尔加—卡马银行、俄国对外贸易银行、圣彼得堡贷款和贴现银行借来的股份。⑤ 因此,银行经理手中的股份储备较为丰富,大大增强了他们的话语权。

---

① НАФ. F 30, 336. Леграв - Министру финансов, 5 ноября 1913 г.
② ЦГИА СССР. Ф. 616. Оп. 1. Д. 71.
③ Там же. Д. 46. Л. 24-26.
④ Гиндин И. Ф. Банки и промышленность... С. 111.
⑤ ЦГИА СССР. Ф. 616. Оп. 1. Д. 79.

第四章　第一次世界大战前夕经济热潮中的俄国商业银行

**

圣彼得堡国际银行在19世纪下半叶就建立了股份制公司。而当时的亚速－顿河银行既没有和工业企业，也没有和其他股份公司建立联系。亚速－顿河银行在20世纪初向工业界进军。亚速－顿河银行当时业务的档案资料生动形象地表明了，在危机年代，银行是如何接管并影响公司经营的。银行通过向这些公司提供贷款，实现了对它们的控制。而且银行也十分乐意购买这些公司的债务。除此之外，银行还动用了其他手段。

第一批置于银行控制之下的公司是韦尔赫尼普罗夫斯基冶金公司和叶卡捷琳诺斯拉夫斯基钢铁公司[①]。渐渐地，对银行产生依赖性的公司范围扩大了：南俄盐业公司、A.奥尔巴赫水银公司、亚速煤炭公司、顿河水泥制造公司、沙普沙德烟草合作公司[②]等都处于亚速－顿河银行的控制之下。

亚速－顿河银行在接管这些规模相对较小的公司之后（绝大部分公司此前受外资控制），开始慢慢接管更大的公司。第一个被亚速－顿河银行所接管的大型公司是塔甘罗格冶金公司，1896年该公司由比利时方出资成立。1905年，为了避免破产，其债权人（其中亚速－顿河银行发挥了重要作用）迫使公司的比利时股东将塔甘罗格公司的股票面值减少90%。亚速－顿河银行在收购完这些贬值的股份并支付完与塔甘罗格约定的贷款后，摇身成为该公司的大股东。在这之后，亚速－顿河银行还试图排除顿河—尤里耶夫公司和阿列克谢耶夫斯基矿业公司中的外国资本。[③]

---

① Там же. Д. 514, 5518, 519, 537.
② Там же. Д. 524, 535, 540, 548, 572, 626.
③ ЦГИА СССР. Ф. 616. Оп. 1. Д. 516, 703, 715.

第一次世界大战前夕的俄国金融资本

　　随着国家经济形势的好转，亚速－顿河银行的行动越来越具有针对性。它先是获得了那些陷入困境的公司的控制权，接着对这些公司进行重组并在此基础上建立新的股份制公司。同样，这一方案最先也是运用在了小型企业身上。1908 年，亚速－顿河银行在卡尔波沃—奥布里夫斯基煤矿合作公司的基础上成立了同名公司。最终，在亚速－顿河银行的主持之下，成立了一个新煤炭公司集团，其中包括阿佐夫煤炭公司、A.奥尔巴赫水银公司、谢列兹尼奥夫斯基和布良斯克公司。①

　　同时，亚速－顿河银行在顿河水泥厂周围组建了一个水泥企业组群（"锁链"公司、"昆达港"公司和黑海水泥厂联盟），水泥企业组群的建立方便了银行对这个水泥辛迪加的管理。②

　　1908～1910 年，亚速－顿河银行资助的另一个群体是制糖厂。不过，在这之后，银行似乎对这一工业部门丧失了兴趣。③

　　正如 И. Ф. 金丁所指出的那样，"从 1910～1911 年，在亚速－顿河银行的工业融资活动中出现了一个急转弯。"随着工业繁荣的出现，银行"开始推行格外积极的工业融资政策。"④

　　1911～1912 年，亚速－顿河银行对苏林斯基冶金公司进行了财务重组。⑤ 1912 年，亚速－顿河银行从国家手中收购了刻赤冶金工厂，随后将其同塔甘罗格工厂进行了合并，塔甘罗格公司由此获得了高炉生产自主权，一跃成为俄国南部最盈利的冶金公司。⑥

　　与此同时，在 1912～1913 年，亚速－顿河银行向乌拉尔地区深入，

---

① Там же. Д. 599, 642, 699, 704, 739, 763.
② Там же. Д. 548, 662, 673, 695.
③ Там же. Д. 194, 195, 546, 591.
④ Гиндин И. Ф. Банки и промышленность... С. 121.
⑤ РОГА. Ф. 678. Оп. 1. Д. 14, 15（протоколы правления Общества Сулинского завода за 1911 – 1912 гг.）; Гиндин И. Ф. Банки и промышленность... С. 121.
⑥ ЦГИА СССР. Ф. 616. Оп. 1. Д. 689, 694; РОГА. Ф. 563. Оп. 1. Д. 135（краткое описание Таганрогского металлургического завода）.

并在该地区进行了两次大型重组——博戈斯洛夫斯基公司和舒瓦洛夫地区的列斯文斯基矿山的重组。①

到了 1914 年，亚速－顿河银行在俄国工业中还存在其他利益。银行控制着利文古夫玻璃制造公司、北方纸业公司和俄国火药制造和销售公司，这些公司都是各自行业中的佼佼者。② 除此之外，亚速－顿河银行还对一些纺织企业感兴趣，比如谢尔普霍夫公司、第聂伯河公司、博戈罗茨科—格鲁霍夫公司等。③

在第一次世界大战前夕，亚速－顿河银行在石油工业领域变得格外活跃。它是俄国大型银行中唯一一家没有参与创建俄国石油总公司的银行，因为它计划创建属于自己的石油企业集团。④ 不过，如果我们想要了解其对俄国石油工业的具体立场，或许可以参考它和诺贝尔兄弟石油公司的和解书。⑤

亚速－顿河银行的利益并不仅限于工业。它同顿河土地银行之间关系密切，并参与了好几个铁路公司的成立。⑥

亚速－顿河银行在贸易融资和贷款方面所发挥的作用值得特别一提。它控制着 19 世纪 90 年代末成立的俄国出口贸易公司和俄国殖民贸易公司，并积极推动自身同俄国航运和贸易公司、格哈德＆盖伊公司、路易德雷夫斯合作公司等大型航运公司开展合作，并拥有部分航运公司的股份。⑦

---

① ЦГИА СССР. Ф. 616. Оп. 1. Д. 551, 727, 728.
② Там же. Д. 600, 674, 773; Гиндин И. Ф. Банки и промышленность... С. 123 – 125.
③ Там же. Д. 645, 653, 654, 658, 660; Гиндин И. Ф. Банки и промышленность... С. 124.
④ Там же. Д. 580, 721, 722, 725, 742.
⑤ Гиндин И. Ф. Банки и промышленность... С. 200 – 201; ЦГИА СССР. Ф. 616. Оп. 1. Д. 80, Л. 102, 122, 128（журналы правления банка за май – июнь 1914 г.）.
⑥ Гиндин И. Ф. Банки и промышленность. С. 99 – 125.
⑦ Там же.

不过，亚速－顿河银行直接参与贸易活动，接受货物委托或是自费开展贸易业务。它主要进行的是粮食、面粉、糖、棉花、煤炭、铁矿石和锰的交易。①

亚速－顿河银行的一项重要活动是于 1910 年建立了俄国矿业公司（РОСГОРН）。前贸易和工业部长 M. M. 费多罗夫担任了这家规模不大的公司（股本只有 20 万卢布）的董事会主席，这也体现出银行对该公司的重视。正如存于亚速－顿河银行档案中的一份说明文件解释的那样，"该公司成立的目的在于：审查那些需要资金的俄国企业——主要是有开采潜力的矿业公司，并为其各项社会事务融资，以便随后组织成立有利可图的正式公司。"②

俄国矿业公司（РОСГОРН）变成了一种筹备成立各项"公司"的中心——包括工业公司、运输业公司、商业股份公司等等。它获得了勘探权，对公司的经济技术价值进行了全面研究，还成立了不少股份公司。③然而，并不是所有由俄国矿业公司成立的新公司都置于亚速－顿河银行的控制之下。部分成立的新公司对于银行或银行旗下的工业—金融集团来说毫无价值。④ 不过，亚速－顿河银行通过购买这些新成立公司的租赁权、特许权、勘探权、专利权、购货保留权以及收购工业企业的方式，对它们的初始业务进行垄断。

亚速－顿河银行以商业贷款和自身融资业务为基础，加强了同外国银行的联系。它在向由外国工业金融集团创办的受困企业提供贷款的过程中，逐渐同这些外国银行和企业建立联系。在建立了对这些企业的控制之后，亚速－顿河银行通常会以某种外国股份的形式留在该企业之中。

---

① ЦГИА СССР. Ф. 616. Оп. 1. Д. 549, 593, 594, 750.
② Там же. Д. 857. Л. 1 – 4; ЦГИА СССР. Ф. 80. Оп. 1. Д. 1.
③ ЦГИА СССР. Ф. 80. Оп. 1. Д. 15 и др.
④ Лачаева М. Ю. Английский капитал в меднорудной промышленности Урала и Сибири в начале XX в. // Исторические записки. 1982 г. Т. 108. С. 87 – 88.

第四章　第一次世界大战前夕经济热潮中的俄国商业银行

塔甘罗格冶金公司便是如此，亚速－顿河银行在该银行的股份由比利时的银行和工业公司继续持有。①

亚速－顿河银行的相关资料中并没有完整地反映出它和外国银行的关系。不过，其与外国银行的关系在它同马赛商业银行的通信中得到了很好的体现。1906年2家银行首次通信，信件中正式确定了在法国由马赛商业银行协助首次发行亚速－顿河银行股票的协议。② 不过在这份信函中，看不出亚速－顿河银行为什么选择向法国这家省级银行寻求支持。在笔者所掌握的法国档案资料之中既没有对这一点做出解释，也没有说明为什么马赛商业银行要承担这项业务。或许这家法国银行在俄国有一些利益，毕竟，马赛商业银行还于1911年参与了莫斯科联合银行的增资工作。③

自1906年起，马赛商业银行和埃斯孔国家银行共同成为亚速－顿河银行发行股票的固定合作伙伴。④

遗憾的是，由于研究人员无法接触到埃斯孔国家银行的档案资料，因此该银行在合作中的具体作用也就无从得知。⑤

在创建俄国矿业公司（POCГOPH）的时候，亚速－顿河银行的领导层制定了吸引外资的计划，以便资助正在建立的公司。根据计划，他们将在外国建立一个与俄国矿业公司（POCГOPH）相"对应"的公司，这家公司同样负责为俄国企业融资。⑥ 1911年春天，M. M. 费多罗夫多次前往伦敦和巴黎，就成立这样一个公司进行谈判。同年，国际俄罗斯公司（ИРК）在伦敦成立，这家公司同俄国矿业公司（POCГOPH）签订了协

---

① ЦГИА СССР. Ф. 616. Оп. 1. Д. 629. Л. 6–16.
② ЦГИА СССР. Ф. 616. Оп. 1. Д. 343.
③ НАФ. А 65，А 961. Доклад общему собранию 11 апреля 1912 г.
④ ЦГИА СССР. Ф. 616. Оп. 1. Д. 343，344，409.
⑤ 历史学家没有权限查阅这家银行的档案。
⑥ ЦГИА СССР. Ф. 616. Оп. 1. Д. 857. Л. 1–4.

议，携手在俄国建立和资助各类企业。① 尽管国际俄罗斯公司（ИРК）的相关资料存放在了苏联中央国家档案馆俄国矿业公司（РОСГОРН）的相关文件之中，这其中包括证明俄国矿业公司（РОСГОРН）认购了国际俄罗斯公司（ИРК）2500股股票的收据、会议纪要以及与俄国矿业公司（РОСГОРН）所签订的相关合同，这些文件档案证明了国际俄罗斯公司（ИРК）是真实存在的，不过我们在研究国际俄罗斯公司的时候还是遇到了一些难以解决的问题。首先，研究人员在伦敦证券交易所的花名册中查找不到国际俄罗斯公司（ИРК），而花名册中通常会记录所有在英国正式注册的公司②，这样一来，该公司的地位就成了一个问题。其次，所有和国际俄罗斯公司（ИРК）有关的档案文件都仅限于1911年。不过尽管如此，而且即便后来国际俄罗斯公司（ИРК）不复存在，组织筹建这一公司本身就是亚速-顿河银行国际关系发展历程中的一个重要里程碑。

正是在这种同外国银行关系发展良好的背景下，亚速-顿河银行的董事会于1911年3月22日致函财政部部长，要求在巴黎开设分行。信中写道："鉴于目前亚速-顿河银行在同国外银行的关系上取得了重大进展，而这些关系的突破主要得益于那些法国银行机构。除此之外，还考虑到本银行有相当大一部分股份长期掌握在法国资本家手中，且分布在法国众多城市之中，亚速-顿河银行董事会认为，现在是在巴黎建立自己分支机构的最佳时机。"③ 但是，俄国财政部部长认为亚速-顿河银行的这一请求不够成熟。④ 由于董事会在1911年8月第二次提出申请，他只好"同意其在巴黎开设分行，但是不能早于1912年1月1日。"⑤ 面对财政部显而易见的消极态度，银行决定另辟他径。

① ЦГИА СССР. Ф. 80. Оп. 1. Д. 128.
② Лачаева М. Ю. Указ. соч. С. 85.
③ ЦГИА СССР. Ф. 616. Оп. 1. Д. 58. Л. 4.
④ Там же. Л. 3.
⑤ Там же. Л. 1-2.

第四章 第一次世界大战前夕经济热潮中的俄国商业银行

  1911 年 2 月,北方国家银行在巴黎成立。这是 3 家斯堪的纳维亚银行——丹麦兰德曼斯银行、挪威中央银行和瑞典恩希尔达银行的想法,并且这一想法得到了巴黎-荷兰银行的支持。①自 1911 年底,这家银行开始展现出对俄国事务的兴趣,并开始与亚速-顿河银行建立业务往来,在亚速-顿河银行的档案之中我们也找到了两家银行的大量通信往来。②根据这些通信,1914 年初 Б. А. 卡门克当选为北方国家银行行政委员会成员。③不过,就亚速-顿河银行档案中的文件而言,我们还无法判断两家银行之间加强的合作究竟是何种性质。在法国国家档案馆馆藏的北方国家银行大会的记录中,这一点有所体现。1912 年 3 月 23 日这一天里连续举行了两次会议:第一场会议是普通会议,会议上听取并审议了银行第一年的运营结果;第二场会议是特别会议,会议通过了将银行资本从 2500 万法郎增加到 3000 万法郎以及"与亚速-顿河银行建立直接联系"的决议。"这次增资,"银行理事会的报告中这样写道,"将推动我们同亚速-顿河银行建立更加密切的关系。为了确保这次增资有利可图,我们恳请贵方不要行使优先权来认购新股。"④

  在 1913 年 3 月 15 日的会议上,理事会在其报告中对过去一年北方银行所取得的成就进行了概括总结:"……我们可以看到,多亏了亚速-顿河银行在过去一年的鼎力相助,我们实现了资本的增长,为我们同俄国构建良好关系奠定了基础。"⑤一年后,在 1914 年 4 月 24 日的股东大会上,理事会敦促股东们批准对 Б. А. 卡门克的任命,理事会对此的答复是:"先生们,你们知道我们同亚速-顿河银行联系紧密。其董事会主席

---

① НАФ. А 65. А 749(досье БПН).
② ЦГИА СССР. Ф. 616. Оп. 1. Д. 378, 437.
③ Там же. Л. 1(письмо вице-президента БПН Эстье - Каменка, 10 апреля 1914).
④ НАФ. AQ 65. А 749.
⑤ Там же.

鲍里斯·Б. А. 卡门克先生已经同意加入我们的理事会。我们相信股东大会的各位股东定会像我们一样，能够欣赏这位给予我们宝贵帮助并对我们银行具有特殊意义的人。"① 这种催促股东大会，试图将 Б. А. 卡门克推上理事会的措辞表达，并不是一种单纯的辞令。在笔者于巴黎－荷兰银行档案中发现的亚速－顿河银行简介中提到一点，即亚速－顿河银行"在北方国家银行中拥有大量股份"，进一步佐证了这一点。②

俄亚银行是俄国各大银行中最年轻的一个。1910年，它由两个次级信贷机构——俄中银行和北方银行合并而成，它和上文我们所提到的几个俄国银行一样，是俄国商业银行的领军者。

有关俄亚银行建立的历史在各文献中都有集中体现，可以说现如今是研究俄亚银行的大好时机。首先是苏联中央国家档案馆的北方银行和俄中银行档案。在这两家银行的档案中，有专门介绍二者合并历史的档案资料。③ 在俄亚银行本身的历史档案中，有关该事件的文件就相对较少了。④ 尽管如此，对于研究俄亚银行在第一次世界大战前夕的活动来说，现有的档案材料绰绰有余。⑤ 不过，即便档案资料丰厚，但部分档案资料还是出现了疏漏。在档案中几乎找不到董事会和管理委员会的会议记录，董事会成员，尤其是 А. И. 普迪罗夫的信件十分零散。但是好在银行业务的档案资料保存状况较好，弥补了这一缺憾。

在法国兴业银行和巴黎－荷兰银行档案中有关俄亚银行创建历史和

---

① Там же.
② Архив Парижско－Нидерландского банка（далее：ПНБ）．Россия 190/14.
③ ЦГИА СССР．Ф. 637（Северный банк）．Оп. 1．Д. 55, 60；Ф. 632（Русско－Китайский банк）．Оп. 1．Д. 57, 59, 60.
④ ЦГИА СССР．Ф. 630（Русско－Азиатский банк）．Оп. 1．Д. 1, 5.
⑤ 苏联中央国家档案馆中的俄亚银行档案，包含了1911～1914年银行的大量文件——银行董事会的信件以及有关业务的材料。但档案中缺乏银行董事会和理事会的会议记录。遗憾的是，从苏联中央国家档案馆馆藏相关资料的介绍来看，俄亚银行的组织结构仍不明确。

第四章　第一次世界大战前夕经济热潮中的俄国商业银行

活动的文件中指出俄亚银行是这些法国信贷机构的子公司。而在法国兴业银行的档案中，有几个文件甚至直接指出了这一点。① 巴黎-荷兰银行档案中有关该问题的资料相比而言就比较少，但它正好可以对法国兴业银行的档案资料进行补充。②

为了能够更好地了解俄亚银行的历史，我们还需要合理运用其最亲密的盟友——圣彼得堡私人银行的档案资料（档案保存状况最佳）③，除此之外，俄亚银行各项业务中的合作伙伴，也就是其他俄国银行，它们的档案资料也十分重要。

根据麦凯和 P. 日罗的研究成果，俄亚银行的法国合作伙伴——巴黎联合银行的档案资料也具有宝贵价值。④ 不过，在 20 世纪 70 年代初巴黎联合银行的一次重组中，银行的旧档案被全部销毁了。⑤

对俄亚银行活动的研究还可以从其投资的众多工业公司的档案入手，这些档案往往保存完好，对于研究来说也大有益处。⑥ 其中有不少档案对俄亚银行与工业公司的关系进行了描述。

**

俄亚银行成立时，其股本为 3500 万卢布。1912 年，其股本增加到了 4500 万卢布，到了 1914 年初，它又发行了 1000 万卢布的新股票。

---

① Архив Генерального Общества（далее: Г. О.）. 5481, 5624, 5649, 5690, 5691.
② ПНБ. Россия. 190/12（банки）.
③ ЦГИА СССР. Ф. 597. Поскольку Русско - Азиатский и Петербургский Частный банки многие《дела》осуществляли совместно, их архивные материалы частично дублируют и восполняют друг друга.
④ Mckay, J. P. Op. cit. Girault, R. R. Op. cit.
⑤ 1972 年 10 月，笔者从巴黎国民银行（巴黎联合银行之后并入该银行）领导层代表那里得知了这一情况。
⑥ 此处指的是，А. И. 普迪罗夫工业公司的资金和塔罗涅瓦公司的资金。

第一次世界大战前夕的俄国金融资本

  到1911年初，俄亚银行从其前身继承了价值超过2.5亿卢布的存款，其中有1/3是它从俄中银行那里继承的外国分行账户。截至1911年1月1日，在俄亚银行的活跃业务中，贴现和货物贷款业务明显占主导地位。俄亚银行的活跃业务在结构上有两大特点：代理账户数目较多和外国分支机构比例过高。①

  截至1912年1月，俄亚银行的储备金，以及由此而产生的新资产，总体上保持在同一水平。然而，银行资产收支表中的结构性变化表明，银行此时正在进行业务重组。在负债方面，存款金额略有减少，而代理账户的数量则大幅增加。可透支的票据贴现金额和代理账户金额在减少。与此同时，由于俄亚银行的外国分行带来的收益占比减少了，圣彼得堡分行在被动或主动交易中的分量都上升了。②

  俄亚银行截至1913年1月1日的资产收支表显示了该银行此时结构调整的主要方向。银行的股本已经增加了1000万卢布。银行资源增加主要是因为存款和往来账户数额增加了7500多万卢布。银行最大的资产增长出现在非担保证券的交易环节。圣彼得堡分行和其他分支机构之间的分工很明确：圣彼得堡分行主要参与资金运作，其他分支机构主要负责票据贴现业务、货物贷款业务以及商品货物单据核算业务。圣彼得堡分行在银行总业务中的占比急剧上升，但这是以牺牲俄国其他分行为代价而实现的。③ 截至1914年1月1日的银行资产收支表也从侧面证实了这一点。④ 负债表中显示，俄亚银行利用其从俄国和国外继承的分行系统，进一步在贸易领域发放贷款，但重点对象变成了工业金融部门。

---

① ЦГИА СССР. Ф. 630. Оп. 1. Д. 31, 38, 44（отчеты банка）.
② Там же. Д. 31.
③ Там же. Д. 38.
④ Там же. Д. 44.

第四章　第一次世界大战前夕经济热潮中的俄国商业银行

**

在探讨俄亚银行的股本来源时，这家银行似乎没有上文那些银行的一些通病。俄亚银行的资料还详细地展示了 1909~1910 年俄中银行和北方银行合并事宜谈判的具体状况。

上文提到过，俄中银行是沙皇实行远东扩张政策的经济金融杠杆，但在俄日战争失败后，俄中银行发现自己似乎形同虚设、毫无作用。在这种情况下，持有俄中银行股份的国家银行想方设法缓和俄国银行和法国银行之间的关系，尤其是和巴黎-荷兰银行之间的关系，以便转让手中那些俄中银行股份，并将这些股份投放到法国证券交易所进行配售。

对于俄中银行来说，1907 年在财政上可谓是一个极其糟糕的年份，其未来的发展面临着前所未有的挑战。1908 年 2 月 7 日，财政部部长 В. Н. 科克夫佐夫针对俄中银行的境况召开了特别会议，出席会议的有工商部部长 И. П. 希波夫、国家银行行长 С. И. 季马舍夫、信贷科副科长 Л. Ф. 达维多夫、俄中银行理事会成员 Э. Э. 乌赫托姆斯基、А. И. 普迪罗夫、С. С. 西里斯基、А. И. 维什内格拉茨基、Э. 内兹林、М. 维斯特拉特。В. Н. 科克夫佐夫在总结发言时回答了 Э. 内兹林的提问，在他看来，俄国政府的"高度支持"是改善银行事务"不可或缺"的条件，"……目前政府对银行的援助还十分有限……银行现在必须要减少自身业务……财政部承诺会竭尽全力对银行给予援助，除此之外，法方应该继续向银行提供贷款"。①

那时，А. И. 普迪罗夫已经成为俄中银行的常务董事。作为 С. Ю. 维特的门生，他在财政部的政绩十分辉煌，1894~1904 年，他从一名财政

---

① ЦГИА СССР. Ф. 632. Оп. 1. Д. 46. Л. 46.

第一次世界大战前夕的俄国金融资本

部总办公室的普通文员一直坐到主任的位置。1904 年，他被任命为财政部副部长并兼任贵族土地银行和农民土地银行的经理。次年，他向尼古拉二世提交了一份备忘录，备忘录上建议应通过国家强制赎买土地财产的方式来扩大农民土地所有权，不过他也因为这项提议被沙皇开除了公职。随后，А. И. 普迪罗夫便加入了私营银行俄中银行的董事会。① 银行方面希望 А. И. 普迪罗夫的到来能够挽救其岌岌可危的命运。

就我们目前所掌握的资料来看，想要了解 А. И. 普迪罗夫行动的第一步还比较困难。该银行理事会会议记录档案中的大部分文本都已经模糊不清、难以阅读。1908 年 6 月 12 日的记录是为数不多能够辨认的议定书，其中指出，1907 年银行的损失并不是巴黎委员会年度报表中所说的 720 万卢布，而是 1140 万卢布。② 但是银行经理究竟采取了何种措施来阻止进一步损失，仅凭记录仍无法确定。根据 1908 年巴黎委员会的年度报表，银行经理所采取的措施是关闭其分行，尤其是外国的分行，并改为在俄国设立分行。

我们可以大胆假设，正是在这种情况下，俄中银行和西伯利亚商业银行展开了谈判，并签订了"避免不必要竞争"的协议，以规范银行在远东和西伯利亚一些城市的活动和"业务配给"。俄中银行和西伯利亚商业银行双方的董事会于 1909 年 3 月 24 日签订了协议。在 1909 年 5 月 14 日，А. И. 普迪罗夫向财政部部长 В. Н. 科克夫佐夫提交了一份机密备忘录，其中就包括了俄中银行和西伯利亚商业银行合并项目的主要条款。③

苏联中央国家档案馆的俄中银行和俄亚银行档案中包括了两份一模一样的未曾标注日期和签名的文本资料，资料中对俄中银行和西伯利亚商业银行合并的各种方案进行了比较分析。笔者在很久以前就注意到了

---

① Материалы по истории России в период капитализма. М., 1976. С. 138–139.
② ЦГИА СССР. Ф. 632. Оп. 1. Д. 46. Л. 230.
③ НАФ. 730, 337. Досье 8.

第四章　第一次世界大战前夕经济热潮中的俄国商业银行

这两份文本资料。然而，当笔者前往苏联中央情报局，希望能找到可以和上述文件出现时间、背景有关的资料时，却一无所获。① 这一问题的答案藏在法国档案馆馆藏文件中。这一发现要得益于 P. 日罗。他在自己的研究中强调了俄中银行和西伯利亚商业银行谈判的重要意义。在苏联文献中，第一次涉及这场谈判相关内容的是 B. B. 塔尔科夫斯基的《西伯利亚商业银行的历史》一书。② 现在，我们将在现有文献资料的基础上，对这一事件进行一个系统地梳理。

目前所知的有关两家银行合并项目的第一份文件是，A. И. 普迪罗夫于 1909 年 5 月 14 日上交至 B. H. 科克夫佐夫的秘密报告。A. И. 普迪罗夫在分析俄中银行的情况时表示，仅靠一些商业措施无法快速重建银行。"不管是不是意外，"A. И. 普迪罗夫这样写道，"在我们面前有一条现成的出路。目前，两家银行在远东地区都同索洛维齐克先生存在合作关系，我们所得出的结论是，两家银行之间应当签订相应的协议，我们也正是这样做的。但是，在推行这项工作的时候，我们清楚地认识到，这样的协议是治标不治本的，只有两家银行彻底合并为一家，才能实现更好地发展；两家银行的合并不仅能消除竞争所带来的风险，还将为建立一个庄严而强大的'俄亚银行'提供良机。合并之后的'俄亚银行'将成为一家真正的商业银行，而不是一个处于灰色地带、仅靠着政府恩惠过活的非法组织。"从 A. И. 普迪罗夫话语的后半部分来看，这个想法实质上得到了财政部部长 B. H. 科克夫佐夫的应允。"我很荣幸能向阁下介绍我们这一构想的主要内容，在您基本同意进一步深入探讨方案之后，我便同现居于柏林的索洛维齐克先生取得了联系，我希望他能同德意志银行谈一谈，毕竟德意志银行是西伯利亚商业银行的一大股东。索洛维齐克先生刚刚通知我，说德意志银行基本应

---

① 唯一同上述文本有关的是 Э. 内兹林于 1909 年 9 月 23 日寄给 A. И. 普迪罗夫的私人信件。// ЦГИА СССР. Ф. 632. Оп. 1. Д. 59. Л. 1–6）.

② Материалы по истории России в период капитализма. С. 139–140.

允了合并的相关事宜,并邀请我于5月26日前往柏林就该问题进行正式谈判。在启程前往柏林之前,我必须先得到阁下您的指示,以便我们同持有银行大部分股份的法国股东进行谈判。"①

值得一提的是,这份文件,或者说它的法语译本,并不是在俄国的档案资料中发现的,而是在法国财政部的档案资料中找到的。当我们试图在俄国财政部总办公厅和信贷特别办公室的档案资料中检索它时,却查无此件。那么问题来了,这份文件为什么会出现在巴黎?这就不得不再次提起那位前法国外交官、现北方银行的副主席——M. 维斯特拉特了,他也是俄中银行理事会的成员。他将 А. И. 普迪罗夫的这份报告寄给了他的兄弟,也就是法国兴业银行董事会秘书 J. 维斯特拉特,他的兄弟于1909年6月16日~29日将该报告送给了法国财政部。② 从那时起,俄中银行和西伯利亚商业银行的合并就成为圣奥诺雷街的头等大事,也正是因为如此,我们现在才有机会对其进行研究。

在这个问题的讨论中,直接或间接暴露了双方的利益冲突。从法国外交部转交至财政部驻圣彼得堡临时办事处办事员帕纳菲厄的信件副本来看,法国外交官对俄中银行和西伯利亚商业银行的合并前景持否定态度。帕纳菲厄从这个项目中看到了 B. H. 科克夫佐夫的雄心壮志,即"推动形成一个对俄国事务感兴趣的德国金融集团,该集团的力量在未来将动摇法国金融集团的主导地位"。在帕纳菲厄看来,B. H. 科克夫佐夫推动的这套方案将让"银行管理中的法国因素被德国因素所取代","法国投资的黄金将用在支持并鼓励发展德国在远东的各项活动上"。在这种情况下,帕纳菲厄甚至对委任 Э. 内兹林作为法国金融界驻俄中银行董事会的代表同样表示不信任:他不是法国人(Э. 内兹林出生于瑞士,是德国

---

① НАФ. F 30, 337. Досье 8.
② Там же.

第四章　第一次世界大战前夕经济热潮中的俄国商业银行

后裔）。①

　　法国财政部对此似乎有不同的看法。他们显然对谈判表示欢迎。9月~10月，谈判进入了一个关键阶段。1909年9月16日~29日，由于 А.И.普迪罗夫、索洛维齐克和德意志银行的一名代表即将抵达巴黎，Э.内兹林拜访了财政部部长。② 或许，法国财政部认可了 Э.内兹林的想法。接下来的一周，谈判于巴黎举行。根据 М.维斯特拉特的记录，他在巴黎期间就直接向法国财政部通报了谈判的进展——谈判已经接近尾声。在9月29日~10月12日的一场秘密会面中，М.维斯特拉特汇报了各项安排，甚至提出他将作为法方代表在新银行的董事会中提供服务。第二天，他写道："А.И.普迪罗夫和 Э.内兹林先生在长时间的谈判之后，今天启程前往柏林，Э.内兹林决定筹建新财团并对其进行管理。А.И.普迪罗夫先生几天后可能会同德意志银行和西伯利亚商业银行的代表共同返回巴黎，但这取决于明天（周五）在柏林举行的会议的结果。不过，若是明天会议的结果不太理想，我一定会感到非常惊讶。"③

　　然而，10月6日~19日，М.维斯特拉特向财政部报告，根据他从 А.И.普迪罗夫那里得来的消息，柏林的会议上产生了"一个令人不太满意的结果"④。第二天 Э.内兹林亲自去了一趟财政部。根据他的说法："德国人想要放弃这个项目。"⑤

　　这时候，合并俄中银行和北方银行的想法应运而生。Р.日罗认为提出这条建议的人是 М.维斯特拉特。Р.日罗的观点不无道理。北方银行此时也面临着自己的问题，银行的领导正试图解决这些问题，但是没有成功。就在1909年10月中旬，留在圣彼得堡的 Т.隆巴顿给 М.维斯特

---

① Там же. Копии писем Панафье, 14 сентября и 13 октября 1909 г.
② Там же. Записка о визите Нецлина.
③ Там же.
④ Там же.
⑤ Там же. Записка о визите Нецлина.

拉特发了一封电报："仅供您参考，北方银行的储蓄状况变得越来越差。我们在国家银行那里已经透支了530万卢布，而且我们的储备金也很少。因此，我们现在不得不向法国兴业银行寻求援助，不然我们终将陷入绝境。我和 L. 多里松约好了，在周三举行会面。我必须要向他告知银行目前的状况。因此，如果周三上午能在巴黎见上您一面，我将不胜感激。"①

新构想来自两人在巴黎的会晤，А. И. 普迪罗夫在从柏林赶往巴黎的途中得知了俄中银行和西伯利亚商业银行合并谈判失败的消息。在1909年11月13日~26日召开的法国兴业银行的领导（"中央委员会"）会议上，L. 多里松在谈到"北方银行和俄中银行合并项目的条件"时说，这个项目是在"俄中银行和西伯利亚商业银行合并谈判失败之后才提出来的"。②

А. И. 普迪罗夫在10月底~11月初返回圣彼得堡后与巴黎的 M. 维斯特拉特的通信电报目前保存在北欧银行的档案文件中，这些电报清晰地展示了新合并项目讨论之初的状况。这些电报表明，А. И. 普迪罗夫从柏林返回巴黎后，他和 M. 维斯特拉特之间达成了一致。二人与 Э. 内兹林、L. 多里松共同交流了他们的新构想。在日期为1909年10月24日~11月6日的第一份电报中，А. И. 普迪罗夫报告称，这一构想在圣彼得堡还没有传开，"不管怎样，Э. 内兹林带来的仍是个好消息。但是现在一切还都说不好。要是巴黎谈判的进展能更进一步就好了，这样一来，当财政部部长回来的时候，我们可以向他提交整个方案"。③ 不过，最初的几天内巴黎 - 荷兰银行和法国兴业银行的经理们似乎对这一新构想不怎么感兴趣。在10月30日~11月12日发给 А. И. 普迪罗夫

---

① ЦГИА СССР. Ф. 637. Оп. 1. Д. 48. Л. 122（дата на письме не обозначена; оно датируется по содержанию письма от 1 ноября 1909 г.）.
② Г. О. 5690. Досье 26.
③ ЦГИА СССР. Ф. 637. Оп. 1. Д. 55. Л. 12.

第四章　第一次世界大战前夕经济热潮中的俄国商业银行

的电报中，M. 维斯特拉特向他通报了其与 Э. 内兹林和 L. 多里松的谈判状况。谈判中所遇到的问题主要是对两家银行的比较估价。同一天，А. И. 普迪罗夫给 M. 维斯特拉特又发了一份电报，А. И. 普迪罗夫催促道："从巴黎传来的你们即将采取行动的消息都传遍了。一定不要重蹈西伯利亚商业银行合并项目的覆辙，巴黎的这件事必须要尽快敲定。"А. И. 普迪罗夫还提到 Э. 内兹林的派遣问题，他向 Э. 内兹林提议，在对股份的估价问题上，"应当完全按照与索泽纳达成的巴黎协议来解决"。① 10 月 31 日~11 月 30 日，А. И. 普迪罗夫给 M. 维斯特拉特又发了一份电报，就分工问题进行了协商："在我前往巴黎的途中，L. 多里松提出了以下几点基本要求：用北方银行的 5 个旧股换 6 个新股，用俄中银行的 10 个旧股换 6 个新股……我希望您能接受这一基本要求。我会努力说服 Э. 内兹林。"②

谈判的细节对于我们此处的研究来说帮助不大。对于我们来说，重要的是分析谈判产生的机制和权力是如何制衡的。可以看到，谈判的主动权掌握在了 M. 维斯特拉特和 А. И. 普迪罗夫手中，两人在分量上差别不大。起决定作用的是巴黎－荷兰银行和法国兴业银行的领导层。А. И. 普迪罗夫和 M. 维斯特拉特在谈判开始时就是积极的调解人和谈判的"推动者"。值得注意的是，在谈判的最初阶段以及后续过程中，巴黎联合银行的代表全程缺席。看样子它对于北方银行已经失去了兴趣，并逐步撤资。

确定谈判基础的第一步是最艰难的。"今天的谈判没有结果，"M. 维斯特拉特在 11 月 7 日~20 日的一封电报中向 А. И. 普迪罗夫汇报道，"在电报中提到过，北方银行的股东拒绝接受 Э. 内兹林和 Г. 兰德尔提出

---

① Там же. Л. 21.
② Там же. Л. 23.

的合并方案。"① 但是没过几天，在 11 月 9 日~22 日 M. 维斯特拉特发来的电报内容就变成了："今天的谈话取得了令人满意的结果，Э. 内兹林提出的方案很巧妙，或许能被 L. 多里松所接受。"他表示，或许现在可以"在短时间内"达成最终协议。② 当天，M. 维斯特拉特起草了一份报告书，这份报告书或许是给 L. 多里松的，其中总结了谈判的初步结果，分析了二者还存在哪些分歧，并给出了可能的解决方案。③

Э. 内兹林的提议表明了，这件事的倡议者更多地参与了"此事"，他们开始展望着方案最终实现的一天。1909 年 11 月 10 日~13 日，А. И. 普迪罗夫给 M. 维斯特拉特发来电报："我收到了您和 Э. 内兹林的电报，他似乎也对方案的成功胸有成竹。"④ Э. 内兹林的提议为停滞不前的谈判注入了一剂催化剂。1909 年 11 月 11 日~24 日，M. 维斯特拉特向北方银行董事会成员 В. Ф. 达维多夫报告："……在和 Э. 内兹林多次会谈后，我们差不多已经达成了一致。明天我将同 L. 多里松会面，如果他同意我们的这个方案，那么我相信，我们能够让整个进程再向前推进好几步。"不过 M. 维斯特拉特要求对目前的进展保密。⑤ 在这一天，А. И. 普迪罗夫还向 M. 维斯特拉特通报了他与信贷办公室主任 В. Ф. 达维多夫的会面状况，他报告说财政部部长"原则上同意了"合并方案。А. И. 普迪罗夫写道："Л. Ф. 达维多夫明确要求，在未来的几天里就开始执行该协议，以免重蹈西伯利亚商业银行合并一事的覆辙。"⑥

А. И. 普迪罗夫的担心显然是多余的。11 月 12 日~25 日上午，他收

---

① Там же. Л. 40.
② Там же. Л. 46.
③ Там же. Л. 48.
④ Там же. Л. 54.
⑤ Там же. Л. 59.
⑥ Там же. Л. 60.

到了来自 M. 维斯特拉特的电报："美好的一天。他们完全同意。"① 第二天，法国兴业银行的中央委员会批准了临时协议，新银行成立，本金为 3000 万卢布，储备金为 2200 万卢布。② 11 月 14 日~27 日，法国报纸上刊登了一篇有关俄中银行即将与北方银行合并的报道。③ 11 月 15 日~28 日，M. 维斯特拉特将自己访问法国财政部部长一事告知了 В. Ф. 达维多夫，Л. Ф. 达维多夫在俄中银行和北方银行合并的事情上表现得十分积极。④ 第二天，А. И. 普迪罗夫抵达巴黎，"为合并谈判画上句号"。⑤ 11 月 17 日~30 日，巴黎 - 荷兰银行和法国兴业银行的行政委员会听取了 Э. 内兹林和 L. 多里松对谈判和俄中银行与北方银行合并项目具体内容的汇报。⑥

从法国兴业银行所保存档案文件中的谈判记录来看，谈判至少持续了三天。⑦ 与会者包括俄中银行和巴黎 - 荷兰银行的代表 Э. 内兹林，巴黎 - 荷兰银行代表 А. 贝纳克，法国兴业银行代表 А. 斯皮茨和 П. 门维尔，俄中银行代表 А. И. 普迪罗夫和 Г. 兰德尔，北方银行代表 M. 维斯特拉特。

在"由 Э. 内兹林提出并经由利益集团批准通过的合并原则"之基础上，11 月 30 日和 12 月 1 日~2 日，在巴黎 - 荷兰银行举行的会议上审议了新成立银行的资本结构、俄中银行和北方银行实行合并的法律形式、旧股换新股的基本条件以及未来银行增发股票等问题。⑧ 协议规定，新银行的股本为 3500 万卢布，储备金为 1700.433 万卢布。俄中银行的出资约

---

① Там же. Л. 61.
② Г. О. 5690.
③ Там же.
④ ЦГИА СССР. Ф. 637. Д. 55. Л. 70.
⑤ Там же. Л. 71.
⑥ ПНБ и Г. О. Протокол Советов. 17/30 ноября 1909 г.
⑦ Г. О. 5690.
⑧ Там же.

191

第一次世界大战前夕的俄国金融资本

为1922.5万卢布，其中的1293.75万卢布将作为新银行的股本。与这一数额所对应的俄中银行在新银行的股份为6.9万股股票（每股约合187.5卢布）。除此以外，协议还规定，将拨款628.7万卢布加入新银行的储备金。

北方银行的投资额约为2600万卢布，其中的1749.975万卢布是新银行的股本构成，北方银行通过该股本构成资金所分得的股份为93332股。

此外，协议上还提到将增发24334股股票，其价值为456.275万卢布。为这次股票发行提供担保服务的金融集团承诺将以每股91.095卢布的溢价进行认购，这样一来新银行的准备金能够从价值221.658万卢布的总溢价中得到补充。

北方银行和俄中银行决定于1910年1月1日~14日进行合并。在两家银行原有章程的基础上双方商议制定了新银行的章程，在这之后，双方又确定了新银行的理事会成员数目应为15~18人，而董事会的成员数目应为5人。会议决定，两家银行将于1910年6月30日之前完成合并。最终的议定书将在合并实施前上交至俄国财政部部长。①

这样，双方在基本问题上达成了共识。自此，两家银行便开始制定双方都能接受的、符合沙皇政府规定的章程，双方同意通过既定章程解决实际问题并指导银行日常工作。

1910年1月11日，在司法部副部长 А. Г. 加斯曼的主持下，召开了有关俄中银行和北方银行合并的特别会议，司法部、财政部、工商部以及国家审计署的代表出席了会议，除此之外，会议上还邀请了"这一方案的提供者"——А. И. 普迪罗夫。会议得出的结论是，根据拟议中提供的理由，俄中银行和北方银行的合并"似乎是很有必要的，没有任何实

---

① 在同一天，即1909年12月4日，法国兴业银行致信北方银行，同意了这项担保。1909年12月7日，巴黎-荷兰银行的董事会通过了这项决议。

第四章 第一次世界大战前夕经济热潮中的俄国商业银行

质性的反对意见"。①

1910年1月15日~28日和2月4日~17日还召开了两次会议——会议地点是巴黎，相关利益代表围坐一堂，就出现的一些问题进行会谈。② 2月8日~21日，А. И. 普迪罗夫和M. 维斯特拉特向Э. 内兹林和L. 多里松汇报说，财政部已经同意为俄中银行和北方银行的合并事宜以及即将成立的俄亚银行的股票发行制定条件。③ 3月，两家银行的股东大会召开，批准通过了双方所提出的合并建议。④ 3月24日、3月29日、4月6日和4月11日在圣彼得堡举行的俄中银行和北方银行代表大会上，就新银行的组织结构及其理事会机关的职能进行了讨论。L. 多里松出席了第二场会议，"批准了即将成立的俄亚银行的总体组织计划"⑤。

返回巴黎之后，L. 多里松在法国兴业银行中央委员会和行政委员会的会议上报告了圣彼得堡会议上的结果。他还提到即将成立的银行的董事会将包括6名成员——3名俄国人和3名法国人，其中А. И. 普迪罗夫将担任董事会主席，M. 维斯特拉特担任副主席，法国兴业银行驻马赛分行行长J. 杜布勒伊将作为法国兴业银行的代表加入董事会；法国兴业银行驻北方银行督察员拉格朗和沙特罗将分别担任新银行的督察总长和中央服务部副主任。⑥

1910年4月13日~26日，在巴黎-荷兰银行召开了一次新的会议，出席会议的有巴黎-荷兰银行和法国兴业银行的代表Э. 内兹林、А. 图拉蒂尼、А. 贝纳克、А. 斯皮茨、Г. 兰德尔和M. 维斯特拉特。会议通过了在圣彼得堡做出的决定，并审议了新银行董事会中巴黎一方的工作

---

① ЦГИА СССР. Ф. 637. Оп. 1. Д. 55. Л. 65.
② Г. О. 5690.
③ ЦГИА СССР. Ф. 637. Оп. 1. Д. 55. Л. 71.
④ Там же. Л. 85–93.
⑤ Г. О. 5690.
⑥ Там же; Протокол Совета. 19 апреля 1910 г.

安排。4月13日～26日的会议纪要中，将这个"巴黎一方"称作"巴黎理事会"或"巴黎委员会"。会议中明确指出，它是银行的最高机构，能够指导董事会的行动。会议纪要中还指出："巴黎委员会每周将举行两次会议，且会议时间固定。需要向巴黎委员会提供用于审议的文件清单，这份清单中将包括银行每月的资产收支表、文件检查表、财务报表和董事会会议记录副本。在事先没有同巴黎理事会协商的情况下，圣彼得堡理事会不得私自处理财务问题。圣彼得堡理事会需要以定期提交报告的方式，告知巴黎理事会银行中央机构及其分支机构的各项事务。将出台专门的内部条例，以便明确圣彼得堡理事会和巴黎理事会各自的职责。"Г. 兰德尔负责协调巴黎和圣彼得堡之间关系的各项事务。会议上还审议了理事会的预期构成。①

1910年4月19日～5月2日，在巴黎－荷兰银行中又召开了一次会议——准备成立俄亚银行。因为沙皇政府显然不打算出资参与该银行，会议又对之前所通过的各项有关出售俄亚银行股份的决议进行了更新和补充。为了从国家银行手中购买用于换取俄中银行股份的8609股俄亚银行股份，会议还决定成立一个财团。②

1910年5月25日～6月7日，俄国大臣会议通过了一项关于在俄中银行和北方银行合并的基础上成立俄亚银行的决议。③ 1910年6月1日至14日，Э. 内兹林在巴黎－荷兰银行行政委员会的一次会议上提出，俄中银行和北方银行合并的各个问题现已全部解决。④

然而，银行成立的决议直到4个月后才真正实施。直到10月，也就

---

① Там же; Протокол Совета. 26 апреля 1910 г. Решения по персональному составу не было принято.
② Там же.
③ ЦГИА СССР. Ф. 23. Оп. 12. Д. 787. Л. 24. Высочайшее утверждение последовало 14 (27) июня 1910 г.
④ ПНБ. Протоколы Совета, № 16. Л. 176.

是俄亚银行的章程公布之后，银团才成立，并按计划对银行的股份进行了配售。① 自 1910 年 12 月起，俄亚银行正式开始营业。

根据法国兴业银行档案中有关 1910 年俄亚银行股票配售和 1912 年股票重新发行的记录，毫无疑问，绝大部分股票是在法国出售的。俄国集团在该交易中所占的份额为 25%，剩余 75% 的待售股份由巴黎 - 荷兰银行和法国兴业银行平分。②

在法国兴业银行的档案中，有一份日期为 1918 年 11 月的文件，介绍了第一次世界大战开始时俄亚银行存放于法国的股票数量。这也是 1914 年在法国用于支付股息的俄亚银行股票数量，其在当时银行发行的 24 万股票中占 76.3%，共为 18.3041 万股。在这之后，根据文件中给出的数据，在法国提交的用于支付股息的股票数量有所下降：1916 年 8 月为 12.12 万卢布；1916 年 12 月为 11.61 万卢布；1917 年 7 月为 8.2 万卢布。这份文件中这样写道："俄国人大量购买股票导致了卢布贬值，又或许是入伍人员或者战区民众在进行股票交易时遇到了困难，因此这一数字逐年下降。"③ 或许两者皆有。无论如何，法国政府在 1919 年登记的俄国资产显示，在法国只有 10.24 万股俄亚银行的股票。④ 在法国，主要负责配售俄亚银行股份的是巴黎 - 荷兰银行和法国兴业银行。这 2 家银行在配售俄亚银行股份中所发挥的领导作用，在俄亚银行成立期间体现得淋漓尽致，针对这个问题的研究成果也十分丰富。显而易见，2 家银行竭尽全力地维持着对这家由它们所建立的附属银行活动的控制权。

由于俄亚银行是一家俄国银行，因此让一个法国人担任董事会主席

---

① Г. О. 5624. Текст соглашения Русско - Китайского и Северного банков с ПарижскоНидерландским банком и Генеральным Обществом; 5690. Текст соглашения между ПарижскоНидерландским банком и Генеральным Обществом.
② Там же.
③ Г. О. 6941.
④ НАФ. F 30. 1091.

是十分不方便的。对此，董事会的成员们选择了 А. И. 普迪罗夫。他出色的商业素养以及同财政部高级官员良好的私人关系让他成为董事会主席的最佳人选。尽管 А. И. 普迪罗夫被选为主席，但他和副主席 М. 维斯特拉特却享受着同样的薪资待遇，这表明两个人的事实地位是平等的。俄亚银行董事会的其他成员有：俄中银行前董事会成员 П. А. 伯克、北方银行前董事会成员和财政部信贷科主任的兄弟 В. Ф. 达维多夫以及法国兴业银行代表 J. 杜布勒伊。在很长一段时间里，巴黎－荷兰银行在俄亚银行董事会代表的席位都保持空缺，这一席位由法国兴业银行的代表 P. 兰德尔接任。尽管董事会中俄国成员和法国成员地位平等，但从人数上来看，法国人显然占优势，17 名成员中有 9 名都是法国人。虽然巴黎－荷兰银行的领导没有直接参与董事会的事务的意愿，但是董事会中法国人席位较多，这对法国银行来说还是很有优势的。

  Э. 内兹林当选为董事会主席也反映了他的主导地位。就像上文所提到的那样，董事会的巴黎一方掌握了对董事会的控制权，且不难看出，这种控制权主要掌握在巴黎－荷兰银行经理的手中，但是对日常各项决策产生实际影响的却是法国兴业银行的代表。这种"分工"在后面变得更加清晰。

**

  在巴黎－荷兰银行和法国兴业银行共同推动俄亚银行成立之时，正如我们所看到的那样，它们采取了特别措施以确保能够实现对俄亚银行活动的日常控制。但是，它们成功达到了自己的目的吗？它们控制俄亚银行的愿望在实践过程中又是如何实现的呢？为了回答这一系列问题，我们需要深入到俄亚银行的管理层面，仔细研究管理人员是如何做出决定的，这些决定又反映着银行的法国赞助商的哪些指示和利益。现存的

第四章 第一次世界大战前夕经济热潮中的俄国商业银行

档案文件或许无法让我们彻底弄清所有的问题,但它们确实为我们探寻这些历史碎片提供了一个良好的机会。

法国兴业银行的档案中包括了 А. И. 普迪罗夫和 L. 多里松在 1911 年 7 月~9 月的通信,这一年是俄亚银行开始营业的第一年。新银行的两个前身——俄中银行和北方银行之间各不相同,两者唯一的相似点就是生存能力较弱,因此新银行的重建过程比较艰难,这也让新银行在组织上的缺陷暴露无遗。M. 维斯特拉特在北方银行就职的时候表现平平,现如今银行的规模扩大了,业务也变得更加复杂,他显然难以胜任这份工作。法国兴业银行在俄亚银行派驻的另一位代表虽然是一名专业的银行家,但他对俄语一窍不通,也根本不了解当地的风土人情。更糟糕的是,他和 M. 维斯特拉特之间还爆发了争执,最终让董事会法方成员的各项行动陷入瘫痪。俄亚银行董事会中的巴黎委员会也不称职。由俄亚银行的法国组织者创建的管理系统:"董事会——董事会巴黎委员会——董事会",因为各项烦琐的手续以及低下的办事效率,总体来说,在实施过程中效果很差。这套系统也让协调圣彼得堡和巴黎之间的意见变得极为困难。此外,在俄亚银行创建之初,А. И. 普迪罗夫就和他的巴黎赞助商产生了分歧。俄亚银行的巴黎赞助商们对于新银行的要求也不尽相同。巴黎-荷兰银行和法国兴业银行的高管都将俄亚银行视作自己开展俄国业务的工具。А. И. 普迪罗夫提出要开展一些不符合俄亚银行眼前利益但颇具发展前景的行动,但这些建议通通被 2 家法国银行拒绝了。与此同时,不顾 А. И. 普迪罗夫的反对,两位巴黎赞助商强硬地向俄亚银行添加了一些"业务",而这些"业务"现在看来是非常失败的。所有这些活动都加速了矛盾的爆发。①

1911 年 7 月 3 日~16 日,正如 Э. 内兹林写给 L. 多里松的信中所说

---

① 此处对国家档案馆和俄亚银行档案中发现的所有信件进行了概括总结。

的那样，Л. Ф. 达维多夫带着 А. И. 普迪罗夫的建议前往了科泰雷疗养地，他建议应当合并俄亚银行和西伯利亚商业银行，并建立一个银行集团，以便获得政府对铁路建设的特许权。但是这个提议却让 Э. 内兹林勃然大怒。他这样写道："我必须要和他好好谈谈我的意见。我的确这么做了，我告诉他，如果我按照旧方案来做，那些银行压根不会对我们产生一丁点兴趣。"① 7 月 16 日～29 日，Э. 内兹林又在科泰雷的疗养处给 L. 多里松写了封信，他告诉 L. 多里松自己在 7 月 13 日～26 日收到了一个包裹，其中还附上了一封信。显然这是 L. 多里松在 7 月 25 日寄给 Л. Ф. 达维多夫的信，这一点我们后面再说。Э. 内兹林为了阐明自己的立场，进一步写信："……我也给 А. И. 普迪罗夫先生写了类似的信，我得让他明白这其中的不确定性有多大，这些风险最终会让他的自由资金受损。"Э. 内兹林在当选为巴黎－荷兰银行行长后不久，便宣布他将辞去俄亚银行董事会主席一职。从他的辞职信中，我们很容易产生这样一种印象，即他递交辞职信的行为和担心俄亚银行经理的所作所为将带来危险后果不无关系。根据他的说法，"在他递交辞职信的时候，Л. Ф. 达维多夫正好前来访问"，因此他可以趁机向 Л. Ф. 达维多夫说明他做出此举的具体缘由，而且他还进一步补充，说辞职完全是他的个人行为，"巴黎－荷兰银行在俄亚银行的利益仍然与之前相一致"。② 奇怪的是，Э. 内兹林并没有在 7 月 3 日～16 日的信中向 L. 多里松提及自己辞职的这件事。但是这又和他自己的说法互相矛盾，毕竟按照他的说法，Л. Ф. 达维多夫的访问不应该是促使他做出辞职决定的导火索吗？

不管怎么说，Э. 内兹林的辞职让俄亚银行的权力平衡产生了变动：巴黎－荷兰银行将其在俄亚银行方面的领导权让给了法国兴业银行。L. 多里松担任了俄亚银行管理监督总长一职。而正是他和 А. И. 普迪罗夫之

---

① Г. О. 5649.

② Там же.

第四章　第一次世界大战前夕经济热潮中的俄国商业银行

间产生了冲突。

1911 年 7 月 12 日~25 日，L. 多里松给 Л. Ф. 达维多夫写了一封信，表达了他对银行事务的担忧，特别是"……您的债务实在是太多了，我相信，不仅在整个俄国，乃至在世界范围内，都没有哪家银行机构的整体债务状况会这样困难……您的步伐实在是太快了，在国际信贷整体收缩的大环境下，很快您就会发现自己将落入国家银行的掌控之中。"[1] 第二天，L. 多里松向俄亚银行的巴黎分行发了一份简讯，表示银行董事会没有告知他即将召开的股东大会的必要信息，对此他十分不满。[2]

然而意料之外的是，L. 多里松的这番话激起了此时居住于巴黎的 А. И. 普迪罗夫的强烈反应。Л. Ф. 达维多夫本人对 L. 多里松的这封信进行了回复。在 7 月 18 日~31 日的答复中，Л. Ф. 达维多夫承认俄亚银行目前的境况属实不易，他还详细地说明了具体的原因，并表示巴黎的赞助商提供的建议和帮扶根本无济于事。这两家银行要求俄亚银行进一步扩大业务，开设新的分支机构，但拒绝为其提供必要的支持。Л. Ф. 达维多夫在提到柏林的德意志银行向俄亚银行提供了 500 万卢布的无抵押贷款时写道："我们希望，我们自己的赞助商能够像外人（德意志银行）那样真心实意地为我们多提供一些帮助。"[3]

然而，就在 L. 多里松收到 Л. Ф. 达维多夫这封态度和缓的回信的半个月后，А. И. 普迪罗夫的三封信接踵而至，日期分别为 8 月 4 日、8 月 8 日和 8 月 9 日。А. И. 普迪罗夫严厉地斥责了 L. 多里松之前的言论，并威胁要立刻辞职。А. И. 普迪罗夫的信长达 30 多页，想要概括这些颇具情绪化的信件内容并不是件容易的事，因此我们只从中选取最关键的部

---

[1] Г. О. 5690.
[2] Г. О. 5649. Доризон – Парижскому отделению Русско – Азиатского банка, 13/26 июля 1911 г.
[3] Там же.

分来叙述，以便理清俄亚银行与这些巴黎赞助商之间的关系。值得注意的是，А. И. 普迪罗夫不仅没有否认俄亚银行的附属地位，恰恰相反，他特别强调了这一点。А. И. 普迪罗夫不仅仅强调了俄亚银行对巴黎的依赖性，在他写给 L. 多里松的信中还指出："我是一个商人，不是个外交官。恕我直言，那些试图让俄亚银行从巴黎赞助商那儿独立的想法都是在异想天开。我很清楚，法国兴业银行和巴黎-荷兰银行持有我们的大量股份，你们是我们真正的主人，我们这些董事会成员不过是法国银行的仆人罢了，要么听从主人的安排，要么走人。" А. И. 普迪罗夫向 L. 多里松保证，他愿意效忠于"法国主人"，他也指出，在这种情况下他无法完成自己的分内工作，因此他提出：（1）应推动俄亚银行董事会和董事会中法国代表的活动有条不紊地正常进行，以维持圣彼得堡和巴黎之间的必要联系和重要合作；（2）停止对他的工作吹毛求疵，免去他向那些无法理解俄亚银行相关职责的人士解释自身行为的义务，确保他在规划银行主要业务范围和做出具体决定时拥有更多的自主权。①

尽管 L. 多里松的言论本身没什么问题，但这却成为压倒 А. И. 普迪罗夫的"最后一根稻草"。当然，А. И. 普迪罗夫也有可能是故意这样说，为了能在资助俄亚银行的 2 家巴黎银行进行人事变动时巩固自己的地位。无论如何，А. И. 普迪罗夫在 8 月 4 日的来信着实给 L. 多里松带来了很大的困扰。А. И. 普迪罗夫即将辞职这件事让他感到十分不安。早在 1910 年夏天，L. 多里松就对 Э. 内兹林说，他担心"未来的某一天，主席会以辞职做威胁，并以此来回应所有直接或间接的批评意见"②，这对于俄亚银行管理层的监督自由来说是十分不利的。尽管在 L. 多里松的回信中有不少指责，但是总体来说，这封信是和解性质的。L. 多里松承认，俄亚银行的法国工作人员身上存在不足，法国兴业银行和巴黎-荷兰银行

---

① Там же.
② Г. О. 5690. Доризон – Нецлину, 9 августа 1910 г.

第四章　第一次世界大战前夕经济热潮中的俄国商业银行

之间缺乏良好的协调。他这样写道:"您在信中向我索要更多的自主权。您认为控制权应该留在巴黎这边,这一点我十分赞同。但是,我也希望您能够全身心地投入自己的工作中,我并不认为其他人能够分担您的职责。"他建议 А. И. 普迪罗夫和 Л. Ф. 达维多夫于9月同他进行会面,讨论如何组织开展进一步工作的问题。事实上,这次会议上提出的组织结构和之前在巴黎制定的组织结构截然不同。它直接建立在 L. 多里松和 А. И. 普迪罗夫二人的商业关系之上。①

А. И. 普迪罗夫在8月20日回复 L. 多里松的信中提到,他预计会在9月前往巴黎。但是,他希望他们之间能一直保持着友好的关系,即这次的会面应当是友好的,即便他们之间产生了分歧也不应该破坏这种友好关系。"如果我们能够就此达成一致",他这样写道,"那么我将继续在您的领导之下向俄亚银行效力。"②

笔者尚未找到能够反映 L. 多里松同 А. И. 普迪罗夫、Л. Ф. 达维多夫二人在9月会议上达成协议的文件。这次会议唯一的历史遗存是保存在法国兴业银行档案中的一份1911年9月的说明。其中记录了俄国—阿佐夫银行管理层"行动路线"的"要点"。这份说明似乎是在 L. 多里松的要求下,由法国兴业银行起草的,或许同 А. И. 普迪罗夫在8月20日那份信中提到的指导其活动的"一般准则"的相关要求有关。然而,除了提出类似于应当抓住各种机会并采取行动这种泛泛的建议外,这次会面几乎没有什么成果,这再次证实了,巴黎对它们在俄国创建的巨型银行几乎一无所知,也不知道该如何引导银行向前发展。А. И. 普迪罗夫在1912年2月12日写给 L. 多里松的信中间接地转达了9月会议的结果,他说:"自去年秋天以来,我们之间建立了一种更为亲密的关系,法国兴

---

① Г. О. 5649. Копия письма Доризона – Путилову, 23 августа 1911 г. Доризон написал его от руки и просил прислать ему копию.

② Там же.

业银行和巴黎-荷兰银行以及所有俄亚银行的投资方都是我的朋友。"①

1912年，俄亚银行的主要活动为：为军事生产和铁路建设提供资金，在石油生产和烟草行业组织金融工业集团。银行仅在铁路业务方面，与法国赞助商开展合作。А.И.普迪罗夫提出的关于建立银行托拉斯以及在А.И.普迪罗夫工业公司的基础上组建军工集团的建议，银行没有采纳。与此同时，俄亚银行和法国兴业银行以及巴黎-荷兰银行在俄国工业利益方面渐行渐远。因此，在实际操作上，俄亚银行完全走自己的发展道路，几乎同巴黎赞助商的俄国"业务"脱节。

但是这些巴黎的赞助商，它们手中还握有俄亚银行的控股权。1912年，巴黎方面继续增发俄亚银行股份的行为表示，法国兴业银行和巴黎-荷兰银行并没有转让股份的打算。

1912年8月12日~9月3日，А.И.普迪罗夫在向L.多里松汇报俄亚银行上半年业务的出色成绩时，提出应当再发行1000万卢布的新股。А.И.普迪罗夫还指出，圣彼得堡证券交易所对俄亚银行股票的需求大增，除此之外，还有一个俄国集团希望能够参与到新股的发行中来，这个俄国集团希望，在俄国能由它来配售那些尚未被法国银行出售的股票。А.И.普迪罗夫指出，为了推动俄亚银行的进一步发展，他非常期待这些俄国集团的参与。②

L.多里松的答复简短而无情："法国领导层建议新一期股票的发行日期应推迟至明年初。"③ 在答复中，L.多里松虽然提到了之前发行股票的艰辛，但他试图阐述的意思却十分明确。法国兴业银行和巴黎-荷兰银行的领导层不愿意将俄亚银行的股份放在俄国境内，因为它们担心会因此失去对俄亚银行股份的控制权。1913年，А.И.普迪罗夫试图以罗森伯

---

① Там же.
② Г.О. 5624.
③ Там же.

第四章 第一次世界大战前夕经济热潮中的俄国商业银行

格银行的名义来购买俄亚银行的股份,但未能取得实际效果。① 这些股票实际上还是握在"强者手中"。

现在让我们把目光转向圣彼得堡的其他一些银行,第一次世界大战前夕,在俄国金融资本的形成过程中,它们尽管不是主导力量,但是也发挥了重要作用,这些银行主要有:圣彼得堡私人银行、俄国工商银行和西伯利亚商业银行、圣彼得堡贷款和贴现银行、伏尔加—卡马银行。

除了圣彼得堡私人银行之外,这些银行档案文件的保存状况都差不多。现存于苏联中央国家档案馆的档案文件并不多,但基本覆盖了对于我们研究来说比较重要的记录资料——年度报表、股东名单等,这有助于我们确定其活动的重要特点,也有助于我们了解其活动的最终结果。这些银行的交易记录的保存状况也都比较零散,比较完整是圣彼得堡私人银行的档案资料。圣彼得堡私人银行在1910~1914年的业务记录被完整地保存了下来。此外,研究人员在其档案收藏中还找到了一套完整的董事会会议记录以及其同国内外信贷机构的大量通信记录。

俄国最古老的商业银行圣彼得堡私人银行成立于1864年,实际上,它在19世纪90年代初的危机之中已经破产,得益于财政部和国家银行的支持,它才没有落得正式破产的下场。为了让圣彼得堡的银行集团援助圣彼得堡私人银行,国家银行的经理 С. И. 季马舍夫于1909年6月3日~6日同圣彼得堡各银行的代表们举行了会议。那时圣彼得堡私人银行的损失已经高达600万卢布,银行中超过900万卢布的资产难以变现。在这种情况下,圣彼得堡各银行都自身难保,它们的负责人也极力避免参与圣彼得堡私人银行的重组。② 财政部因此不得不在国外另寻他法。1909年,一个由法国信贷银行、J. 罗斯托和塔尔曼法国银行、L. 盖里英国银行共同组成的银团成立了,该财团承诺将负责圣彼得堡私人银行的

---

① Там же. См. также:ЦГИА СССР. Ф. 630. Оп. 1. Д. 23. Л. 40, 43;Д. 36. Л. 33 – 35.
② ЦГИА СССР. Ф. 587. Оп. 56. Д. 369. Л. 23 – 38.

第一次世界大战前夕的俄国金融资本

重组工作。银行的股本从 800 万卢布减少到了 200 万卢布，随后增加到了 1200 万卢布。因此，在 1910 年 1 月 14 日圣彼得堡私人银行的股东大会上，财团中的法国信贷机构代表被选举为董事会和理事会成员。英国 L. 盖里银行的行长 L. 盖里是圣彼得堡私人银行董事会的前成员。① 同时，圣彼得堡私人银行董事会的代表 A. A. 达维多夫还很快成为法国信贷银行董事会的成员。② 圣彼得堡私人银行董事会和理事会的法国成员们共同组成了一个巴黎委员会。③ 但是现存的文件资料并没有告诉我们，这个巴黎委员会是如何运作的。

1911~1913 年，圣彼得堡私人银行的股本增加了三次，在 1914 年达到 4000 万卢布。1914 年，圣彼得堡私人银行股票的发行工作由一个组成大致相似的银行集团负责。然而，正如 C. 罗尼所发现的那样，这些股票大部分都投放在了俄国境内。④

值得注意的是，两个法国银行集团的行动各不相同，一个投资了俄亚银行，另一个投资了圣彼得堡私人银行。俄亚银行由法国最有实力的信贷机构牵头，以法国货币市场境况堪忧为由，在增资俄亚银行股本时显得有些拘束。投资圣彼得堡私人银行的法国银行集团，由于其实力明显弱于另一个法国银行集团，在这一时期，它更看好俄国市场，圣彼得堡私人银行的新股票三次发行成功，总金额高达 2800 万卢布。除此之外，它并不执着于保留其在法国的股份。正如 C. 罗尼根据俄国财政部信贷科档案资料所得出的结论，这些股份中有一部分回流到了俄国。⑤

根据 П. В. 奥尔的说法，截至 1915 年，圣彼得堡私人银行价值 2280

---

① Жиро Р. Указ. соч. С. 504.
② Архив банка Лионский кредит. EF 45662.
③ Жиро Р. Указ. соч. С. 505.
④ Ронин С. Указ. соч. С. 69.
⑤ Там же.

第四章　第一次世界大战前夕经济热潮中的俄国商业银行

万卢布的股票位于法国境内，占其股本的57%。① 但是 C. 罗尼认为这一数字言过其实。他认为，截至1914年1月1日，圣彼得堡私人银行共有35%，也就是价值1200万～1400万卢布的股本位于法国。② 根据银行的记录，1920年1月1日那一天的记录上显示的数额比二人说的要小得多，为730万卢布。③

但是圣彼得堡私人银行董事会中的法国代表人数并没有因此缩减。1914年，董事会中仍有4名法国代表，但是根据银行董事会的会议纪要，他们很少参加银行的会议，对银行决策的影响程度也很有限。④

И. Ф. 金丁认为，在俄国各银行中，圣彼得堡私人银行是典型的"商业银行"。它根本没有分支机构，因此存款在其负债中所占的比例最低。圣彼得堡私人银行资金最重要的来源是同业银行。从资产结构上来看，圣彼得堡私人银行也是典型的商业银行，非担保证券业务和为股份公司融资是该银行的主要业务。⑤

在19世纪90年代，圣彼得堡私人银行就在这个领域十分活跃。但是由于危机，它损失了旗下大部分资产。到1914年，只有两家公司幸免于难——贝克尔公司和圣彼得堡机车制造公司。与俄亚银行几乎同时进行重组的圣彼得堡私人银行，其处境和俄亚银行差不多，昔日活跃的领域已经几乎被那些先从危机中恢复过来的银行瓜分殆尽。由于无法独善其身，圣彼得堡私人银行决定成为俄亚银行工业和金融交易活动的一个小型合伙人。偶尔它也能独立参与到一些活动中。⑥

1914年，俄国工商银行在股本数目上虽然不如圣彼得堡私人银行，

---

① Оль П. В. Указ. соч. С. 30.
② Ронин С. Указ. соч. С. 69.
③ НАФ. F 30. 1091.
④ ЦГИА СССР. Ф. 597. Оп. 2. Д. 47, 50, 56, 57（протоколы правления）.
⑤ Там же. Д. 52, 54, 55, 62, 69, 72（отчеты банка）.
⑥ 圣彼得堡私人银行投资的特点是在对其档案材料进行研究的基础得出的。

但是从总资源上来看，已经超过了圣彼得堡私人银行。1909~1913年，其股本从1500万卢布增加到了3500万卢布。不同于圣彼得堡私人银行，俄国工商银行资金的重要来源是存款，这一时期，俄国工商银行的存款量增长2.4倍——从5730万卢布增长到了1.956亿卢布。① 俄国工商银行在所有俄国银行中分支机构最多。

И. Ф. 金丁认为，俄国工商银行和俄国对外贸易银行十分相似。И. Ф. 金丁指出："其相对较大的商品流通和信贷量、对制糖业的强烈兴趣（它所赞助的公司的产量占制糖业产量的20%）以及积极参与其他行业，是这种高度相似性产生的重要原因，然而，俄国工商银行的这些活动在这些行业中却没能起到决定性作用。"②

正如银行的收支表中显示的那样，1910年前，银行贴现业务和商品贷款业务在对资产的贡献方面差别很大。即便是透支贷款中，也是货物抵押贷款占主导地位。但是，情况很快发生了变化。1912年，银行的个人证券贷款增加了1倍，代理账户的资金增加了近2倍。截至1914年1月1日，从俄国工商银行的资产结构上来看，对于其活动来说，工业融资的重要性越来越大。③

1911年，俄国工商银行的一大块资本（约32000股，几乎占总股份的1/3）被英国银行家 B. 克里斯普买走。他在伦敦成立了一家特殊的金融公司——英俄银行，并把股份转移到了这家银行。④ B. 克里斯普作为英俄银行的代表，被选入了俄国工商银行的董事会中，俄国工商银行的 A. O. 古卡索夫（董事会主席 П. О. 古卡索夫的兄弟）则被选入了英俄银行的董事会中。由于缺少俄国工商银行董事会的会议记录，因此我们无

---

① ЦГИА СССР. Ф. 634. Оп. 1, 21, 24, 25, 28（отчеты банка）.
② Гиндин И. Ф. Русские коммерческие банки. С. 365.
③ ЦГИА СССР. Ф. 634. Оп. 1. Д. 28.
④ Ронин С. Указ. соч. С. 78 - 79.

第四章　第一次世界大战前夕经济热潮中的俄国商业银行

法确定 B. 克里斯普在其中究竟扮演了怎样的角色。不过，他住在伦敦，偶尔才拜访圣彼得堡，从这一点来看，他的当选应该是象征意义大于实际意义。C. 罗尼根据财政部信贷科记录文件得出的结论是，1913~1914年，B. 克里斯普将他所拥有的大部分股份都抵押给了国家银行，他因此成为这些股份名义上的所有者。然而，B. 克里斯普在俄国工商银行的股东大会上几乎拥有一半票数。① 所有这些问题都需要进一步的研究。然而，目前在国家银行的档案文件中，笔者还没有找到任何有关 B. 克里斯普在俄国工商银行所持股份的文件资料。

西伯利亚商业银行和亚速-顿河银行类似，在19世纪90年代初才将其董事会迁到圣彼得堡。西伯利亚商业银行在1904年的股本仅为400万卢布。1907~1909年和1910年，在德意志银行和法国埃斯孔国家银行的帮助下，西伯利亚商业银行发行了总额为850万卢布的新股票。根据 C. 罗尼的说法，新发行的绝大部分股票在德国。② 银行在1912年发行的750万新股由另一个银行集团担保，这个集团由法国工商银行牵头，参与者包括塔尔曼法国银行和 L. 盖里英国银行。C. 罗尼认为，这样一来，西伯利亚商业银行的股份便转移到了法国。他写道："从 И. 马努斯在11月17日递交给信贷科科长的一份说明中，我们可以得知，法国工商银行拥有35000股西伯利亚商业银行的股份，这几乎占银行总股份的40%。"③ 1912年秋季，法国工商银行的两名代表被引荐到了西伯利亚商业银行的理事会中。与此同时，西伯利亚商业银行的一名董事会成员也进入法国工商银行就职。④ 西伯利亚商业银行行长 B.B. 塔尔科夫斯基在自己的回忆录中生动地描绘了西伯利亚商业银行和法国工商银行关系的后续发

---

① ЦГИА СССР. Ф. 634. Оп. 1. Д. 23; Ронин С. Указ. соч. С. 79.
② Ронин С. Указ. соч. С. 74-75.
③ Там же. С. 75.
④ Жиро Р. Указ. соч. С. 501.

展。① 1913 年，法国工商银行的一名代表未能再次入选西伯利亚商业银行的董事会。P. 日罗认为，这件事和法国工商银行的竞争对手法国信贷银行有关。② 无论如何，西伯利亚商业银行的董事会成功地控制了该银行大部分的股份。为了巩固对股份的控制，西伯利亚商业银行董事会在 1913 年 12 月 24 日的会议上决定参照法国信贷银行在法国建立一个银行机构③，正像 B. B. 塔尔科夫斯基提到的那样，西伯利亚商业银行的股份转移到了那个银行里。④ 不过遗憾的是，笔者没能在法国档案馆中找到和这家银行有关的任何资料。

从资产收支表的结构来看，西伯利亚商业银行和俄国工商银行十分相似，二者唯一的区别在于西伯利亚商业银行的资金来源更加有限，其利益局限于西伯利亚和乌拉尔地区。此外，两家银行活动的总体趋势也趋于一致，即为工商业企业融资的相关业务所占的份额在不断增加。⑤

圣彼得堡贷款和贴现银行在股权和总资金方面略逊于西伯利亚商业银行。同圣彼得堡私人银行一样，它也是一家典型的"商业"银行，专门从事非担保证券业务。⑥ 它早在 19 世纪末就确定了自己的发展道路，是当时俄国最早开展工业融资业务的银行之一，并在 90 年代后半期的工业热潮中发挥了重要作用。⑦ 但是由于长期的危机和萧条，它无法实现自我重建，明显落后于前合作伙伴圣彼得堡国际银行和俄国对外贸易银行。1908 年，该银行的股本为 1000 万卢布。1914 年初，由于两次股票的发行（分别在 1910 年和 1912 年），其股本达到了 2000 万卢布。两次股票发行

---

① Материалы по истории СССР в период капитализма. С. 144 – 154.
② Жиро Р. Указ. соч. С. 511.
③ ЦГИА СССР. Ф. 638. Оп. 1. Д. 10. Л. 253 – 254.
④ Материалы... С. 154.
⑤ ЦГИА СССР. Ф. 638. Оп. 1. Д. 7, 13, 14, 16 (отчеты банка).
⑥ ЦГИА СССР. Ф. 598. Оп. 2. Д. 79, 80, 81, 82, 83, 84 (отчеты банка).
⑦ См.: Бовыкин В. И. Зарождение...

第四章　第一次世界大战前夕经济热潮中的俄国商业银行

都是在德国贴现银行和门德尔松银行的推动下进行的，长期以来，圣彼得堡贷款和贴现银行和它们都有联系。但是，正如 С. 罗尼所指出的那样，这些股票只有小部分在德国。①

圣彼得堡贷款和贴现银行的董事会中没有任何外国银行或者金融集团的代表。德国贴现银行和门德尔松银行也没有在其股东大会上占有该银行的大量股份。德国贴现银行提出想要拥有的股份数目相当温和，仅为 250~350 股。门德尔松银行同样也持有大量股份，两家银行机构偶尔会出现在股东大会上。②

И. Ф. 金丁根据圣彼得堡贷款和贴现银行的档案资料，详细分析了圣彼得堡贷款和贴现银行对俄国工业、铁路以及其他股份制公司的参与状况。正如 И. Ф. 金丁分析得那样，在 19 世纪 90 年代，圣彼得堡贷款和贴现银行几乎完全放弃了对这些部门和公司的参与。不过，它保留了和莱斯纳公司的联系，这成为其重新构建自身融资领域的基础。尽管如此，在更多的时间里，圣彼得堡贷款和贴现银行充当的角色还是大型银行的合作者。尽管圣彼得堡贷款和贴现银行在行动上明显要向圣彼得堡国际银行看齐，但是它还是设法保留了一定程度的行动自主权。③

伏尔加—卡马银行在圣彼得堡各银行中是一个比较特殊的存在。И. Ф. 金丁在研究其在俄国金融资本形成过程中的作用时，完全没有考虑伏尔加—卡马银行，因为他认为，这家银行和莫斯科商业银行一样，其业务性质"更像 19 世纪的'传统'储蓄银行"④。虽然这种论断不无道理，但是对比其他银行，我们还是很难完全将其视作前垄断时代的一种遗迹。

---

① Ронин С. Указ. соч. С. 63.
② ЦГИА СССР. Ф. 598. Оп. 2. Д. 40, 41, 42, 43（списки акционеров）.
③ Гиндин И. Ф. Банки и промышленность... С. 86–99.
④ Гиндин И. Ф. Русские коммерческие банки... С. 357–358.

第一次世界大战前夕的俄国金融资本

目前我们所掌握的资料，尽管足以提供和伏尔加—卡马银行的业务结构及其主要发展方向相关的信息，但是，还不足以支撑我们找到造成其特殊性的根本原因。伏尔加—卡马银行的存款数量和活期账户水平特别高，可以排在俄亚银行和圣彼得堡国际银行之后，位居第三位。然而，银行收支表的"存款"性质本身并不能证明其发展存在不足。相反，在19世纪末和20世纪初，商业银行职能的分化，导致大多数资本主义国家中出现并发展了专门从事存款业务的银行。不过，由于银行必须要为这些存款支付利息，许多专职存款业务的银行必须要亲自或者通过中介来调动这笔存款进行投资，以此来支付存款利息。

对伏尔加—卡马银行的资产进行分析后我们可以看到，它对非担保价值的交易业务同样也很熟悉。就业务的数额而言，伏尔加—卡马银行与俄国工商银行、西伯利亚商业银行旗鼓相当。值得注意的是，对该数额贡献最大的是透支贷款，在20世纪初的俄国，它是银行投资股份制公司的一种主要形式。唯一让人感到不解的是，代理账户的水平较低，这或许表明伏尔加—卡马银行对财团业务的参与度较低。①

伏尔加—卡马银行遗存的档案记录无法为我们解答这一疑问。但通过这些档案记录，我们能够知道，伏尔加—卡马银行对一些工业银行很感兴趣、它参与了对铁路公司的融资等信息。② 伏尔加—卡马银行和诺贝尔兄弟石油公司之间的关系尤其值得关注。它们之间关系的性质尚不明确。但伏尔加—卡马银行的另一个特征是，它同外国信贷机构之间缺乏明显的联系。

---

① Комплект отчетов Волжско - Камского банка за интересующее нас время имеется в Библиотеке им. Ленина.
② ЦГИА СССР. Ф. 595. Оп. 2. Д. 32, 33, 147, 158, 171, 192, 198, 289, 292, 295, 296, 301 и др.

第四章　第一次世界大战前夕经济热潮中的俄国商业银行

至于莫斯科的各个银行，Ю. А. 彼得洛夫刚刚完成的研究颠覆了学界对其在俄国金融资本形成过程中发挥的作用的普遍看法。在此，笔者对这项研究结果的发表就不过多评论，只想指出一点，即这项研究揭示了俄国银行在同工业以及其他资本主义企业进行合并时的多样性，并且该项研究资料翔实，充分证明了莫斯科各银行与圣彼得堡各银行实际上是在同一条轨迹上进行发展的。①

**

笔者之所以以个体的形式对银行的历史进行考察，是针对本章开头列出的各项数据以及其展现出的一般过程所做出的进一步阐述。显然，俄国银行在发挥最基本的支付中介功能的同时，越来越多地参与到各项其他业务之中，这让它们有机会直接参与工业和国民经济的其他部门，甚至直接参与到股份公司之中。

俄国银行的身上逐渐呈现垄断资本主义时代的特征，资本国际化急剧加强，这尤其体现在外国资本对俄国银行的渗透上，还体现在外国银行和金融集团试图将一些俄国银行置于自身控制之下。然而，考虑到俄国经济的快速增长和国内资本在其工业发展中的作用显著增强，这一趋势并没有造成俄国银行对外国资本依赖性的加强，反而促成了这些俄国银行进一步与外国银行开展业务合作。这些俄国银行利用自身同外国信贷机构的联系，不仅在国内发展业务，甚至还走出国门，在国外建立金融集团甚至创办银行，这也进一步提高了国内资本同外国资本的混合程度。

---

① Петров Ю. А. Роль акционерных коммерческих банков в процессах формирования финансового капитала в России. Конец XIX в. - 1914 г. Автореферат. М., 1986.

第二节 银团的形成

再强大的银行也无法单独成立银行或是发行股票。因此它们更倾向于寻找"盟友"。这样一来,它们便能参与其"盟友"银行的业务。早在19世纪90年代,联合股票发行集团("辛迪加")在俄国就很普遍了。虽然出现了新的工业热潮,各银行再次以"集团"形式发行股票。И. Ф. 金丁对这种联合股票发行集团进行了全面的研究。① 有一点需要注意,这些集团的成员都是各银行、各银行机构、各股票交易经纪人以及各工业大亨,集团的主要用处是模拟贵重物品交易过程或获取流通中的证券以供日后出售。这些功能往往是交织在一起的。由于大额股票的配售往往会耗费大量时间,一旦出售推迟,财团就会代为管理这些股份。有时候,这个功能甚至会成为银行组建财团的主要目的。各银行通过联合股票发行业务,共同构建了一个工业和其他股份公司相互交错的复杂网络。到19世纪90年代末,在共同融资的基础上,已经出现了由俄国各主要银行组建的银行集团。参与其中的4家银行:俄国对外贸易银行、圣彼得堡国际银行、圣彼得堡贷款和贴现银行、俄国工商银行,它们之间的关系变得更加紧密了。然而这些银行却并没有形成一个富有凝聚力的团体。在一些问题上,它们是"盟友",在另一些问题上,它们是针锋相对的竞争对手。就圣彼得堡贷款和贴现银行而言,其和圣彼得堡—阿佐夫银行之间的合作实际上更加紧密和持久。② 危机彻底让这些新兴的集团土崩瓦解了。但随着工业增长的恢复,银行又开始发行新股,各银行联合成一个集团的趋势再度来袭。

---

① Гиндин И. Ф. Банки и промышленность... С. 126 – 134; Русские коммерческие банки... С. 328 – 330.
② См.: Зарождение...

第四章 第一次世界大战前夕经济热潮中的俄国商业银行

但是这种集团化尚处于比较早期的阶段。此外,银行在设立新机构和发行新股票这两项业务上的推行方式也截然不同。在一些行业中,银行是它们的盟友,但在另一些行业中,银行则是它们的竞争对手。除此之外,明显敌对的各方也会在一定条件下走到一起。它们相互结盟的原因或许不同,但比较常见的原因是为了平衡竞争对手的力量。所有这些表现都说明了集团具有稳定性,各银行共同设置商议机构并共同推行股票发行,这也是集团形成的基础。

银行集团还建立在其他基础之上:主导某家银行的势力不得不向"朋友"寻求援助,以确保自己能够继续把握该银行的控股权。在经济繁荣期,随着银行持股量的迅速增长,这一原因也越来越重要。实际上,由于银行相互参与彼此的股本,它们之间的关系也变得更为稳定。

俄亚银行的出现,催化产生了俄国银行之间的"新关系"。俄亚银行和圣彼得堡国际银行开始发挥主心骨的作用,围绕它们,关系复杂且矛盾众多的新型银行集团逐渐形成。

20世纪20年代,C. 罗尼在研究中"节选了"部分俄亚银行和圣彼得堡私人银行在1911年底达成的合作协议的内容。① C. 罗尼在特别信贷科的档案资料中发现了这份协议,但后来他又说这份协议其实已经丢失了。在 C. 罗尼发表这些研究的30年后,我们设法在苏联中央国家档案馆的俄亚银行档案中找到了这份协议。不过,我们找到的这份协议,其内容和 C. 罗尼"节选的"协议内容有很大差别。"俄亚银行和圣彼得堡私人银行"协议的文本部分这样写道,"希望在二者之间建立一个更大的利益共同体,因此签订了以下协议,其目的是规范双方合作的方式和条件。该协议适用于银行业务的各个方面,包括由政府和国家所担保的贵重物品发行业务。双方各派3名代表共同组建了一个特别委员会,以审

---

① Ронин С. Указ. соч. С. 122.

核协议所涉及的条例。该协议于1911年12月1日生效。"① 20年前，笔者在法国兴业银行的档案文件中发现的文件———一份解释性说明和俄亚银行同圣彼得堡私人银行之间的两份协议草案，这些文件表明2家银行之间草拟过更紧密的计划，但是没能付诸实践。遗憾的是，这些文件未曾标明具体日期，不过，它们和可以追溯至1910年底的材料放在了一起，或许我们可以借此来推断其日期。协议草案实质上体现了2家银行相互参与对方的股本，共同决定成立一个由双方代表组成的委员会，并对"银行业务"进行专业化管理。为了实现相互参股，两家银行都应当增加投资额。②

法国兴业银行同一档案中的另外一些材料，以及10年前笔者在巴黎—荷兰银行当中发现的一些档案资料表明了，这个夭折的协议，连同上文所提到的 А. И. 普迪罗夫和 Л. Ф. 达维多夫于1911年夏天提出的合并俄亚银行和西伯利亚商业银行项目，都是更大企划当中的一个部分。企划中勾勒了一个美好的图景——创建一个庞大的银行托拉斯。

1912年1月23日~2月5日，А. И. 普迪罗夫给 L. 多里松写信："在和圣彼得堡私人银行签订协议时，我冒昧地向您提出希望能在圣彼得堡建立银行托拉斯的这一想法，希望这个银行托拉斯可以成为您处理圣彼得堡金融机构业务的有力助手。您当时对我的这一想法表示了赞赏。但是，我们都同意，目前时机尚未成熟。回到圣彼得堡后，我和 Л. Ф. 达维多夫两个人一直在思考这个问题，并告诉另外2家银行，也就是西伯利亚商业银行和俄国工商银行的代表，我们认为应当先就它们所设想的合并事宜达成一致。"А. И. 普迪罗夫进一步提出建立托拉斯的条件业已成熟，他们现在基本能够实现对西伯利亚商业银行和俄国工商银行股权的控制。"您看，亲爱的 L. 多里松先生，"А. И. 普迪罗夫总结道，"开

---

① ЦГИА СССР. Ф. 630. Оп. 2. Д. 148. Л. 1–4.
② Г. О. 5691.

第四章 第一次世界大战前夕经济热潮中的俄国商业银行

展计划的各项要素都已经准备齐全了,根本不需要额外的开支。为了让这次的行动更有力度,并在这个基础上构建一个大的框架,正如我在巴黎和您说的那样,或许我们应当建立一个比利时公司,让它永久性持有银行托拉斯的一些资产和股份。"[1] 10 天后,也就是 1912 年 2 月 3 日~16 日,А. И. 普迪罗夫向 L. 多里松介绍了他为实现上述计划预计采取的措施,他写道:"我希望您能看一看我列出的这些措施,并给予我相应的指示。目前或许是建立托拉斯千载难逢的大好时机,我们现在既要克服俄国银行之间激烈的竞争,还要考虑国际各银行对俄国明显的敌对态度,因此,建立一个团结的银行集团迫在眉睫。"[2]

在法国兴业银行的档案和苏联中央国家档案馆的俄亚银行档案资料中,笔者尚未找到 L. 多里松对 А. И. 普迪罗夫这封信的回复,也没能找到 А. И. 普迪罗夫继续就这个问题展开谈判的任何相关资料。然而,在巴黎-荷兰银行的档案资料中我们找到了相关资料。银行档案的其中一组文件显示,1912 年 4 月底或是 5 月初,А. И. 普迪罗夫在伦敦银行家之家驻巴黎代表 L. 吉尔什巴尔的撮合下进行了调解。雅克·金斯伯格试图让巴黎-荷兰银行的领导层注意到建立托拉斯的这一想法。1912 年 5 月 1 日,雅克·金斯伯格代表 А. И. 普迪罗夫向巴黎-荷兰银行行长 A. 图拉蒂尼递交了一份说明,其中指出:"在巴黎进行的初步谈判,对建立一个由 4 家银行组成的托拉斯机构提出了以下几点要求。"然后他们制定了一个建立法国公司的计划,用来交换其股份,这个公司的投资组合中包括了:俄亚银行(8 万股)、圣彼得堡私人银行(4.5 万股)、西伯利亚商业银行(2.5 万股)、俄国工商银行(2.9 万股),股票数目十分惊人。这是他们所制定的最大的方案。他们还设想了一个轻量版的法国公司的投资组合:俄亚银行(4 万股)、圣彼得堡私人银行(3 万股)、西伯利亚商业

---

[1] Г. О. 5649.
[2] Там же.

银行（1.2万股）、俄国工商银行（2万股）。①

上述档案文件中不包含巴黎－荷兰银行领导层的回应，如果存有与回应相关的档案文件，或许我们就能找到其拒绝态度背后的原因②，不过这个原因我们大致也能猜到：法国兴业银行和巴黎－荷兰银行的领导们甚至都管理不好俄亚银行，而新的托拉斯计划无疑会让这2家银行的持股量进一步减少，这样一来，А. И. 普迪罗夫所说的组建银行托拉斯后能够进一步保障法国兴业银行和巴黎－荷兰银行在俄国的权益，对2家银行来说显然不具有说服力。

不少迹象表明，А. И. 普迪罗夫并没有放弃组建托拉斯的想法，他坚持不懈地尝试，如何在缺少法国赞助商支持的情况下实施这一构想。最终，1912年以俄亚银行为中心形成了一个"联盟性"的银行集团。圣彼得堡私人银行、西伯利亚商业银行和俄国工商银行都是该集团的成员。然而，俄亚银行和后2家银行的联系较为松散，为了进一步强化同这两家银行的联系，А. И. 普迪罗夫还需要继续奔走。③

J. 杜布勒伊在1911年12月25日写给 L. 多里松的信中指出，俄亚银行同圣彼得堡私人银行之间达成的这项协议，让圣彼得堡国际银行十分苦恼，圣彼得堡国际银行因此决定同圣彼得堡贷款和贴现银行结成类似的联盟。④ 历史学家尚未发现标志着两家银行形成联盟的正式协议，但是两家银行合作十分密切确实是有目共睹的事实。

在1912年4月27日召开的亚速－顿河银行理事会的会议上，Б. А. 卡门克报告说，这家银行"现在成为由圣彼得堡国际银行、圣彼得堡贷

---

① ПНБ. Россия 190/12.
② 1912年5月11日在给雅克·金斯伯格男爵的信中，A. 图雷蒂尼告诉他，自己已经收到了他提交的文件。
③ См. об этом воспоминания В. В. Тарковского // Материалы па истории России в период капитализма.
④ Г. О. 5624.

第四章　第一次世界大战前夕经济热潮中的俄国商业银行

款和贴现银行以及俄国对外贸易银行所构成的银行集团的一部分。"① 由此，我们不禁思考，这个银行集团究竟是在怎样的基础上产生的，它究竟如何运转，毕竟我们目前还没找到和它活动有关的任何文件。

不管怎样，总体来说此时俄国各银行开始变得集团化，也因此产生了相应的效应。

**

俄国银行集团的形成与其资本的国际化以及银行间国际合作的发展密切相关。

由于大部分俄国银行都通过各种形式与外国银行建立了联系，它们联合成一个集团，这让俄国新兴银行集团在进行国际交往时牵连出了一系列复杂的关系。这一问题尽管在很久以前就受到了众多学者的关注，但是仍需要对此进行进一步的探究。

巴黎—荷兰银行和法国兴业银行的和解无疑推动了俄中银行和北方银行的合并。法国信贷银行赞助圣彼得堡私人银行，法国工商银行赞助西伯利亚商业银行，而巴黎－荷兰银行和这两家法国银行关系密切，法国工商银行和俄亚银行的和谐关系也与此相关。不过，А. И. 普迪罗夫成立的托拉斯中所包括的俄国银行，它们大多接受了来自与自身关系亲密但又相对独立的外国银行的资助，这一事实似乎让俄国银行的融合变得有些受限。

另一个集团的情况也大致相同，其主要成员圣彼得堡国际银行和俄国工商银行得到了彼此的竞争对手——德国贴现银行和德意志银行的赞助。

因此，帝国主义之间金融资本的国际纠纷，让俄国刚刚呈现的银行集团变得举步维艰，陷入混乱。

---

① ЦГИА СССР. Ф. 616. Оп. 1. Д. 62. Л. 7.

第五章
俄国垄断发展的新阶段

在 19 世纪末的工业繁荣时期,俄国大多数的卡特尔垄断组织都崩溃了,但是到了战前工业热潮时期,卡特尔和辛迪加作为俄国经济在 20 世纪初的重要支柱,还持续发挥着作用。不过,二者的活动范围此时已经不太可能继续扩大了。① 研究表明,垄断性经销协会发展的方向是进一步调整自己的组织结构,以适应其所在行业的情况以及应对市场条件的变化。②

在战前的工业热潮中,俄国国民经济呈现了其他的垄断形式。本章的主要任务是对它们进行分析。

第一节 更高形式垄断组织的迅速发展

相关研究表明,在不同的阶段,生产集中和垄断存在着不同的趋势。在危机时期和萧条年代,需求的急剧下降导致了工业产品之间竞争的激化,这时候,生产集中呈横向发展,特定行业的垄断性销售协会由此产

---

① 1909 年以后,只有几个经销协会还在持续扩张。
② 参见 O. A. 库比茨卡娅和 M. A. 达维多夫的论文。

生，比如说卡特尔和辛迪加。随着经济的复苏和新一轮热潮的到来，由于制造业各企业在原料和燃料上的激烈竞争，生产集中呈纵向发展，具体表现为相关企业之间的合并与合作，这为更高形式垄断的出现奠定了基础，这些企业并不是基于暂时的利益才走到了一起，这些企业合并后所形成组织的框架受它们之间所签合同条款的限制，其共同所有权是有条件的。

这种趋势在19世纪八九十年代就已经十分明显了，也正是在那时，俄国的垄断企业诞生了。20世纪初，垄断企业成为俄国工业垄断发展的主要方向。如果说危机时期和萧条年代是俄国建立卡特尔式垄断协会的时期，那么战前的工业热潮则开启了俄国垄断历史的新阶段——俄国更高形式的垄断迅速发展。

19世纪90年代的实践经验表明了，以单一企业或者股份制企业为单位，想要实施上述合作并进行联合生产，总的来说还是过于狭隘了。要实现这种联合生产，关键在于要在参与制下进行企业联合。俄国工业的一些部门产生并发展了这种参与制的企业联合。在私营企业中，这种趋势最为明显，甚至连诺贝尔兄弟石油公司都采用了这种联合方式。但是，诺贝尔兄弟石油公司的发展历程似乎和我们前文中所说的内容相互矛盾。19世纪90年代末，诺贝尔兄弟石油公司在构建海外贸易网络时采取的是建立子公司的方式。

正如上文所述，到了19世纪90年代末，作为应对竞争的手段，垄断性销售组织的局限性已经十分明显了。这进一步推动了各企业的托拉斯化以及合并同质化企业的趋势。不过，这些尝试基本上都失败了。我们在之前已经详细地探讨过俄国建立托拉斯失败的历史。尽管组织者设想的合并规模依旧庞大，不过，这段历史本身还是十分独特。事实证明，通过合并来组建小型协会的努力同样不成功。比如说，1908~1909年，莫斯科的三家公司——禧玛诺公司、P.日罗公司和摩丝公司，它们试图通过合并来组建一个丝绸托拉斯的尝试以失败告终。①圣彼得堡的3家公司——拉费尔姆公司、А.П.博格达诺夫合作公司和А.Н.沙波什尼科夫公司，它们想要通过合并成立一个烟草托拉斯的计划也失败了。②

实现横向合作和纵向生产最重要的方式是进一步发展以"参与制"为基础的工业联盟，这种趋势在1909~1912年的工业热潮中再次兴起。在工业增长的年代，俄国的"参与制"发生了重大转变，重要标志是公司尤其是新成立的公司，越来越希望获得收购其他公司股份的权利。沙皇当局很乐意赋予这些公司这项权利。不过，在1910年之前，却只有小部分俄国公司真正享受到了这项权利。在第一次世界大战爆发的4年前，1034家新成立的俄国公司中共有112家获得了这项权利。③

建立一个彼此参股的公司，或者其中一个公司能够拥有其他公司控股权的联盟，银行的支持和积极投资必不可少。当时，银行不仅和工业紧密结合，它还成为推动企业成立和发展的中心地带和动力引擎。第一次世界大战前夕，这一点在俄国工业发展最迅速的部门——军事工业生产中尤为突出。

在第一次世界大战前夕，俄亚银行是最早对俄国军事工业进行投资的一家银行，它推动了俄国军事工业的快速发展。俄亚银行自成立之日起，就对从事军事工业生产的公司有着浓厚的兴趣。

在俄亚银行1910年底至1911年的档案中，可以找到大量和А.И.普迪罗夫工业公司有关的参考资料。银行汇集了从各大信贷咨询机构得来的、从报纸杂志剪裁后保留的各项资料，除此之外，还有报表的复印件和收支

---

① Антонова С. И. Влияние столыпинской аграрной реформы на изменение состава рабочего класса. М., 1961. С. 219-221.
② Аракелов А. А. Монополизация табачной промышленности России // Вопросы истории. 1981. № 9. С. 18-19.
③ Шепелев Л. Е. Акционерные компании в России. Л., 1973. С. 225, 231, 248.

第五章 俄国垄断发展的新阶段

平衡表,从这些资料中我们可以了解公司的各项事务。① 毫无疑问,在这一时期,俄亚银行经理们的重点关注对象是 А. И. 普迪罗夫工业公司。

俄亚银行对这家公司产生兴趣并不是一种偶然现象。А. И. 普迪罗夫工业公司长期以来专门从事各类武器(包括枪支、枪架、炮弹等)的生产工作。1908 年,这家公司提供了价值近 390 万卢布的军工产品,这些产品的生产占公司总生产量的 30.8%。② 随后几年里,军工生产在 А. И. 普迪罗夫工业公司总生产中的比重进一步上升。1911 年,军工产品占总产量的比重上升到了 43.3%,价值高达 760 万卢布。③

生产军工产品让 А. И. 普迪罗夫工业公司获取了极高的利润。1911 年,枪炮生产所产生的利润高达 140 万卢布,占公司总利润的 68.8%。④ А. И. 普迪罗夫工业公司是全俄唯一一家生产火炮的私营企业。它同施耐德公司和克虏伯公司签订了技术合作协议,这份协议的签订让 А. И. 普迪罗夫几乎垄断了最新火炮武器的生产工艺。⑤

А. И. 普迪罗夫工业公司也有生产军用舰艇的经验,特别是在驱逐舰的生产方面,经验丰富。1912 年,А. И. 普迪罗夫工业公司所生产的诺维克驱逐舰,在同级舰艇中是武器装备最好、速度最快的舰艇。⑥ 正因如此,俄亚银行的经理们在以军事工业融资为主要业务后不久,便立刻将目光转向了 А. И. 普迪罗夫工业公司。

---

① ЦГИА. Ф. 630. Оп. 2. Д. 448. Л. 14 – 15, 16, 17, 18 – 20 и др.
② ГИАЛО. Ф. 1309. Оп. 1. Д. 47. Л. 3 (годовой отчет Общества Путиловских заводов в 1908 г.).
③ Там же. Д. 48. Л. 109, 130 (годовой отчет Общества Путиловских заводов за 1911 г.).
④ Там же. Л. 11.
⑤ Там же. Д. 99. Л. 310 – 314; Д. 272. Л. 165 – 168 (договор между Обществом Путиловских заводов и фирмой Крупна от 16/29 июня 1908 г.); ЦГИАЛ. Ф. 1393. Оп. 2. Д. 316. Л. 1 – 5 [договор между Обществом Путиловских заводов и фирмой Шнейдера от 29 июня (12 июля) 1907 г.]. 这些合同规定,公司"有权和其他外国公司签订新的合同,以确保自己在俄国完全垄断新型火炮的生产技术"。
⑥ А. П. Шершов. К истории военного кораблестроения. М., 1952. С. 338.

在争夺公司控股权的斗争中，俄亚银行最大的竞争对手是经验老到的圣彼得堡国际银行，这家银行和 А. И. 普迪罗夫工业公司是长期合作伙伴。

1911 年 2 月，А. И. 普迪罗夫工业公司的资本增加了 400 万卢布，圣彼得堡国际银行顺势再次担任银团主席，为新股的发行进行担保。① 这也意味着，圣彼得堡国际银行下定决心绝对不会让出自己在 А. И. 普迪罗夫工业公司中的主导地位。

自 1911 年起，俄亚银行和圣彼得堡国际银行之间就展开了激烈的斗争。1911 年 2 月，俄亚银行在银团中获得了高达 21.25% 的股份。② 此后，银团董事会主席 А. И. 普迪罗夫（他于 1910 年 5 月 6 日入选 А. И. 普迪罗夫工业公司董事会，但在 1911 年 2 月底之前，他没有出席过该公司任何一场会议）开始重点关注起 А. И. 普迪罗夫工业公司的管理工作。③

俄亚银行的出手似乎和银行与施耐德公司之间的业务往来有关。施耐德公司的领导层对他们之前和 А. И. 普迪罗夫工业公司签订的协议有所不满，之前签订的协议允许 А. И. 普迪罗夫工业公司平等地使用克虏伯公司提供的服务。1910～1911 年，施耐德公司试图摆脱克虏伯公司的竞争，独占 А. И. 普迪罗夫工业公司军工生产的技术管理权。

1910 年 1 月，当 А. И. 普迪罗夫工业公司的代表 К. М. 索科洛夫斯基来到克雷佐，就"在俄国生产大口径枪支"一事进行会谈时，施耐德公司的领导人提出了要与该协会"改变现有关系"的要求。④ 几个月后，

---

① ГИАЛО. Ф. 1309. Оп. 1. Д. 14. Л. 62（протокол заседания правления Общества Путиловских заводов от 5 февраля 1911 г.）; ЦГИАЛ. Ф. 630. Оп. 2. Д. 769. Л. 69 - 70（письмо Международного банка Русско - Азиатскому банку от 9 февраля 1911 г.）.
② ЦГИАЛ. Ф. 630. Оп. 2. Д. 769. Л. 70, 71（переписка Русско - Азиатского банка）.
③ ГИАЛО. Ф. 1309. Оп. 1, Д. 11, 12, 13, 14, 15（протоколы заседаний правления Общества Путиловских заводов）.
④ Там же. Д. 11. Л. 120（протокол заседания правления Общества Путиловских заводов от 24 февраля 1910 г.）; ЦГАВМФ. 1248. Оп. 1. Д. 18а. Л. 43（справка об участии фирмы Шнейдера《в деле перевооружения русской сухопутной артиллерии》от 18 октября 1915 г.）.

第五章　俄国垄断发展的新阶段

1910年5月27日，施耐德公司的技术总监尤森来到了圣彼得堡。在详细了解过 А.И. 普迪罗夫工业公司的火炮生产状况之后，他同公司董事会成员丹尼列夫斯基、Л.А. 比什利亚格、赫鲁廖夫、А.К. 德雷尔以及枪炮生产技术总监谢尔盖·米哈伊洛维奇公爵进行了谈话，谈话主要针对如何在施耐德公司的帮助下组织 А.И. 普迪罗夫工业公司的大口径火炮的生产工作。尤森想要达成一个能"自然而然地"将克虏伯公司排除在外的合作方案。①

这样一来，俄亚银行认为，它们可以像施耐德公司挤走克虏伯公司那样，把圣彼得堡国际银行从 А.И. 普迪罗夫工业公司中挤走。俄亚银行和施耐德公司都想要控制 А.И. 普迪罗夫工业公司，从而控制政府的火炮重新武装计划。这是二者开展合作的前提条件。具体的分工为：俄亚银行负责提供财务支持，施耐德公司进行技术管理。

1911年春天，施耐德公司的代表再次来到了圣彼得堡，А.И. 普迪罗夫本人积极参加了谈判。两家公司达成了一项初步协议，即在施耐德公司的技术指导下，对 А.И. 普迪罗夫工业工厂进行整修和扩建。在此过程中，俄国银行将发行适当数目的股票和债券，并在施耐德公司的参与下，提供总价值超过1600万卢布的资金。②

为了让圣彼得堡国际银行主动退出竞标，А.И. 普迪罗夫决定和法国方面——法国兴业银行和巴黎-荷兰银行进行沟通，商洽由他们接手负责 А.И. 普迪罗夫工业公司的新股发行工作。为此，在1911年秋季，А.И. 普

---

① ЦГИАЛ. Ф. 630. Оп. 2. Д. 448. Л. 1–11.（这是一份法文文件的副本，其标题为《根据胡森近日于1910年5月27日~6月3日在圣彼得堡考察期间观察所得总结的俄国事务的总报告》），我们最终在俄亚银行管理委员会的档案中找到了这份文件，它证明了施耐德公司和俄亚银行之间存在着非常紧密的关系。
② Там же. Д. 456. Л. 28–29（письмо Путилова директору Генерального общества Доризону от 6/19 декабря 1911 г.）; ЦГАВМФ. Ф. 1248. Оп. 1. Д. 18а. Л. 43（справка об участии фирмы Шнейдера《в деле перевооружения русской сухопутной артиллерии》）.

迪罗夫前往巴黎，同法国兴业银行行长 L. 多里松和巴黎 – 荷兰银行行长 Э. 内兹林进行了商谈。① 两家银行原则上接受了 А. И. 普迪罗夫的提议，但随后这两家巴黎银行开出了一些条件。1911 年 10 月 4（17）日，法国兴业银行寄给俄亚银行的信中提出了具体条件，主要内容如下。

1. 开展这项行动的前提是，А. И. 普迪罗夫工业公司确保自己一定能够获得政府的大、中口径枪炮订单。

2. 法国方面同意，在"对克罗索的施耐德公司设计的新设备和 А. И. 普迪罗夫工业公司的生产情况进行充分审查后，才能对是否投资做出最终决定，此外，将从技术水准和财会角度对这些工厂的盈利能力进行审查"。

3. 法国方面坚持要求在 А. И. 普迪罗夫工业公司的董事会中派驻自己的代表。

在这些条件之下，法国方面承诺参与交易的金额将不超过股票和债券总发行量的 10% ~ 15%，根据法国银行方面的说法，金额不会超过 1400 万 ~ 1500 万卢布。在巴黎市场上，法国兴业银行只同意投放 А. И. 普迪罗夫工业公司的债券，至于公司的股票，据说绝大部分都将在俄国证券交易所中交易。②

А. И. 普迪罗夫显然无法接受这些条件，因为法国银行提供的援助过低，但提出的要求过高，同意这些苛刻的要求只会让俄亚银行在与对手竞争时处于更大的劣势。

因此，А. И. 普迪罗夫再次和法国兴业银行以及巴黎 – 荷兰银行进行交涉，希望它们能够给予更多的支持。А. И. 普迪罗夫在 1911 年 12 月 6（19）日给 L. 多里松写了一封信，在信中，他洋洋洒洒阐述了，为了独占 А. И. 普迪罗夫工业公司，在两大与外国资本关系密切的俄国银行之间，展开了

---

① ЦГИАЛ. Ф. 630. Оп. 2. Д. 456. Л. 29（письмо Путилова Доризону от 6/19 декабря 1911 г.）.

② Там же. Л. 8 – 9.

多么激烈的竞争。

对 А. И. 普迪罗夫工业公司感兴趣的主要有这两家俄国银行：圣彼得堡国际银行和俄亚银行。А. И. 普迪罗夫写道："……圣彼得堡国际银行在某种程度上代表着德国资本，而我们（俄亚银行）则代表着法国资本。А. И. 普迪罗夫工业公司受与克罗索的施耐德公司所签协议的约束，不过，偶尔也能与克鲁普恩开展合作。克罗索的施耐德公司想要掌控所有业务，这样便于他施加影响，支持克罗索的施耐德公司，并在他的帮助下将圣彼得堡国际银行在董事会中的作用降至最低，或者大幅度削减圣彼得堡国际银行的话语权，这符合俄亚银行的利益。现在，我们在各项业务上必须要和克罗索的施耐德公司开展合作，对于银行来说，这是大有益处的。直至今日，圣彼得堡国际银行对 А. И. 普迪罗夫工业公司的各项行动还是起决定性作用，А. И. 普迪罗夫工业公司长期处于它的监管之下。一年半之前，我成功地让我们的银行（当时还是俄中银行）参与到 А. И. 普迪罗夫工业公司的事务中，这也让我成为 А. И. 普迪罗夫工业公司董事会的成员。如果 А. И. 普迪罗夫工业公司的股份能像现在这样向俄国普通民众出售，那么我就可以不用继续同圣彼得堡国际银行斗争，因为在圣彼得堡证券交易所里，它比我们更强大，而且由于圣彼得堡国际银行获得了德国银行的支持，不管我们怎么努力，它们在 А. И. 普迪罗夫工业公司中的股份始终比我们多。只有巴黎方面持有一定的股份，我们在这场竞争中才有机会取胜。克罗索的施耐德公司说，他想在自己的投资组合中保有一定数目的股份，这样一来，外加上俄亚银行的力量，或许我们能够在股东大会上赢过圣彼得堡国际银行。圣彼得堡国际银行经验丰富，每次有新股发行，它都会极力阻止这些新股出现在巴黎市场上，转而要求在俄国市场上进行交易。就目前的状况来说，这样的手段难免让人生疑。或许，圣彼得堡国际银行不想让法国的银行参与新股票的发行。我克服了重重困难，采取了一些比较巧妙的手段，才让它同意了法国资本的介入。

在很长一段时间里，圣彼得堡国际银行试图让法国资本只接触债券发行，尽一切可能阻止股票流入法国市场。"

鉴于此种情况，А.И.普迪罗夫要求法国兴业银行的领导层：（1）请暂时放弃法国资本在公司董事会中的代表权；（2）采用新的方案，即将А.И.普迪罗夫工业公司的股票（包括新旧股票）引入巴黎市场。此外，在该信所附的协议草案中，А.И.普迪罗夫还提议将А.И.普迪罗夫工业公司的股票和债券的总额提高到 2000 万卢布。①

L.多里松很冷淡地回复了А.И.普迪罗夫："我坦诚地告诉您，我们对您提出的这个新方案（即А.И.普迪罗夫的建议）……感到很不安。"他将最终答复推迟到了口头谈判，L.多里松写道："我们主要担心的是，您所提出的这个改进方案虽然变动很大，但是在实质上却未能触及根本问题，这样的话，巴黎的银行是很难接管这项业务的。"② 不久后，А.И.普迪罗夫便收到了法国兴业银行最后的拒绝函。

法国兴业银行和巴黎-荷兰银行拒绝增加А.И.普迪罗夫工业公司的股本，А.И.普迪罗夫因此不得不另寻他法。

1912 年 1 月，А.И.普迪罗夫又一次前往巴黎。在那里，他和施耐德公司的经理们一起找到了巴黎联合银行，他们向银行建议，可以对А.И.普迪罗夫工业公司进行增资。在同巴黎联合银行的代表进行谈判时，А.И.普迪罗夫首次提出了，在А.И.普迪罗夫工业公司的项目中还可以额外加上购买或加入涅瓦造船机械厂的新计划。③

А.И.普迪罗夫工业公司的项目，实质上会向承接该项目的银行提供极高的利润。具体来说，在形式上，涅瓦造船机械厂虽然是一个有限公

---

① Там же. Л. 28–34, 38（письмо Путилова Доризону от 6/19 декабря 1911 г.）.
② Там же. Л. 44а–44б（письмо Доризона Путилову от 16/29 декабря 1911 г.）.
③ Там же. Л. 52а–52в（письмо представителя фирмы Шнейдера Путилову от 2/15 января 1912 г.）.

司，但实际上它的所有股份都归国家银行所有。这家公司基本上无利可图，所以它对于国家银行来说是个棘手的麻烦。国家银行十分乐意以 600 万卢布的价格将其所拥有的实际数额为 854.2 万卢布的股份转让出去。А. И. 普迪罗夫提议，巴黎联盟银行及其财团与以俄亚银行为首的俄国财团联手购买这些股份，然后把这些股份转让给 А. И. 普迪罗夫工业公司，以换取该公司 6 万股股票（每股 100 卢布），这样一来 А. И. 普迪罗夫工业公司的股本就能进一步增加。А. И. 普迪罗夫工业公司当时的股票报价为每股 180~200 卢布，每股面值为 100 卢布，因此，转售涅瓦造船机械厂的股票至少可以盈利 300 万卢布。巴黎联盟银行竟然心甘情愿地接受了 А. И. 普迪罗夫的提议，这着实让人感到意外。

回到圣彼得堡后，А. И. 普迪罗夫于 1912 年 1 月下旬组建了一个银团，"用于购买并在之后出售 А. И. 普迪罗夫工业公司的股份"。银团的负责人是俄亚银行，成员包括圣彼得堡私人银行和圣彼得堡商业银行以及圣彼得堡的一位股票经纪人 И. П. 马努斯。① 银团设法获得了 А. И. 普迪罗夫工业公司一定数目的股票。在 1912 年 1 月 31 日（2 月 13 日）写给施耐德公司的信中，俄亚银行向圣彼得堡私人银行报告说，这些股份外加上他们客户所拥有的股份，确保了他们能在即将举行的 А. И. 普迪罗夫工业公司的股东大会上拥有多数票。②

1912 年 3 月 6 日（19 日），与 А. И. 普迪罗夫工业公司利益相关的俄国银行、法国银行代表在巴黎联合银行召开了会议。俄亚银行和圣彼得堡私人银行的代表构成了本次会议的俄国代表团，而巴黎联合银行、比利时兴业银行、塔尔曼法国银行、L. 盖里英国银行的代表构成了法国代表团。施耐德公司的一名代表也出席了会议。会议上就两大银团共同增

---

① Там же. Д. 769. Л. 97-102, 128-130 [письма правления Русско-Азиатского банка участникам синдиката от 13/26 января и 25 января (7 февраля) 1912 г.].
② Там же. Д. 456. Л. 70.

加 А. И. 普迪罗夫工业公司股本的条件进行讨论并达成了相关协议。与会各方同意通过发行新股 9 万股（每股 100 卢布），让公司的股本从 1600 万卢布增加到 2500 万卢布。其中有 6 万股股票将分给出席会议的俄国和法国银行，作为交换，它们将从国家银行手中购买涅瓦造船机械厂的股份，剩下的 3 万股股票将作为"一些建筑、设备翻新和资金流转的备用金"。俄国和法国代表团在银团中的股份分配具体如下：57% 分给俄国代表团，38% 分给法国代表团，5% 分给施耐德公司。

会议还决定："俄国代表团作为 А. И. 普迪罗夫工业公司最大股东，必须立刻采取措施，召开股东大会，以便购买涅瓦造船机械厂全部 28468 股股票。为此，将 А. И. 普迪罗夫工业公司的股本从 1600 万卢布增加到 2500 万卢布。"①

俄国代表团履行了这一承诺，1912 年 5 月 16 日，在 А. И. 普迪罗夫工业公司的股东大会上通过了增加股本的决定，并同意按照巴黎银行会议上所制定的条件购买涅瓦造船机械厂。②

1912 年夏季，А. И. 普迪罗夫工业公司发行了新股票。③ 涅瓦造船机械厂变成了股份公司，股本为 700 万卢布（共 7 万股，每股 100 卢布）。④ 从形式上来看，新公司是一家独立公司，但实际上公司的所有股份都归 А. И. 普迪罗夫工业公司所有。

在 А. И. 普迪罗夫的构想中，收购涅瓦造船机械厂能让俄亚银行在和圣彼得堡国际银行争夺 А. И. 普迪罗夫工业公司控制权时取得优势，从而

---

① ЦГИАЛ. Ф. 597. Оп. 2. Д. 294. Л. 41 – 50a（протокол совещания）.
② ГИАЛО. Ф. 597. Оп. 1. Д. 300. Л. 1（копия протокола общего собрания акционеров Общества Путиловских заводов от 16 мая 1912 г.）.
③ ЦГИАЛ. Ф. 630. Оп. 2. Д. 937. Л. 105 – 107（книга синдикатов, возглавляемых Русско – Азиатским банком）.
④ ГИАЛО. Ф. 1239. Оп. 1. Д. 39. Л. 55（решение общего собрания пайщиков Товарищества Невского судостроительного и механического завода от 31 июля 1972 г.）.

赢得这场竞争。相较于其他为 А. И. 普迪罗夫工业公司增资并提供担保的银行而言，圣彼得堡国际银行在银团中所占比重较大①，但是它在这个银团里基本上孤立无援。而俄亚银行则截然不同，它不仅领导整个银团，还获得了法国银行代表团和施耐德公司的支持。因此，从 1912 年夏季起，俄亚银行接手了 А. И. 普迪罗夫工业公司事务的最终决定权。

1912～1914 年，А. И. 普迪罗夫工业公司在新工厂的建设上投资了约 3000 万卢布。这些资金有很大一部分都用于扩充和翻新枪炮生产厂。这些费用逐年增长，在 1912 年为 111.5 万卢布，1913 年为 189.9 万卢布，1914 年为 313.8 万卢布。1912 年，公司投建了一座新的塔式车间，1913 年这间车间便生产了价值超过 300 万卢布的产品。② 1913 年 8 月，公司开始扩建大炮生产车间，共拨出 100 多万卢布用于购买新设备。③ 同年 9 月，公司还决定建造一个新的冲压车间。④

1913 年，枪炮车间生产了价值 936.9066 万卢布的产品，和 1911 年相比增长了近 200 万卢布。1913 年，枪炮生产量占公司总产量的 46.6%，利润高达 238.8564 万卢布，1913 年 А. И. 普迪罗夫工业公司的全部利润几乎都源于枪炮的生产。⑤

1912 年，А. И. 普迪罗夫工业公司开始投建造船厂。沙皇政府此时想要加强波罗的海舰队，这成为公司投建造船厂的契机。这个想法最早由

---

① 俄国各银行在这个银团中的股份分配如下：俄亚银行占 11.4%；圣彼得堡私人银行占 11.4%；圣彼得堡国际银行占 22.8%；俄国工商银行占 5.7%；西伯利亚商业银行占 5.7%。各银行总共占 57.0%。(ЦГИАЛ. Ф. 630. Оп. 2. Д. 937. Л. 106 - 107).

② ГИАЛО. Ф. 1309. Оп. 1. Д. 49. Л. 140 - 141（годовой отчет Общества Путиловских заводов за 1913 г.).

③ Там же. Д. 21. Л. 243（протокол заседания правления Общества Путиловских заводов от 7 августа 1913 г.); ЦГИА СССР. Ф. 369.

④ Там же. Д. 22. Л. 105（протокол заседания правления Общества Путиловских заводов от 21 сентября 1913 г.).

⑤ Там же. Д. 49. Л. 140 - 141, 154（годовой отчет Общества Путиловских заводов на 1913 г.).

А. И. 普迪罗夫工业公司董事会成员比什拉格提出①，并获得了 А. И. 普迪罗夫的积极支持。1911 年 10 月，А. И. 普迪罗夫工业公司和德国造船公司布洛姆 & 福斯公司初步签订了一份合约，"这份合约既适用于制定船舶建设项目，也适用于建造大型造船厂"。最初的计划是组建一个新的股份公司来建造造船厂，创办者为 А. И. 普迪罗夫和比什拉格。但后来公司的决策者并没有采用这个方案，他们最终决定在 А. И. 普迪罗夫工业公司之下投建造船厂。② 1912 年 4 月 30 日，А. И. 普迪罗夫工业公司的股东大会通过了继续建造造船厂的决定，并确定投资额为 1400 万卢布。③ 建造工作从 1912 年夏季开始。1912 年 10 月 4 日，根据大臣会议的决议，А. И. 普迪罗夫工业公司获令建造 2 艘轻巡洋舰和 8 艘驱逐舰。④ 1912 年 11 月 1 日，А. И. 普迪罗夫造船公司从 А. И. 普迪罗夫工业公司中分离出去，成为一个行政独立的企业，公司的董事为布洛姆 & 福斯公司代表奥本诺夫斯基。⑤

建设 А. И. 普迪罗夫造船公司耗资巨大。庞大的开支让俄亚银行不得不转向巴黎联合银行及其背后财团寻求帮助。1913 年 4 月 26 日 (5 月 9 日)，在巴黎联合银行举行的俄国代表团和法国代表团联合会议上，法国银行集团同意协助俄国银行向 А. И. 普迪罗夫工业公司提供贷款，但条件是 А. И. 普迪罗夫工业公司改变自己和布洛姆 & 福斯公司的协议。法国银行集团要求，"无论是在技术援助方面，还是在获取 А. И. 普迪罗夫造

---

① 为了说明这一构想，比什拉格还撰写了两本小册子——《如何恢复我们的舰队》和《扩建 А. И. 普迪罗夫造船厂以满足军事造船的需要》（ГИАЛО. Ф. 1309. Оп. 1. Д. 18. Л. 93）。

② ГИАЛО. Ф. 1309. Оп. 1. Д. 18. Л. 93（протокол заседания правления Общества Путиловских заводов от 2 августа 1912 г.）.

③ ЦГИАЛ. Ф. 23. Оп. 25. Д. 565. Л. 283（письмо правления Общества Путиловских заводов в Отдел торговли Министерства торговли и промышленности от 12 апреля 1914 г.）.

④ ЦГИАЛ. Ф. 1276. Особые журналы. Д. 2597. Л. 1（Особый журнал Совета министров от 4 октября 1912 г. о распределении заказов на постройку судов）.

⑤ ГИАЛО. Ф. 318. Оп. 1. Д. 1181. Л. 19（циркулярное письмо правления Общества Путиловских заводов）.

船厂的外国机械装置订单方面,克罗索的施耐德公司都应该与布洛姆＆福斯公司享有同等地位"①。因此,1913年7月3日(16日),А. И. 普迪罗夫工业公司与施耐德公司达成了一项协议,А. И. 普迪罗夫工业公司修改了与布洛姆＆福斯公司的合同。②

仅在1913年,就有670万卢布用在了А. И. 普迪罗夫造船厂的建设上。③从1912年底起,船厂开始根据订单进行生产。整个1913年,船厂生产的各种产品,其总价值超过300万卢布。④ 到了1913年中期,在公司所承接的价值9000万卢布的总订单中,А. И. 普迪罗夫造船厂就占了4000万卢布。⑤

А. И. 普迪罗夫工业公司快速扩张的资金来源主要有两个:俄亚银行财团的贷款和公司订单的预付款。1913年下半年,巴黎联合银行及其财团向А. И. 普迪罗夫工业公司提供了450万卢布的贷款用于未来的增资,这笔贷款由涅瓦造船机械公司⑥的7万股股票作担保。

由于1913年货币市场的不利形势,银行推迟了对А. И. 普迪罗夫工业公司的增资行动。然而,由于А. И. 普迪罗夫工业公司的强烈要求,经过了漫长的谈判,双方最终于1914年初就增资行动的条件达成协议。

---

① ЦГИАЛ. Ф. 630. Оп. 2. Д. 982. Л. 1 – 6 (протокол совещания в Банке Парижского союзаот 26 апреля (9 мая) 1913 г.); ГИАЛО. Ф. 1309. Оп. 1. Д. 21. Л. 60 (протокол заседания правленияОбщества Путиловских заводов от 23 июня 1913 г.).

② ЦГИАЛ. Ф. 1239. Оп. 1. Д. 265. Л. 236 – 245 (текст договора между ОбществомПутиловских заводов и фирмой Шнейдера, заключенного 3/16 июля 1913 г. в Вене); Ф. 1309. Оп. 1. Д. 21. Л. 97 – 103 (протокол заседания правления Общества Путиловских заводов от 11/24июля 1913 г.).

③ ГИАЛО. Ф. 1309. Оп. 1. Д. 49. Л. 397 – 407 (годовой отчет Общества Путиловскихзаводов за 1913 г.).

④ Там же. Л. 408 – 412.

⑤ Там же. Оп. 2. Д. 1. Л. 6 (доклад правления Общества Путиловских заводов общемусобранию акционеров от 16 мая 1913 г.).

⑥ ГИАЛО. Ф. 1239. Оп. 1. Д. 299. Л. 129 – 134 (протокол совещания в Банке Парижского союза от 25, 27 и 28 июня (8, 10 и 11 июля) 1913 г.); ЦГИАЛ. Ф. 630. Оп. 11. Д. 962. Л. 19 – 27 (протокол совещания в Банке Парижского союза от 1/14 ноября 1913 г.).

А. И. 普迪罗夫工业公司的股本从 2500 万卢布增加到了 4000 万卢布，债券资本从 636.35 万卢布增加到了 1930.1 万卢布。巴黎联合银行及其财团承诺，它们会把新发行的股票和债券投放到巴黎市场上。作为回报，它们想要在 А. И. 普迪罗夫工业公司的董事会中占有 3 个席位，派驻代表人数由 7 人增加到 11 人。①

1914 年 1 月 30 日（2 月 12 日），俄国代表团和法国代表团在圣彼得堡签订了一项协议。同一天，俄国银行和法国银行共同与 А. И. 普迪罗夫工业公司签订了一项协议，这个协议和俄国代表团与法国代表团在圣彼得堡签订的那份协议完全一样。② 第二天，А. И. 普迪罗夫工业公司、俄亚银行、巴黎联合银行和施耐德公司的代表共同签署了先前由俄法银行集团和施耐德公司起草的"А. И. 普迪罗夫工业公司重组方案"。③

1914 年 3 月 24 日，在 А. И. 普迪罗夫工业公司的股东大会上，通过了依照银行所提出的条件增加公司股份和进一步发行债券的决议。④ 但这项决议的实施因第一次世界大战的爆发而被迫中止。

俄亚银行及其盟友不仅仅满足于控制 А. И. 普迪罗夫工业公司。1912 年 4～5 月，它们开始了新的收购计划，即收购俄国炮弹制造和军用物资公司（帕尔维亚宁公司前身）。

俄国炮弹制造和军用物资公司成立于 1910 年，股本为 180 万卢布，在成立的第一年就从海军部的军事订单中获得了一大笔可观的利润，并

---

① ЦГИАЛ. Ф. 630. Оп. 2. Д. 462. Л. 57 – 68（текст соглашения между русской и французской банковскими группами от 30 января（12 февраля）1914 г.）.
② Там же. Д. 480. Л. 1 – 12（русский текст）; Д. 462. Л. 69 – 78（французский текст）.
③ Там же. Д. 462. Л. 37 – 39（текст программы, подписанный представителями банков ифирмы Шнейдера）, 40 – 43（тот же текст, подписанный, кроме того, представителями ОбществаПутиловских заводов）.
④ ЦГИАЛ. Ф. 23. Оп. 25. Л. 565, 267 – 271（доклад правления Общества Путиловскихзаводов общему собранию акционеров 24 марта 1914 г.）, 282 – 284（письмо правления Общества Путиловских заводов в Отдел торговли Министерства торговли и промышленности от 12 апреля 1914 г.）.

且能够发放约等同于其股本 10% 的股息。①

为了进一步扩大企业规模,从 1910 年底俄国炮弹制造和军用物资公司便开始和施耐德公司进行谈判,希望施耐德公司能够在生产炮弹、地雷、扫雷装置方面向它们提供技术援助。② 1911 年 2 月,俄国炮弹制造和军用物资公司与施耐德公司签订了相应协议。③ 1911 年 5 月 14 日,俄国炮弹制造和军用物资公司的股东大会通过了扩大并翻新工厂的决议,为此,公司的股本将增加 360 万卢布。④ 这一行动的资金将由 R. 舒曼巴黎银行和亚速 – 顿河银行来提供。⑤

后来受波罗的海海军舰队强化计划的影响,俄国炮弹制造和军用物资公司的董事会萌发了投建一个造船厂的想法。施耐德公司"同意承担……建造造船厂的全部责任,并保证全程提供技术援助"⑥。1911 年 12 月 21 日,俄国炮弹制造和军用物资公司的股东大会通过了建造造船厂的决定,并计划通过发行价值 64000 股面值为 100 卢布的股票,将公司的股本提升至 1000 万卢布。⑦

R. 舒曼巴黎银行显然无力独自承担如此大规模的股票发行任务,巴黎联合银行和俄亚银行就此趁机而入。在施耐德公司的调解下,巴黎联合银行和俄亚银行获得了 R. 舒曼巴黎银行的许可,出售其拥有的 1.2 万

---

① ГИАЛО. Ф. 1314. Оп. 1. Д. 601. Л. 17 (журнал заседания правления Русского обществаот 2 ноября 1910 г.).
② ГИАЛО. Ф. 1314. Оп. 1. Д. 601. Л. 17 (журнал заседания правления Русского обществаот 2 ноября 1910 г.).
③ Там же. Д. 602. Л. 68 (журнал заседания правления Русского общества от 22 ноября1911 г.).
④ Там же. Оп. 2. Д. 1. Л. 15 (протокол собрания).
⑤ Там же. Оп. 1. Д. 602. Л. 24 (журнал заседания правления Русского общества от 11 июня 1911 г.); ЦГИАЛ. Ф. 630. Оп. 2. Д. 815. Л. 8. (法文,没有日期,其标题是《俄国炮弹制造和军用物资公司的历史和财务状况》)。
⑥ ГИАЛО. Ф. 1314. Оп. 2. Д. 3. Л. 9 (доклад правления Русского общества общему собранию акционеров 21 декабря 1911 г.).
⑦ Там же. Л. 12 (протокол собрания).

第一次世界大战前夕的俄国金融资本

股旧股（俄国炮弹制造和军用物资公司共发行了 3.6 万股股票）。一个有着施耐德参与的特别银团就此成立，银团可以享受以发行价购买这批股票的权利，不仅包括 1.2 万旧股，还包括新发行的 4666 股新股（新发行的第一批股票共 1.4 万股）。法国代表团（巴黎联合银行、比利时兴业银行、塔尔曼法国银行和 L. 盖里英国银行）占 55.8%；俄国代表团（俄亚银行和圣彼得堡私人银行）占 37.2%（各占 18.6%）；施耐德公司占 7.0%。①

这项活动开始于 1912 年夏天。因此当 1912 年 10 月 6 日俄国炮弹制造和军用物资公司举行股东大会的时候，股东大会的参与者已经和之前大不相同了。之前股份占比较大的 R. 舒曼巴黎银行的代表没有出现在股东大会上。亚速－顿河银行的代表认为此时凭它们的持股量（只剩下 500 股），已经不适合继续参与股东大会了。不过，圣彼得堡私人银行董事会成员 В.К. 科勒首次在股东大会上亮相，并一次性提交了 5000 股股票。圣彼得堡私人银行董事会秘书 П.Л. 雅克在大会上同样引人注目——他共提交了 10050 股股票。在与会者共提交的 27716 股股票中，这 4 位"股东"所提交的股票数共有 20050 股，在总共 276558 的投票数中，他们拥有 2000 票。②

1912 年 10 月 6 日，俄国炮弹制造和军用物资公司的股东大会上通过了一系列重要决定。就在股东大会召开的两天前，也就是 10 月 4 日，在俄国大臣会议上，各方对舰艇订单进行了分配，最终决定向俄国炮弹制

---

① ЦГИАЛ. Ф. 630. Оп. 2. Д. 815. Л. 6, 13, 16－17, 18; Д. 816. Л. 1－2 (переписка между банком Парижского союза и Русско－Азиатского банком); Ф. 597. Оп. 2. Д. 149. Л. 46, 50, 54－55, 57－58 (переписка между Банком Парижского союза и Петербургским Частным банком).

② ГИАЛО. Ф. 1314. Оп. 2. Д. 6. Л. 10－12, 19 (список акционеров и протокол собрания).

第五章　俄国垄断发展的新阶段

造和军用物资公司订购 2 艘轻巡洋舰和 6 艘驱逐舰。① 对于俄国炮弹制造和军用物资公司来说，它现在可以放心大胆地投建造船厂了。在原先既定的 1800 万股本的基础上，股东大会决定发售 1911 年 12 月 21 日会议上所授权的第二批新股（共 5 万股）②，然后按面值出售另一批股票（共 8 万股），这样一来，其股本便能从原先的 1000 万股增加到 1800 万股（每股面值为 100 卢布）。③ 股东大会上还通过了公司董事会和施耐德公司就建设造船厂和在军舰制造方面进行技术合作的相关条例。根据协议，施耐德公司获得了 5000 股俄国炮弹制造和军用物资公司的股份作为技术援助的报酬，除此之外，施耐德公司还可以分得每艘驱逐舰订单价格 6% 的利润。④

根据 10 月 6 日股东大会所通过的决定，俄国炮弹制造和军用物资公司将于 1912 年 12 月 22 日签订一份合同——在雷维尔专门购置一块土地用于建造造船厂。⑤

同年，即 1912 年，俄国炮弹制造和军用物资公司的董事会决定要在圣彼得堡建造一个炮弹地雷生产工厂。⑥ 为了满足该工厂的炼钢需求，公司还决定建造一个大型炼钢厂。为此，公司董事会于 1913 年在圣彼得堡购置了一块土地，绘制了车间的设计图，并和施耐德公司签订了建造合同，建造工作将于 1914 年春季开始。⑦

---

① ЦГИАЛ. Ф. 1276, особые журналы. Д. 2597. Л. 1.
② Первая серия этого выпуска (в количестве 14 тыс. акций) была реализована летом 1912 г.
③ ГИАЛО. Ф. 1314. Оп. 2. Д. 6. Л. 15 – 16 (доклад правления). Л. 19 (протокол собрания).
④ Там же. Д. 1. Л. 24 – 27 (французский текст договора), 105 – 126 (русский перевод). 该合同于 1912 年 10 月 6 日（也就是大会召开的那一天）签订的。
⑤ ГИАЛО. Ф. 2145. Оп. 1. Д. 2 (текст договора).
⑥ ГИАЛО. Ф. 1314. Оп. 2. Д. 4. Л. 22 (доклад правления Русского общества общему собранию акционеров 21 апреля 1912 г.).
⑦ Там же. Д. 17. Л. 23, 24, 25, 27 (журналы заседаний правления Русского общества от 21 и 30 мая, 21 июня и 4 июля 1913 г.); Оп. 1. Д. 604. Л. 20 – 23 (доклад правления Русского общества).

第一次世界大战前夕的俄国金融资本

1912 年，俄国炮弹制造和军用物资公司共耗费 370 万卢布用于在圣彼得堡建造新的工厂和车间。1913 年的建造费用为 420 万卢布，1914 年的建造费用为 670 万卢布。这些工厂带来的收益从 1912 年的 150 万卢布增加至 1914 年的 670 万卢布。①

到了 1918 年春季，雷维尔造船厂的建造工作正如火如荼地进行着：发电站、造船厂、锅炉车间、涡轮机车间以及两个流水线正在建设中，四个小型流水线和几个辅助车间已经竣工。②

在背后资助俄国炮弹制造和军用物资公司的银行也一直密切关注着雷维尔造船厂的建设进度。1913 年 4 月 26 日（5 月 9 日），俄亚银行的代表 А. И. 普迪罗夫、俄国工商银行的代表科恩、巴黎联合银行的代表 R. 维拉尔、里昂和 P. 达西以及施耐德公司的代表库维尔、戴维斯、福尼尔汇聚在巴黎联合银行，共同商议俄国炮弹制造和军用物资公司未来的发展方向。会上决定，将雷维尔造船厂单独分离出来，使其成为一个独立的公司——俄国—波罗的海造船公司，该公司的初始股本为 1000 万卢布。船厂的价值被定为 640 万卢布，新成立的公司将按照股票面额向银行支付 500 万卢布，并向俄国炮弹制造和军用物资公司支付 140 万卢布现金。会议不仅确定了新公司的股本大小和雷维尔造船厂独立的条件，甚至还确定了董事会的人员构成：董事会将由俄国炮弹制造和军用物资公司的 5 名代表构成，他们分别为 А. П. 穆勒、К. К. 施班、О. О. 布伦斯特伦、К. М. 索科洛夫斯基和 К. К. 拉库萨·苏舍夫斯基。③

不久之后，1913 年 5 月 30 日，俄国炮弹制造和军用物资公司的股东大会决定根据 1913 年 4 月 26 日（5 月 9 日）会议通过的条件，将雷维尔

---

① ЦГИА СССР. Ф. 369. Оп. 4. Д. 43. Л. 9（письмо правления Русского общества наблюдательной комиссии при Особом совещании по обороне от 10 октября 1915 г.）.
② ГИАЛО. Ф. 1314. Оп. 1. Д. 604. Л. 14（Доклад Правления Русского общества общему собранию акционеров 30 мая 1913 г.）.
③ ЦГИАЛ. Ф. 630. Оп. 2, Д. 982. Л. 1–6（протокол совещания）.

第五章　俄国垄断发展的新阶段

造船厂分离出来，使其成为一家独立的股份公司。① 两周半后，也就是 1913 年 6 月 18 日，在俄国—波罗的海造船公司的第一次股东大会上，选举产生了公司董事会。② 有趣的是，在俄国—波罗的海造船公司的第一次股东大会上，就决定要将公司股本从 1000 万卢布增加到 2000 万卢布，此外，还要增发 10 万股面值为 100 卢布的股票，其中的一半股票将支付给俄国炮弹制造和军用物资公司。③

1913 年 7 月，为了出售俄国—波罗的海造船公司的第一期股票（共价值 1000 万卢布），各方组成了一个银团。银团成员的股份分配状况如下：俄亚银行、圣彼得堡私人银行和圣彼得堡商业银行各占 15.5%；巴黎联合银行、比利时兴业银行、塔尔曼法国银行和金斯伯格银行各占 11.6%；施耐德公司占 7.0%。④ 也就是说，俄国代表团共占 46.5%，法国代表团占比和俄国代表团几乎持平，施耐德公司占 7.0%。

在发行的 10 万股股票中，金融集团保留了 61962 股股票，上市银行和施耐德公司将根据自己拥有的权益对这些股票进行分配。⑤

1913 年 11 月 1 日（14 日），在巴黎联合银行的会议上进一步探讨了资助俄国—波罗的海造船公司的相关问题。出席会议的有：巴黎联合银行的代表里昂、巴尔比和 P. 达西，俄亚银行的代表 А. И. 普迪罗夫，俄国工商银行的代表科恩，金斯伯格银行的代表雅克·金斯伯格和让·金斯伯格，塔尔曼法国银行的代表弗雷德里克·德莱尔和维尔德·德莱尔，

---

① ГИАЛО. Ф. 1314. Оп. 2. Д. 7. Л. 35 – 36（протокол общего собрания акционеров Русского общества от 30 мая 1913 г.）.
② ГИАЛО. Ф. 2145. Оп. 1. Д. 10а. Л. 82 – 87（решения общего собрания акционеров Русско – Балтийского общества от 28 июня 1913 г.）.
③ Там же.
④ ЦГИАЛ. Ф. 630. Оп. 2. Д. 790. Л. 1, 4, 14 – 16（переписка Русско – Азиатского банка с Банком Парижского союза）; Д. 791. Оп. 6. Д. 821. Л. 36（сведения о распределении акций между участниками синдиката）.
⑤ Там же. Д. 821. Л. 34 – 35（письмо Банка Парижского союза в адрес Русско – Азиатскогобанка от 21 июля 1914 г.）.

施耐德公司的代表福尼尔，俄国—波罗的海造船公司和俄国炮弹地雷制造公司的代表 K. K. 施班。与会各方得出的结论是："根据施耐德先生在 A. П. 穆勒将军和 K. K. 施班先生的指示下对俄国—波罗的海造船公司的财务状况做出的推测，我们能够做出推断，即将公司的股本从 1000 万卢布增加到 2000 万卢布的计划有可能被推迟到 1914 年上半年最后的几个月里。此外，会议还决定最多向俄国—波罗的海造船公司提供 360 万卢布的贷款，这当中不包括该公司订单的预计收入。"①

因此，将俄国—波罗的海造船公司的股本增加到 2000 万卢布的计划事实上从未落实。1914 年上半年，该公司的股本只增加了 500 万卢布，且发行的 5 万股新股全部转让给了俄国炮弹制造和军用物资公司。②

1914 年 5 月 19 日，俄国代表团和法国代表团按照惯例，在施耐德公司的参与下，与布鲁塞尔同俄国—波罗的海造船公司达成协议，以该公司发行的价值 750 万卢布的债券为担保，向公司提供共计 500 万卢布的新贷款（约等于 4 万张债券的价值，每张债券价值 187 卢布 50 戈比 = 500 法郎）③。不过直到 1914 年 8 月 16 日，也就是第一次世界大战爆发后，俄国—波罗的海造船公司的股东大会才正式做出发行这些债券的决定。④ 战争爆发前不久，在施耐德公司的帮助下，俄亚银行和巴黎联合银行在 П. В. 巴拉诺夫斯基机械、弹壳、枪管制造有限公司中同样也成功占据了重要地位。

П. В. 巴拉诺夫斯基机械、弹壳、枪管制造工厂早在 1887 年就已建

---

① Там же. Д. 982. Л. 18, 86–89 (протокол совещания).
② ГИАЛО. Ф. 2145. Оп. 1. Д. 79 (отчет правления Русско - Балтийского общества за период с 1 июля 1913 г. по 31 мая 1914 г.); Д. 88. Л. 23 (список акционеров Русско - Балтийского общества, представивших акции для участия в общем собрании от 16 августа 1914 г.).
③ ЦГИАЛ. Ф. 630. Оп. 2. Д. 821. Л. 21–26 (текст соглашения).
④ ГИАЛО. Ф. 2145. Оп. 1. Л. 88 и 64 (решение общего собрания акционеров от 16 августа 1914 г.).

立，主要负责弹壳、长枪管和弹药引线的生产。1912 年夏季，П. В. 巴拉诺夫斯基机械、弹壳、枪管制造工厂有限公司从独资企业转变成为固定股本为 360 万卢布的股份公司。它的生产活动由圣彼得堡贷款和贴现银行以及 R. 舒曼巴黎银行来资助。① 在 П. В. 巴拉诺夫斯基机械、弹壳、枪管制造有限公司成立的第一年，其净利润为 473127 卢布，并按照其股本的 7% 支付了股息。第二年，公司的净利润为 1118444 卢布，按照其股本的 13% 支付了股息。②

随着新军事合同的签订，公司需要进一步扩大自己的生产，这便要求进一步增加公司的股本。1913 年 1 月，根据 1912 年 11 月 17 日股东大会所通过的决定，公司增资 140 万卢布，发行了 1.4 万股新股（每股面值为 100 卢布）。这一次新股的发行同样是由圣彼得堡贷款和贴现银行以及 R. 舒曼巴黎银行来负责的。③

在这次新股的发行过程中，以俄亚银行为首的银团试图夺取 П. В. 巴拉诺夫斯基机械、弹壳、枪管制造有限公司的股份控制权。在新股发行的前夕，俄亚银行、圣彼得堡私人银行、圣彼得堡工商银行和西伯利亚商业银行共购买了 6523 股旧股，并赋予了它们以发行价购买 2534 股新股的权利。因此，银团共拥有该公司 9057 股股票。这一持股量相当于圣彼得堡贷款和贴现银行持股量（18936 股）的一半。④

---

① ГИАЛО. Ф. 1307. Оп. 1. Д. 80. Л. 38（письмо администратора Общества Барановского Н. И. Джумайло, представителю фирмы Шнейдера в Петербурге Перони от 4 января 1914 г.）.

② Там же. Д. 72（отчет Общества Барановского за период 1 апреля с 1913 г. по 31 марта1914 г.）; Д. 162（Отчет Общества Барановского за период с 1 июня 1912 г. по 31 марта 1913 г.）; Финансовая газета. 1916. 4 марта.

③ Там же. Д. 156. Л. 28 - 29（протокол общего собрания акционеров Общества Британского от 17 ноября 1912 г.）; д. 148（переписка по реализации первого дополнительного выпуска акций Общества Барановского）.

④ Там же. Д. 214. Л. 1（сведения о размещении акций Общества Барановского в кредитах учреждениях в дни подписки на первый дополнительный выпуск 4 и 5 января 1913 г.）.

第一次世界大战前夕的俄国金融资本

  1913 年底，П. В. 巴拉诺夫斯基机械、弹壳、枪管制造有限公司想要通过建造一个大型火药工厂来应对即将到来的新的火药订单。早在 1909 年，施耐德公司就和 П. В. 巴拉诺夫斯基机械、弹壳、枪管制造有限公司签订了生产长距离枪管的有关协议①，施耐德公司"同意参与 П. В. 巴拉诺夫斯基机械、弹壳、枪管制造有限公司的火药以及其他炸药的研发工作"②。显然，受施耐德公司的影响，П. В. 巴拉诺夫斯基机械、弹壳、枪管制造有限公司要求巴黎联合银行资助新工厂的建设。在 1913 年 12 月 20 日（1914 年 1 月 2 日）的回信中，巴黎联合银行的董事会注意到施耐德公司入股了 П. В. 巴拉诺夫斯基机械、弹壳、枪管制造有限公司，表示"基于一些事实，巴黎联合银行同意向该公司提供资金。不过，该资助是有条件的。银行方面建议通过发行 7 万～8 万股股票，让 П. В. 巴拉诺夫斯基机械、弹壳、枪管制造有限公司的股本增加 700 万～800 万卢布，但其中的 1 万股股票将归巴黎联合银行所有。巴黎联合银行还要求 П. В. 巴拉诺夫斯基机械、弹壳、枪管制造有限公司董事会成员在下一次股东大会上提出这一股份分配方案，并'充分利用手中所持有的股份，对该提议投赞成票'"。③公司接受了银行的这些条件。④ 1914 年 1 月 6 日（19 日），以巴黎联合银行为首的法国银团和俄国银团在法国签署了一项协议，俄国银团中除了圣彼得堡贷款和贴现银行以及圣彼得堡国际银行之外，还包括了俄亚银行。在大致确定了巴黎联合银行和 П. В. 巴拉诺夫斯基机械、弹壳、枪管制造有限公司的协议条例后，

---

① Там же. Д. 80. Л. 1 - 2（соглашение между Обществом Барановского и фирмой Шнейдера от 5 марта 1909 г.）.
② Там же. л. 34（письмо Банка Парижского союза в правление Общества Барановского от 20 ноября 1913 г.（2 января 1914 г.））.
③ Там же.
④ Там же. Д. 25 - 26（письмо Общества Барановского в Банк Парижского союза от 20 декабря 1913 г.（2 января 1914 г.））.

俄法两个银团同意"联合起来，共同推动政府向 П. В. 巴拉诺夫斯基机械、弹壳、枪管制造有限公司订购火药"，一旦政府订单下来，则立即成立一个银团，以保证该公司拥有足够的股本。会议决定，法方和俄方的两个集团在共同成立的这个银团中的地位应当是平等的（各占 50%）。①

1914 年 2 月 1 日（14 日），在圣彼得堡贷款和贴现银行中举行了另一次会议，出席会议的除了圣彼得堡贷款和贴现银行的代表拉姆塞尔之外，还有圣彼得堡国际银行的代表维什内涅格拉茨基、俄亚银行的代表 А. И. 普迪罗夫、俄国工商银行的代表科恩、巴黎联合银行的代表里昂和 Р. 达西、塔尔曼法国银行的代表弗雷德里克·德莱尔、施耐德公司的代表福尼尔和戴维斯、П. В. 巴拉诺夫斯基机械、弹壳、枪管制造有限公司的代表 К. К. 施班、П. В. 巴拉诺夫斯基和 Н. И. 朱迈洛。这次会议主要是为了"明确和更正 1914 年 1 月 19 日签订的协议的（新）内容"，"审查目前的状况"，并"确定向 П. В. 巴拉诺夫斯基机械、弹壳、枪管制造有限公司增资的条件"。

在听取 П. В. 巴拉诺夫斯基机械、弹壳、枪管制造有限公司董事会主席 К. К. 施班的报告后，会议得出的结论为："在技术和财政方面，我们应当竭尽所能，以便能在获取订单后立刻投建工厂"。在会议上还确定了增资数额、股票发行最后期限（为 1914 年 4 月 1 日）、股票发行价格以及公司应支付银行的佣金数额等内容。

此外，会上还进一步明确了俄法两方接下来采取行动的具体条件。由于 1914 年 1 月 6 日（19 日）的协议规定了双方在银行中的股份均为 50%，因此，本次会议同意，双方应当平均分配转让至巴黎联合银行的 1 万股股票。俄法双方经过协商决定，俄方将把属于自己股份的 5% 分给

---

① Там же. Д. 80. Л. 20 – 22；ЦГИАЛ. Ф. 630. Оп. 11. Д. 779. Л. 23 – 24（текст соглашения）.

R. 舒曼巴黎银行，而法方将把属于自己股份的 7% 分给施耐德公司，3% 分给 К. К. 施班和"他的朋友们"，8% 分给俄国工商银行。①

1914 年 2 月 25 日，П. В. 巴拉诺夫斯基机械、弹壳、枪管制造有限公司股东大会决定进一步增加公司的股本以便建造火药厂②，1914 年 3 月 22 日，П. В. 巴拉诺夫斯基机械、弹壳、枪管制造有限公司同俄国海军部签订了合同，在弗拉基米尔建造一个火药厂并向海军部供货。③

因此在第一次世界大战前夕，以俄亚银行和巴黎联合银行为首的一批俄国银行和法国银行同施耐德公司展开了合作，设法控制了一些专门从事武器生产的俄国大型工业公司。从法律上而言，这些公司仍然是独立公司，但是从事实上而言，这些公司的所有活动、各项重要决议都需要在各银行的代表会议上决定。1912~1914 年，这种银行代表会议在巴黎联合银行多次举行。这些会议的常驻代表有俄亚银行董事会主席 А. И. 普迪罗夫，巴黎联合银行的负责人维亚尔、里昂和巴尔比，施耐德公司的代表福尼尔、库维尔和戴维斯。除此之外，圣彼得堡私人银行的代表 Л. Ф. 达维多夫、俄国工商银行的代表科恩、塔尔曼法国银行的代表弗雷德里克·德莱尔和维尔德·德莱尔、金斯伯格银行的代表雅克·金斯伯格和让·金斯伯格，他们也常常出席这些会议。有时候，与所讨论内容相关的股份公司的代表也会受邀参加会议。

1912 年 3 月 6 日（19 日）举行了第一次银行代表会议，对 А. И. 普迪罗夫工业公司收购涅瓦造船机械公司的股份问题进行了讨论。④ 在 1913

---

① ЦГИАЛ. Ф. 630. Оп. 2. Д. 779. Л. 12 – 14（протокол совещания）.
② ГИАЛО. Ф. 1307. оп. 1. Д. 258. Л. 123 – 124（протокол общего собрания акционерного Общества Барановского от 25 февраля 1914 г.）；ЦГИАЛ. Ф. 630. Оп. 6. Д. 522. Л. 84（письмо Общества Барановского в Русско – Азиатский банк от 11 апреля 1941 г.）.
③ ГИАЛО. Ф. 1307. Оп. 1. Д. 274. Л. 60（текст договора）.
④ ЦГИАЛ. Ф. 597. Оп. 2. Д. 294. Л. 41 – 50а（протокол совещания от 6/1 марта 1912 г.）.

年 4 月 26 日（5 月 9 日）举行的第二次会议上，各方商议了雷维尔造船厂从 п. в. 巴拉诺夫斯基机械、弹壳、枪管制造有限公司中独立并转为一家股份公司的相关问题。① 接下来的几次会议分别于 1913 年 6 月 25 日、27 日和 28 日（7 月 8 日、10 日和 11 日）举行，主要议题为对涅瓦造船机械公司进行重组并在此基础上建设一个大型钢铁厂。② 1913 年 11 月 1 日（14 日），又召开了两次会议。这两次会议，分别讨论了涅瓦造船机械公司重组的条件③和俄国—波罗的海造船公司的财务状况、筹资方式④。在 1914 年 2 月 15 日（28 日）的会议上，再次就涅瓦造船机械公司重组的相关问题展开讨论⑤。

在巴黎联合银行的会议上，各银行代表共同确定了公司未来的活动方向和组织形式，确定了公司增股的数额和条件，还确定了公司董事会的组成。

久而久之，这些股份公司的控制权逐渐集中在一个银团手中，这为这些公司的进一步融合，尤其是公司之间生产联系的建立创造了必要前提。俄亚银行及其银团资助的各公司董事会以及董事会成员，它们之间个人联盟的组成是建立各公司亲密关系的开始。

早在 1912 年，А. И. 普迪罗夫工业公司董事会中的 3 名成员就加入了涅瓦造船公司的董事会（当时还是涅瓦造船机械厂），其中包括：А. К. 德雷尔，他主要负责 А. И. 普迪罗夫工业公司的铁路建设和造船业务；А. П. 穆勒，他主要负责的是 А. И. 普迪罗夫工业公司的技术、经济

---

① ЦГИАЛ. Ф. 630. Оп. 2. Д. 982, лл. 1 – 6.
② ГИАЛО. Ф. 1239. Оп. 1. Д. 299. Л. 129 – 134（протокол совещания от 25, 27, и 28 июня 1913 г.）; ЦГИАЛ. Ф. 630. Оп. 2. Д. 982. Л. 9 – 13（приложение к протоколу）.
③ ЦГИАЛ. Ф. 630. Оп. 2. Д. 982. Л. 19 – 27（протокол первого совещания от 1/14 ноября 1913 г.）.
④ Там же. Л. 86 – 89, 18（протокол второго совещания от 1/14 ноября 1913 г.）.
⑤ Там же. Оп. 6. Д. 462. Л. 83 – 89（протокол совещания от 15/28 февраля 1914 г.）.

和行政工作；Л. А. 比什利亚格，他主要负责指导 А. И. 普迪罗夫造船厂的建设工作。А. П. 穆勒和 А. К. 德雷尔在当选涅瓦造船公司董事会主席后，依旧在 А. И. 普迪罗夫工业公司的董事会中就职，而 Л. А. 比什利亚格则于 1913 年 10 月辞去了 А. И. 普迪罗夫工业公司董事会成员的职务，原因是"俄亚银行及其银团邀请他担任涅瓦造船公司的总经理，以便进一步组织开展新业务"①。不过，根据俄亚银行在 1913 年 10 月 11 日通过的特别决议，Л. А. 比什利亚格将继续负责 А. И. 普迪罗夫造船厂的建设工作，此外，他还可以继续保留其在 А. И. 普迪罗夫工业公司董事会会议上的关键投票权。②

长期以来，顿河造船公司董事会中有两个席位一直处于空缺状态。1914 年 6 月 6 日，公司的股东大会要求，董事会应当选择合适的人选来填补这两个空缺。③ 在此基础之上，董事会于 1914 年 8 月 8 日引入了 А. И. 普迪罗夫工业公司董事会成员 К. К. 施班和 Л. И. 伊格纳季耶夫，在 А. И. 普迪罗夫工业公司的董事会中，К. К. 施班负责财务工作，Л. И. 伊格纳季耶夫负责其他具体事务。④ 这样一来，1914 年在涅瓦造船公司董事会的 5 名董事中，有 4 名董事同时兼任 А. И. 普迪罗夫工业公司董事会董事，第 5 名董事（Л. А. 比什利亚格）虽然不是正式的董事会成员，但他出现在董事会的各项活动中，并且拥有关键投票权。

1913～1914 年，俄国炮弹制造和军用物资公司、俄国—波罗的海造

---

① ГИАЛО. Ф. 1309. Оп. 1. Д. 22. Л. 144 (протокол правления Общества Путиловских заводов от 8 октября 1913 г.).

② Там же. Л. 157 (протокол правления Общества Путиловских заводов от 11 октября 1913 г.).

③ ГИАЛО. Ф. 1239. Оп. 1. Д. 44. Л. 63, 67. 另外，这次只持续了 15 分钟的会议只有 6 名股东出席，其中就包括 В. Ф. 布莱基格，他是 А. И. 普迪罗夫工业公司董事会的会计，作为该公司的代表在股东大会上提交了 7 万股股份，还提交了 67274 股涅瓦造船公司的股份。

④ Там же. Л. 69–71.

船公司和 П. В. 巴拉诺夫斯基机械、弹壳、枪管制造有限公司，这些公司董事会的董事之间也存在着千丝万缕的个人联系。三家公司的董事会主席为同一个人——К. К. 施班。除此之外，同时在三家公司董事会供职的人还有：К. М. 索科洛夫斯基、П. В. 巴拉诺夫斯基、О. О. 布伦斯特伦、В. Г. 韦塞拉戈。其他人大多同时供职于两家公司的董事会，比如说，К. К. 拉库萨·苏舍夫斯基同时兼任了俄国炮弹制造和军用物资公司与俄国—波罗的海造船公司董事会董事；П. В. 巴拉诺夫斯基机械、弹壳、枪管制造有限公司的董事 Н. И. 朱迈洛同时还是俄国炮弹制造和军用物资公司的董事；俄国炮弹制造和军用物资公司的董事 Н. А. 特洛伊同时还是俄国—波罗的海造船公司董事会董事候选人。

上面三家军事工业公司同俄法银团之间关系的建立要得益于 К. К. 施班和 А. П. 穆勒，К. К. 施班不仅是三家军事工业公司董事会董事，还是俄法银团董事会成员，А. П. 穆勒是四家公司董事会的董事（А. И. 普迪罗夫工业公司、涅瓦造船公司、俄国炮弹制造和军用物资公司和俄国—波罗的海造船公司）。К. К. 施班是俄亚银行的代表，主要负责金融相关业务，А. П. 穆勒是退伍将军、奥布霍夫工厂前厂长，是施耐德公司和法国银团的代表，负责和技术相关的事务。①

随着各公司董事会成员之间建立了私人联系，各公司之间的工业关系也开始有所起色。不过，整个过程较为漫长复杂。各公司之间工业关系的发展需要各个公司改变自己的生产条件，重新整顿原有生产以适应新生产的需求。

1912 年 5 月 16 日，在 А. И. 普迪罗夫工业公司的股东大会上，各方

---

① 尤其是在 1913 年 7 月 8 日、19 日和 1913 年 11 月举行的有关涅瓦造船公司董事会构成的银行代表会议上，各方决定将俄亚银行的 К. К. 施班公司以及法国银行集团和施耐德公司所拥有的梅尔合作公司并入涅瓦造船公司之中（ЦГИАЛ. Ф. 630. Оп. 2. Д. 982. Л. 9–13）。

通过了购买涅瓦造船公司股份的决议，并同意"协调并统一涅瓦造船公司和 А. И. 普迪罗夫工业公司的活动步伐是双方开展联合行动的重要因素，只有这样，双方才能实现更好地发展"①。根据这项决定，А. И. 普迪罗夫工业公司中那些加入涅瓦造船公司董事会的董事们提出了一个推动 А. И. 普迪罗夫工业公司和涅瓦造船公司合作的整体方案。"两家公司本是同根生，在联络上十分便捷，若是能对两家公司进行共同管理，将有助于完成更多的订单。比起双方相互竞争，这种联合显然更好"，他们建议如下：

1. 鉴于 А. И. 普迪罗夫工业公司的轧制车间在翻新后（预计将于 1913 年底竣工），能够以更低的成本满足涅瓦造船公司的轧制需求，因此，应当关停涅瓦造船公司的轧制车间，腾出空间以适应"造船业发展的新需求"。

2. "轧钢厂的关停将导致钢锭生产的缩减，"因此，需要立刻关停该工厂的露天炼钢厂和水力锻造厂，"在同 А. И. 普迪罗夫工业公司达成协议后，А. И. 普迪罗夫工业公司的生产基本上可以满足涅瓦造船公司对露天炼钢的日常需求"。然而，为了满足对大型炼钢的需求，涅瓦造船公司将同 А. И. 普迪罗夫工业公司携手，与斯柯达公司一起，共同在圣彼得堡建设一个大型炼钢厂，涅瓦造船公司的一部分露天炼钢厂和水力锻造厂也将迁至该大型炼钢厂。

3. 为了让涅瓦造船公司装备精良的锅炉车间物尽其用，他们决定让该公司的锅炉车间去分担 А. И. 普迪罗夫工业公司部分锅炉车间的工作量。

4. 涅瓦造船公司应当协助 А. И. 普迪罗夫工业公司获取更强大的冲压设施，以实现互利共赢。

---

① ЦГИАЛ. Ф. 1239. Оп. 1. Д. 300. Л. 1（протокол собрания）.

5. 两家公司的技术部门应当联合开展行动,"双方技术部门在对订单进行竞标时(特别是海军部的订单),工作内容经常同质化"①。

1912年12月15日,涅瓦造船公司的股东大会通过了以上这些提议。② 不过,早在1912年10月11日,涅瓦造船公司、А. И. 普迪罗夫工业公司和斯柯达公司签订了一份关于建立"涅瓦钢铁锻造公司"的协议,并决定要在圣彼得堡经营一家新的钢铁厂。公司的股本为800万卢布,预计发行8万股股票,其中的2.95万股股票属于涅瓦造船公司,0.65万股股票属于А. И. 普迪罗夫工业公司,4.4万股股票属于斯柯达公司。А. И. 普迪罗夫工业公司和斯柯达公司将属于自己的那份股票存入了俄亚银行的一个特别账户中,5年之内不可提现。③

在同一天(10月11日)签订的一系列补充协议中,斯柯达公司承诺"将建立一个钢铁厂"④,А. И. 普迪罗夫工业公司和涅瓦造船公司只承诺,他们会向这家工厂订购其所需的钢铁制品。⑤

1912年10月18日,涅瓦造船公司董事会召开会议,审议了"协调涅瓦造船公司和А. И. 普迪罗夫工业公司生产"的相关问题,会议决定:"鉴于А. И. 普迪罗夫工业公司的董事会已经对工厂的贸易部门和技术服务部门进行了一定的规划,为了能在制定和评估方案时事半功倍,我们

---

① Там же. Д. 41. Л. 18 (доклад правления Невского товарищества общему собранию пайщиков от 15 декабря 1912 г.); ЦГИАЛ. Ф. 597. Оп. 2. Д. 294. Л. 7 – 10 (первоначальный проект этого доклада).
② ГИАЛО. Ф. 1239. Оп. 1. Д. 41. Л. 19 – 20 (решение общего собрания пайщиков Невского товарищества от 15 декабря 1912 г.). 只有12名股东出席了这次会议。其中四家公司的代表共提交了33428股股票,在总共6867票中获得了6693票。这些代表是:俄亚银行圣彼得堡分行副行长Н. И. 梅尔(9148股)、圣彼得堡私人银行董事会秘书П. Л. 让(9140股),圣彼得堡国际银行行长А. И. 扎鲁布(9140股)和А. И. 普迪罗夫工业公司董事会代表А. К. 冯·德雷尔(6000股)。剩下的股东要么是公司董事会成员,要么是涅瓦造船公司监察委员会成员(Там же. Л. 15)。
③ Там же. Д. 299. Л. 22 – 23 (соглашение от 11/24 октября 1912 г. 《А》).
④ Там же. Л. 25 – 27 (соглашение от 11/24 октября 1912 г. 《Б》).
⑤ Там же. Л. 46 – 48, 54 (соглашение от 11/24 октября 1912 г. 《Г》 и 《Д》).

将推动 А. И. 普迪罗夫工业公司的部门经理和 А. И. 普迪罗夫工业公司的董事会初步达成一项协议,进一步明确双方的分工和职责,以实现互利共赢。"涅瓦造船公司董事会还认为,双方还有必要在工厂建设费用上达成一致。①

后来,双方又对在圣彼得堡建立钢铁厂这一计划进行了小幅度修改。值得注意的是,双方决定将这座新钢铁厂并入重组后的涅瓦造船公司中,而不是按照惯例让其成为一个独立的股份公司。

1913年6月25日、27日和28日(7月8日、10日和11日),在巴黎联合银行举行的施耐德公司和有关银行代表的例会上,各方主要就涅瓦造船公司的重组问题进行了讨论。А. И. 普迪罗夫工业公司的代表 Л. А. 比什利亚格、俄国炮弹制造和军用物资公司代表 К. К. 施班和 О. О. 布伦斯特伦也受邀参加了会议。会议决定,"从生产的角度来看,"涅瓦造船公司的重组主要涉及的部门应为"生产钢铸件、锻件、涡轮机部件等冶金部门,俄国北方的造船厂不仅负责销售涅瓦造船公司的冶金产品,还可以生产一些 А. И. 普迪罗夫工业公司所需要的火药部件"。②

1913年7月25日,在俄亚银行又举行了一次会议,А. И. 普迪罗夫、科恩(俄国工商银行董事)出席了本次会议。与会人员在听取了 А. П. 穆勒和 Л. А. 比什利亚格"在拟扩建涅瓦造船公司期间购买用于建造钢铁厂的部分地基"的报告后,决定立刻开始建设地基,并委托奥地利米勒 & 卡萨建筑公司负责整个施工。③ 7月26日,涅瓦造船公司的董事会会议也通过了类似的决定。此外,涅瓦造船公司的董事会还根据 Л. А. 比什利

---

① Там же. Д. 70. Л. 20-30 (протокол заседания правления от 18 октября 1912 г.).
② ЦГИАЛ. Ф. 630. Оп. 2. Д. 982. Л. 9-13 (протокол совещания).
③ ГИАЛО. Ф. 1239. Оп. 1. Д. 299. Л. 152а (протокол совещания в Русско-Азиатском банке от 25 июля 1913 г.). Фирма Миллер и Капса была рекомендована фирмой 《Шкода》.

亚格"有关扩大涅瓦造船公司工厂规模并发展冶金部门"的报告，决定"对公司现有的冶金部门和水力锻造厂进行全面整顿"①。

1913年8月8日，涅瓦造船公司的董事会同奥地利米勒&卡萨建筑公司签订了合同，并在1913年11月向其支付了5万卢布，"作为建造新钢铁厂的工程费用"②。

1913年10月3日，由于涅瓦造船公司钢铁厂车间建设和整修工作的推进，А.И.普迪罗夫工业公司董事会决定取消异形钢铸件工厂的建设计划，并表示"未经涅瓦造船公司同意，将不会进一步扩建钢铁厂"③。此后不久，1913年10月7日，А.И.普迪罗夫工业公司冶金部门的整修方案又有了新的变动。根据新方案，"涅瓦造船厂的工厂应专门负责生产铸钢产品，主要是大型铸钢产品，此外，该工厂还将采用最新生产技术生产火枪外壳"，也就是说，А.И.普迪罗夫工业公司的董事会对原计划进行了适当删减，这样一来，А.И.普迪罗夫工业公司的工厂便只负责生产"机械生产部门急需的小型铸钢产品"，大型铸钢产品和火枪外壳将从涅瓦造船公司的工厂订购④。

1913年12月2日，涅瓦造船公司的董事会决定，"立刻筹资建造一个容量为30吨～40吨的平炉"⑤。

1914年夏季，由于钢铁厂和锻造厂的重建以及一个新平炉的建造，涅瓦造船公司的工厂不仅能满足А.И.普迪罗夫工业公司对钢铁铸件的需求，还能向俄国—波罗的海公司提供钢铁产品。1914年6月19日，涅瓦

---

① Там же. Д. 71. Л. 90－91（протокол заседания правления）.
② Там же. Д. 255. Л. 86（записка《Для памяти》без даты）；Д. 71. Л. 138（протокол заседания правления Невского общества от 1 ноября 1913 г.）.
③ ГИАЛО. Ф. 1309. Оп. 1. Д. 22. Л. 131（протокол заседания правления Общества Путиловских заводов от 3 октября）.
④ Там же. Л. 143（протокол заседания правления Общества Путиловских заводов от 7 октября 1913 г.）.
⑤ ГИАЛО. Ф. 1239. Оп. 1. Д. 71. Л. 152（протокол заседания правления）.

造船公司董事会会议通过了一项决定，公司将和俄国—波罗的海公司签订一份特别合同，在未来三年里，公司将继续向俄国—波罗的海公司提供钢铁铸件产品。①

А. И. 普迪罗夫工业公司造船厂和俄国—波罗的海公司雷维尔造船厂进一步扩大了驱逐舰和轻巡洋舰的生产范围，这样一来，А. И. 普迪罗夫工业公司造船厂和其他公司之间的联系日益紧密。涅瓦造船公司向 А. И. 普迪罗夫工业公司造船厂和俄国—波罗的海公司雷维尔造船厂提供涡轮机壳、轴、船舵、螺旋桨等配件。②А. И. 普迪罗夫工业公司造船厂向涅瓦造船厂提供铸钢产品，还为涅瓦造船厂生产的舰艇配备水雷。③

1913 年中期~1914 年初，一些银行提出，将雷维尔造船厂、А. И. 普迪罗夫工业公司造船厂、涅瓦造船厂以及贝克尔工业公司造船厂④，这些由圣彼得堡私人银行资助的一系列工厂合并成一个大型企业。⑤

俄国—波罗的海造船公司和 П. В. 巴拉诺夫斯基机械、弹壳、枪管制造有限公司长期保持着密切联系，俄国—波罗的海造船公司是 П. В.

---

① Там же. Д. 73. Л. 73（протокол заседания правления）.
② ЦГВИА. Ф. 369. Оп. 4. Д. 29. Л. 2（справка о Невском заводе, представленнаяуполномоченным Морского министерства на этом заводе председателю Центрального военно‐промышленного комитета от 10 августа 1915 г.）；ГИАЛО. Ф. 2145. Оп. 1. Д. 52（переписка по заказам между Русско‐Балтийским обществом и Невским обществом）.
③ ГИАЛО. Ф. 1236. Д. 307, 1049.
④ 贝克尔冶金、机械和造船公司旗下的工厂包括：(1) 雷维尔的造船厂，主要生产蒸汽机等产品；(2) 里加的造船厂，主要负责生产和制造轻型商用蒸汽船、汽艇、挖泥船、驳船、内燃机汽缸、绞车等产品；(3) 利比维亚的"维苏威"机械制造厂，负责生产铁丝、铁钉、链条等产品；(4) 利巴瓦的钢铁厂，负责生产钢铁制品（Акционерно‐паевые предприятия России. М., 1915. С. 448）.
⑤ ЦГИАЛ. Ф. 630. Оп. 2. Д. 982. Л. 3（протокол совещания в Банке Парижского союза от 26 апреля（9 мая）1913 г.）；ГИАЛО. Ф. 1239. Оп. 1. Д. 255. Л. 198（письмо Банка Парижского союза австрийским банкам от 16/29 мая 1914 г.）；Л. 235（письмо Банка Парижского Союза австрийским банкам от 7/20 июня 1914 г.）.

巴拉诺夫斯基机械、弹壳、枪管制造有限公司产品的主要客户。这两家公司同 А. И. 普迪罗夫工业公司工厂的关系刚刚建立。А. И. 普迪罗夫工业公司向 П. В. 巴拉诺夫斯基机械、弹壳、枪管制造有限公司提供钢材。1908～1912 年，П. В. 巴拉诺夫斯基机械、弹壳、枪管制造有限公司的订单数目还很少，但在 1913 年，特别是在 1913 年底，公司的订单数量急剧上升。① 反之，П. В. 巴拉诺夫斯基机械、弹壳、枪管制造有限公司向 А. И. 普迪罗夫工业公司提供弹壳。② А. И. 普迪罗夫工业公司同时也向俄国—波罗的海造船公司提供钢材（镍盾钢和弹壳钢）③。

俄亚银行和其他一些银行十分重视他们与自己所资助企业之间的生产联系。这一点具体体现在圣彼得堡私人银行董事会主席 А. А. 达维多夫在 1913 年 4 月 8 日写给 А. И. 普迪罗夫工业公司董事会成员 А. К. 德雷尔的信中。А. А. 达维多夫写道："或许您还记得，我曾多次因'西门子和哈尔克斯'电气公司的事向您求情。出于某种原因，А. И. 普迪罗夫工业公司的管理部门（并不是公司董事会）一直为该公司保驾护航，今天我收到了随附在该公司文件中的信件副本。④ 显然，您所承诺的调解对解决公司的管理问题来说收效甚微，并没有发挥出预期效果。尊敬的亚历山大·康斯坦丁诺维奇先生，我不得不提醒您，这让圣彼得堡私人银行处在了一个十分尴尬的境地。要知道，在资金上支持 А. И. 普迪罗夫工业公司的正是以俄亚银行和圣彼得堡私人银行为主的银团，或许您也发现了，我们现在正积极朝着该方面努力。此外，我们同'西门子和哈尔克

---

① ГИАЛО. Ф. 1307. Оп. 1. Д. 62（переписка по заказам）.
② Там же.
③ ГИАЛО. Ф. 1309. Оп. 1. Д. 279（переписка по заказам）.
④ 在这封信中，俄国"西门子和哈尔克斯"电气公司董事会抱怨 А. И. 普迪罗夫工业公司在电气设备的订单方面，经常优先考虑通用电气公司（ЦГИАЛ. Ф. 597. Оп. 2. Д. 300. Л. 25）。

斯'电气公司关系密切，希望在同等条件下，贵行可以优先考虑那些和'西门子和哈尔克斯'电气公司有关的企业。而 А. И. 普迪罗夫工业公司此刻却竭力支持着与其毫无关联的 В. К. Э. 公司。"①

这些银行试图将整个工业集团控制在自己的手中，以构成一个既不依赖于外界也不受外界影响的工业生产综合体。值得注意的是，为了让 А. И. 普迪罗夫工业公司、俄国—波罗的海造船公司、涅瓦造船公司中的枪炮和军舰光学器件生产工厂处于相对独立的地位，俄亚银行和施耐德公司联手，在圣彼得堡私人银行的支持下，于 1914 年 2 月成立了俄国光学机械制造股份公司，公司股本为 120 万卢布。② 该公司董事会主席团包括 А. П. 穆勒和拉库萨—苏舍夫斯基。А. П. 穆勒同时还是 А. И. 普迪罗夫工业公司、涅瓦造船公司、俄国炮弹制造和军用物资公司和俄国—波罗的海造船公司的董事会成员，而拉库萨—苏舍夫斯基同时还是俄国炮弹制造和军用物资公司和俄国—波罗的海造船公司的董事会成员，但他作为施耐德公司的代表加入了俄国光学机械制造股份公司董事会。

第一次世界大战爆发前夕，由于工业生产中对钢铁的需求量日益上升，俄亚银行开始资助旗下工业企业集团建设自己的冶金设施。早在 1912 年，俄亚银行就朝着这个方向前进并迈出了第一步。1912 年初，俄亚银行对图拉高炉公司产生了极大兴趣。在危机年代，图拉高炉公司近乎破产，沦落到被收归政府管理这一步，而且这家公司几乎没有什么生产活动。俄亚银行董事会聘请了当时最权威的冶金专家来评估是否应该重新开放图拉高炉公司以及公司的发展前景如何。俄亚银行的档案资料中保存了大量与 1912 年 2 月图拉高炉公司评估相关的资料。其中，

---

① ЦГИАЛ. Ф. 597. Оп. 2. Д. 300. Л. 26.
② ГИАЛО. Ф. 1483. Оп. 1. Д. 9. Л. 3; Ф. 1309. Оп. 1. Д. 539 (письмо правления Российского акционерного общества правления Путиловского общества).

M. 巴甫洛夫和 B. 季托夫二人的报告书对图拉高炉公司整体状况进行了全方位的考察，对其生产成本进行了计算，详细分析了重新启动公司"可能会带来的结果"①。M. 巴甫洛夫报告书的题目为《图拉高炉公司实现盈利并利用这笔盈利偿还设备贷款的可能性》②。采矿工程师 Г. А. 科尔伯格还在一封信中就 M. 巴甫洛夫和 B. 季托夫二人的报告书阐发了自己的看法。③ 总体来说，所有这些档案文件体现出了一个趋势——虽然在和其他南方工业公司竞争时图拉高炉公司"毫无优势"，但是银行似乎有自己的打算，"在银行眼中，图拉高炉公司的情况似乎十分有趣……"④

经过全面调查，1912 年 4 月，俄亚银行成立了"图拉高炉公司业务恢复特别组"⑤。

А. К. 德雷尔受俄亚银行的委托，在"恢复图拉高炉公司业务"中发挥了重要作用。从他在 1912 年 6 月 9 日写给银行董事会的信中不难看出，А. К. 德雷尔在"口头谈判"的基础上制定了图拉高炉公司对银行的义务，他以银行名义和图拉高炉公司进行谈判，他个人表示，"俄亚银行愿意承担全部费用和风险"来和图拉高炉公司的管理部门签订该公司的财产租赁合同。А. К. 德雷尔写道："我在对上述公司资产进行租赁时，首先考虑的是银行的利益高低和风险大小，我会在银行的监督下按照银行的利益和指示投建工厂并购买相关设备，让公司能够立刻投入生产。我知道，自己应当好好开展业务，竭尽全力维护银行的各项利益……"⑥

---

① ЦГИАЛ. Ф. 630. Оп. 2. Д. 860. Л. 15 – 52.
② Там же. Л. 9 – 14.
③ Там же. Л. 2.
④ Там же. Л. 6. (Подчеркнуто нами. – В. Б.)
⑤ Там же. Д. 861. Л. 2 (письмо Русско – Азиатского банка Петербургскому частному банку от 25 апреля 1912 г.).
⑥ Там же. Л. 23.

第一次世界大战前夕的俄国金融资本

  在和图拉高炉公司签订完租赁协议后不久①，А. К. 德雷尔便以俄亚银行代表的身份收购了图拉高炉公司②，随后将其转卖给了俄亚银行新成立的图拉钢铁冶炼有限公司。③

  1913 年 3 月 28 日新成立的图拉钢铁冶炼有限公司在圣彼得堡召开了第一次股东大会，会议上确定了新公司的股本为 250 万卢布。但是两天后，也就是 3 月 30 日，公司又召开了一次股东大会，决定将公司的股本增加到 500 万卢布，以建立一个回收再利用高炉废料（矿渣）的水泥厂。④ 价值 500 万卢布的公司股份全部由俄亚银行接手。⑤ 在控制图拉钢铁冶炼有限公司后，为了向公司提供其生产所需的各种原材料，俄亚银行采取了一系列措施。特别是，1912 年 8 月 28 日俄亚银行和"煤炭贸易协会"（Продуголь）就向图拉钢铁冶炼有限公司提供煤炭和焦炭的相关事宜签订了两份合同。⑥ 不过"煤炭贸易协会"没有履行合同内容，其交货时间时断时续，多次让图拉钢铁冶炼有限公司陷入窘迫境地。⑦ 因此，1913 年 6 月 14 日，图拉钢铁冶炼有限公司股东大会决定将公司的股本从 500 万卢布增加到 1000 万卢布，以购买煤矿并通过该煤矿生产焦炭。⑧

---

① 根据 А. К. 德雷尔在 1913 年 1 月提交给俄亚银行的报告，这次维修共花费了 819.448 卢布（ЦГИАЛ. Ф. 630. Оп. 2. Д. 864. Л. 2）。
② ЦГИАЛ. Ф. 630. Оп. 2. Д. 863. Л. 20（копия постановления общего собрания кредиторов несостоятельного должника Акционерного общества Тульских доменных печей от 8 марта 1913 г. о продаже с торгов чугуноплавильных заводов）。
③ Там же. Л. 31. А. К. 德雷尔当选为该公司董事会主席。
④ Там же. Л. 31, 44（доклад общему собранию акционеров общества Тульских чугуноплавильных заводов от 14 июня 1913 г.）．
⑤ Там же. Д. 776. Л. 1 и ел.（переписка）; оп. 1. Д. 937. Л. 87 – 88（книга синдикатов）．
⑥ Там же. Д. 138. Л. 1 – 4（договор на поставку угля）, 5 – 9（договор на поставку кокса）．
⑦ 俄亚银行的档案中保留了其和煤炭贸易协会（Продуголь）在该问题上的大量通信（ЦГИАЛ. Ф. 630. Оп. 2. Д. 138. Л. 12 – 18）。
⑧ ЦГИАЛ. Ф. 630. Оп. 2. Д. 863. Л. 44 – 46（доклад правления общему собранию акционеров Общества Тульских чугуноплавильных заводов от 14 июня 1913 г.）; Оп. 6. Д. 576. Л. 3（письмо правления Общества Тульских чугуноплавильных заводов в Русско - Азиатский банк от 15 марта 1915 г.）．

第五章　俄国垄断发展的新阶段

　　尽管在俄亚银行的不懈努力之下，图拉钢铁冶炼有限公司的钢铁产量急剧攀升，但这些钢铁产量甚至连 A. И. 普迪罗夫工业公司冶金部门的用铁要求都难以满足。除此之外，图拉钢铁冶炼有限公司还有两家强有力的竞争对手——涅瓦造船公司钢铁厂和俄国炮弹制造和军用物资公司钢铁厂。因此，1913～1914 年，俄亚银行尝试购买位于尤佐夫卡的新罗西斯克公司冶金厂。1913 年 2 月，俄国著名工业家 Ю. 古荣①作为俄亚银行的专员前往伦敦，和新罗西斯克公司董事会就购买冶金厂股权进行了初步谈判②。从伦敦回来的路上，Ю. 古荣在巴黎停留了一段时间，在那里他设法说服德雷福斯银行参与收购行动。③ 1914 年初，俄亚银行联手德雷福斯银行与新罗西斯克公司董事会就所购股份价值达成了初步协议，并制定了为购买这些股份而成立银团的条件。④ 然而就在此时，事情发生了意想不到的转折。俄亚银行忽然遇到了竞争对手——圣彼得堡国际银行。俄亚银行认为，不应当和圣彼得堡国际银行相互竞争，双方应当联手，共同购买尤佐夫卡的新罗西斯克公司冶金厂，这样"更有利可图"。⑤ 1914 年 3 月，两家银行的董事会同意进行合作。双方经协商决定，将新罗西斯克公司的股份转至哈特曼机械制造公司的投资组合中去，圣彼得堡国际银行将为此提供资金保障。根据特别协议，新罗西斯克公司每年需要向 A. И. 普迪罗夫工业公司和涅瓦造船公司提供

---

① ЦГИАЛ. Ф. 630. Оп. 2. Д. 928. Л. 28 (1913 年 2 月 5 日～18 日 A. И. 普迪罗夫致新罗西斯克公司董事会的信，能够证明 Ю. 古荣拥有代表俄亚银行进行谈判的权力)。
② 新罗西斯克公司根据英国规章运作，该公司董事会设立在英国伦敦。
③ Там же. Л. 30 (письмо директора Парижского отделения Русско‑Азиатского банка Н. Рафаловича на имя Путилова от 18 февраля 1913 г.)。
④ Там же. Д. 728. Л. 1–2 (проект синдикатского соглашения, датированный 23 января 1914 г.)。
⑤ ЦГИАЛ. Ф. 630. Оп. 2. Д. 728. Л. 3 (телеграмма из Лондона от члена совета Русско‑Азиатского банка Гордона в Петербург вице‑председателю правления этого банка Верстрату от 4/17 марта 1914 г.)。

第一次世界大战前夕的俄国金融资本

其生产所必需的铁和煤炭。① 但这一协议同样也因第一次世界大战的爆发而被迫中止。②

＊＊

随着备战工作的进一步加强，圣彼得堡国际银行的领导层也越发地关注军备生产。银行对加强黑海舰队的计划格外感兴趣。针对这一计划，1910年11月，在圣彼得堡国际银行的指示下，俄国蒸汽机车生产和机械制造工厂、俄国—比利时冶金公司董事会主席 B. M. 伊万诺夫联合俄国当时最大的建筑公司所有者 A. A. 邦格，共同向沙皇政府提议，要在尼古拉耶夫（这里是国家海军部旧址）建造一个大型造船厂，造船厂隶属于俄国造船公司。负责为这家公司融资的银行有圣彼得堡国际银行、圣彼得堡贷款和贴现银行、伏尔加—卡马银行以及俄国对外贸易银行。英国著名造船公司约翰—布朗公司将为俄国造船公司提供技术援助。建造军舰时所需的各项设备零件将由其他一批工业公司承担，这部分资金主要由圣彼得堡国际银行负责筹措。这样一来，俄国—比利时冶金公司为俄国造船公司提供钢铁；尼科波尔—马里乌波尔采矿冶金公司为俄国造船公司制造装甲；俄国蒸汽机车生产和机械制造工厂为俄国造船公司制造内燃机；科洛姆纳机械制造公司为俄国造船公司提供异型钢铸件，为俄国造船公司制造柴油机；法俄联合公司向俄国造船公司提供生产机器；圣彼得堡金属公司为俄国造船公司制造塔式装置。俄国造船公司的创始人还聘请了俄国著名船舶工程师、国家海军部首席机械工程师 Н. И. 德米

---

① Там же. Л. 4－5（письмо Гужона Русско－Азиатскому банку от 28 марта 1914 г.）.
② 1916年4月，俄亚银行单独收购了新罗西斯克公司的股份，然后俄亚银行将这些股份转卖给了俄国炮弹制造和军用物资公司（ЦГИАЛ. Ф. 630. Оп. 2, Д. 730. Л. 21, 48）.

第五章　俄国垄断发展的新阶段

特里耶夫担任公司的主管。①

俄国造船公司的创始人在建造工厂这件事上十分着急。1911年6月8日，公司章程甚至还未获得批准，授权公司使用尼古拉耶夫海军部的租赁合同还尚未生效，А. А. 邦格和В. М. 伊万诺夫就急着向海军部长请求，希望允许他们"利用夏季进行施工（因为这是一年中最佳的施工季节），在尼古拉耶夫海军部旧址英古尔河左岸修建滑道并建造车间"②。海军部长批准了这项请求③，随后立即开始了施工工作且进度喜人，到1912年秋季，滑道和车间基本完工。④

从海事局订单中获利的银行不止圣彼得堡国际银行一家。坐落于尼古拉耶夫的造船和机械铸造公司，其背后的金融集团也虎视眈眈地盯着这笔订单。

尼古拉耶夫造船和机械铸造公司是黑海地区唯一能够建造大型战舰的企业。然而，俄日战争之后，这家公司却开始走下坡路。尼古拉耶夫造船和机械铸造公司（缩写为"Наваль"）由于1910年初的财政困难，甚至都无力偿还贷款。1910年2月17日，尼古拉耶夫造船和机械铸造公

---

① ГИАЛО. Ф. 2108. Оп. 1. Д. 2. Л. 58 – 69（заявление А. А. Бунге и В. М. Иванова товарищу морского министра от 10 ноября 1910 г.）; Л. 56（заявление А. А. Бунге и В. М. Иванова товарищу морского министра от 14 декабря 1910 г. 《в дополнение к заявлению от 10 ноября и с. г.》）; Л. 40 – 43（докладная записка А. А. Бунге и В. М. Иванова от 9 января 1911 г.）; Л. 2 – 3（соглашение между учредителями 《Руссуда》 от 2 февраля 1911 г.）; Д. 52. Л. 3 – 4（докладная записка А. А. Бунге и В. М. Иванова на имя товарища морского министра от 26 мая 1911 г.）; Д. 41. Л. 36 – 38（докладная записка А. А. Бунге и В. М. Иванова на имя председателя Совета министров от 29 мая 1911 г.）; Л. 40 – 43（докладная записка А. А. Бунге и В. М. Иванова на имя министра финансов от 29 мая 1911 г.）.

② ГИАЛО. Ф. 2108. Оп. 1. Д. 41. Л. 45（прошение Бунге и Иванова）.

③ ГИАЛО. Ф. 2108. Оп. 1. Д. 41. Л. 72（письмо начальника Отдела сооружений Главного управления кораблестроения и снабжения Морского министерства на имя Бунге и Иванова от 16 июня 1911 г.）.

④ Там же. Д. 36. Л. 6（доклад правления второму общему собранию акционеров 《Руссуда》 от 20 октября 1912 г.）.

司债权人大会决定将公司事务委托给一个特别管理机构。① 公司的状况十分糟糕，1910 年 7 月 2 日，受委托处理该公司事务的代理人决定关闭公司无利可图的船舶和桥梁制造部门。②

不过，这项决定并没有真正得以执行。1910 年 8 月，尼古拉耶夫造船和机械铸造公司的领导层听到了这样的传言——"海军部向国家杜马提议应增加黑海舰队"③，这彻底扭转了局势。公司管理部主任 И. С. 坎内吉瑟紧急前往巴黎，在那里，他"不仅成功地得到了法国兴业银行的肯定回复，还得到同英国国际造船公司——维克斯家族公司和马克西姆合作公司的管理部门签订协议的机会"④。

1910 年 12 月 23 日（1911 年 1 月 5 日），海事局和法国兴业银行就尼古拉耶夫造船和机械铸造公司的相关事宜在布鲁塞尔签订了一项协议。根据该协议，法国兴业银行承诺组建一个金融集团，以便开展如下工作。

（1）在政府订单下来之前，持续向尼古拉耶夫造船和机械铸造公司提供其生产所需的各项贷款，公司为获取这笔订单所引发的各项费用也将由银行承担。

（2）利用银行的人脉资源尽可能全力支持尼古拉耶夫造船和机械铸造公司为获取政府订单所采取的各项行动。

（3）向尼古拉耶夫造船和机械铸造公司提供完成政府订单所需的各项技术援助。

（4）给予尼古拉耶夫造船和机械铸造公司强有力的核心技术并向帝

---

① Там же. Д. 69. Л. 75－77（письмо кредиторов Общества《Наваль》в Петербургский биржевой комитет）.
② Там же. Л. 239（протокол заседания администрации от 2 июля 1910 г.）.
③ Там же. Л. 249（протокол заседания администрации от 27 августа 1910 г.）.
④ Там же. Л. 196（протокол заседания администрации от 7 декабря 1910 г.）.

国海事局报备。①

在此之后，1911 年 2 月 26 日（3 月 11 日），尼古拉耶夫造船和机械铸造公司和维克斯家族公司达成协议，维克斯家族公司承诺"为尼古拉耶夫造船和机械铸造公司制定施工方案、估算工程造价、指导工程的实施"②。

1911 年 3 月 4 日（17 日），尼古拉耶夫辛迪加（法国兴业银行根据协议内容所成立的金融集团）中各主要成员的代表于巴黎举行了集团的第一次会议。③ 出席会议的有法国兴业银行代表 П. 门维尔、巴黎联合银行代表巴尔比、阿尔及利亚和突尼斯土地银行分行代表菲利普、布鲁塞尔海外银行代表 Э. 弗兰克、英奥银行伦敦分行代表德·阿德勒、维克斯家族公司代表 В. 凯亚尔、斯皮策合作银行代表迈耶·梅以及 Д. Г. 扎菲罗普洛集团的代表 Д. 扎菲罗普洛。会议通过选举产生了一个常设委员会，该委员会负责管理辛迪加，此外，会议上还审议了"建立辛迪加的具体方案"。会上，各代表特别探讨了维克斯家族公司董事长 В. 凯亚尔所做的报告，即"维克斯家族公司……已经开始对尼古拉耶夫造船和机械铸造公司进行考察研究，并制定了改造该公司的相关方案"，此外他还赞同法国兴业银行的决定，希望德·阿德勒"前往圣彼得堡，主要为了：(1) 与俄国众银行商讨其加入该银团的相关问题；(2) 尽可能地同对黑

---

① ЦГИАЛ. Ф. 1333. Оп 2. Д. 21. Л. 40 – 42；Ф. 630. Оп. 6. Д. 753（текст соглашения）；ГИАЛО. Ф. 2108. Д. 69. Л. 195（протокол заседания администрации от 3 января 1911 г.）.

② ЦГИАЛ. Ф. 1333. Оп. 2. Д. 21. Л. 46 – 51（текст соглашения）.

③ 我们尚未找到有关建立尼古拉耶夫辛迪加的协议，尽管在 1911 年 3 月 4 日 ~17 日参会人员的会议记录中反复提及这份协议。审计秘书内德加特的档案（Ф. 1333. Оп. 2. Д. 21. Л. 43 – 45）中含有该协议的"初稿"，但没有日期和签名。我们把这份"初稿"和最终决议的文本进行比对后发现，建立尼古拉耶夫辛迪加的最终协议和最初的构想有所区别。从 А. И. 普迪罗夫和 М. 维斯特拉特在 1911 年 3 月 9 日 ~22 日写给法国兴业银行的信中不难看出，他们向法国兴业银行方面介绍了建立尼古拉耶夫辛迪加法案的内容，这部协议正式签署的日期为 1911 年 3 月 16 日（ЦГИАЛ. Ф. 630. Оп. 2. Д 712. Л. И）.

第一次世界大战前夕的俄国金融资本

海舰队订单感兴趣的俄国工业集团建立联系。①

这样,第二个金融集团开始形成,并与以圣彼得堡国际银行为首的集团展开竞争。1911年上半年,两个集团之间爆发了激烈的竞争。

俄亚银行历来被视为"一家一流的俄国金融机构",在担保政府对尼古拉耶夫造船和机械铸造公司的贷款一事上,法国银行想到了俄亚银行。从俄亚银行董事会主席 А. И. 普迪罗夫和尼古拉耶夫辛迪加中法国银行家的通信不难看出,А. И. 普迪罗夫对俄亚银行所扮演的角色并不满意。1910年12月14日(27日)在写给法国兴业银行谈判代表斯皮策的信件中,А. И. 普迪罗夫对当下的形势进行了分析,指出"要想该方案获得成功,最好是形成一个包括 J. 布朗在内的,并且由圣彼得堡国际银行负责资金供给的俄国集团,可想而知,这样的一个集团应具有极高的可信度"。而至于尼古拉耶夫造船和机械铸造公司,А. И. 普迪罗夫继续表示,"只有当该公司完全独立且公司各项事务正常有序地运作时,海事局的高级官员们才会同意向其派送订单"。А. И. 普迪罗夫认为,在这种情况下,最好的结果便是能和敌对集团达成某种协议。但是圣彼得堡国际银行的领导层,特别是和 А. И. 普迪罗夫交谈过的 А. И. 维什内格拉茨基,原则上并不反对和敌对集团达成协议,持反对意见的人是 И. С. 坎内吉瑟。

在谈到俄亚银行参与尼古拉耶夫辛迪加的相关问题时,А. И. 普迪罗夫强调,或许对于法国兴业银行来说,"这是出于对该银行实力与其在尼古拉耶夫造船和机械铸造公司的巨大利益的综合考量",但俄亚银行的情况则"完全不同",因为此时还不得不着手应对俄中银行和北方银行遗留下的一些"烂摊子"。А. И. 普迪罗夫最后总结道:"为了让俄亚银行更加主动地提供援助,应当成立一个像邦格集团那样的集团,集团是一个法律实体并以它的名义承接订单,然后,通过这个集团从尼古拉耶夫造

---

① ЦГИАЛ. Ф. 630. Оп. 2. Д. 758. Л. 1–6 (протокол собрания участников синдиката от 4/17 марта 1911 г.).

船和机械铸造公司租借造船厂和相关车间"。

А. И. 普迪罗夫提议的核心在于，该集团在完成订单期间将有权完全拥有造船厂和相关车间，"这和尼古拉耶夫造船和机械铸造公司的财务和法律地位完全无关"①。

А. И. 普迪罗夫在收到斯皮策回信后，建议通过成立一个新公司，将尼古拉耶夫造船和机械铸造公司从政府钦定的公司中排挤出去。1910年12月24日，А. И. 普迪罗夫给当时俄亚银行董事会副主席 M. 维斯特拉特发了份电报，指出俄亚银行拒绝参与新公司的股本发行活动。②

但后来，А. И. 普迪罗夫的态度变得温和。1911年1月19日（2月1日），在 А. И. 普迪罗夫写给斯皮策的信中，А. И. 普迪罗夫向法国的银行家们保证，无论他个人持怎样的观点，俄亚银行"永远不会与法国兴业银行及其银团作对"，并表示，他同意"少量出资参与尼古拉耶夫辛迪加，但条件是，尼古拉耶夫造船和机械铸造公司不会直接承接订单，一家特殊的公司将负责承接订单——这家公司应当是一个和尼古拉耶夫造船和机械铸造公司毫无关系的法律实体"③。

А. И. 普迪罗夫进一步提出了俄国银行集团的组成问题，А. И. 普迪罗夫同意圣彼得堡私人银行加入集团。尽管 А. И. 普迪罗夫指出俄国对外贸易银行和"圣彼得堡国际银行关系紧密"，但并不反对该银行加入集团。А. И. 普迪罗夫明确反对了亚速－顿河银行的加入，并表示他不愿意"看到俄亚银行和一个处处与自己作对的银行进行合作"④。

---

① Там же. Д. 1025. Л. 41–49 (письмо Путилова Спитцеру от 14/27 декабря 1910 г.).
② Там же. Л. 63 (телеграмма Путилова М. Верстрату от 24 декабря 1910 г.).
③ Там же. Л. 52–53. А. И. 普迪罗夫这样写道："我之所以坚持这一方案，不仅仅是为了我们自己银行的利益（按照这个方案，我们发挥的作用并不大），更主要的还是为了法国兴业银行方面的利益，它和这件事紧密相关。我一直认为，正如我在上一封信中向您详细解释的那样，如果尼古拉耶夫造船和机械铸造公司承包了所有订单，那么政府对这笔订单的担保实际上就是对公司整个活动的担保，而且这一担保至少是四年。"
④ Там же. Л. 52–55 (письмо Путилова Спитцеру от 19 января 1911 г.).

第一次世界大战前夕的俄国金融资本

　　1911年3月上旬，尼古拉耶夫辛迪加的专员德·阿德勒来到了圣彼得堡，他同 А. И. 普迪罗夫进行了谈判。① 德·阿德勒试图让 А. И. 普迪罗夫同意法国银行方面提供的建议，也就是清算历史悠久的比利时造船和机械铸造公司，并在满足其债权人索赔要求后，将公司旗下的工厂转让给一家新公司——一家法国公司。

　　1911年3月14日（27日），在布鲁塞尔举行的尼古拉耶夫造船和机械铸造公司的股东大会上通过了一项决定②。1911年6月6日（19日），一家股本为800万法郎的新公司成立了（股本共1.6万股股票，每股500法郎），名为尼古拉耶夫船业和工业公司。俄国银行集团参与了本次融资行动，其出资约占总金额的27.5%（俄亚银行占19.0%，圣彼得堡私人银行占5.0%，俄国工商银行占3.5%）。③

　　法国著名政治家、财政部前部长和国会议员保罗·杜默当选为新公司董事会主席，А. И. 普迪罗夫当选为副主席。其他董事会成员各自代表资助尼古拉耶夫船业和工业公司的各法国银行的利益（他们分别为 P. 沃夫、Э. 吉卢斯、П. Р. 达西、Д. 扎菲罗普洛、Х. 卢兰、Э. 弗兰克、Э. 赫南，除此之外，还有维克斯家族公司的代表（В. 扎哈罗夫、В. 凯亚尔、П. 巴林斯基）。他们除了设立一个在巴黎的董事会之外，还成立了一个特别委员会，负责管理公司在俄国的事务，总部设在圣彼得堡，和董事会不同，特别委员会主要由俄国银行集团的代表构成（包括 А. И.

---

① П. 门维尔在1911年3月3日~16日写给 А. И. 普迪罗夫的信中写道："我已经派我们的朋友、合作者——达德勒先生（他对尼古拉耶夫公司的方案十分感兴趣）前往圣彼得堡和您会面，并在会面的时候您一起确定俄亚银行和我们合作的条件，对一些问题做出相关解释，以及商讨尼古拉耶夫公司加入我们银团的相关事宜。"（ЦГИАЛ. Ф. 630. Оп. 2. Д. 712. Л. 15）。

② ГИАЛО. Ф. 2108. Оп. 1. Д. 69 л. 202.

③ ЦГИАЛ. Ф. 630. Оп. 2. Д. 557. Л. 19（список участников синдиката для предоставления кредита Николаевскому обществу）; Л. 23（акт об учреждении синдиката для реализации акций Николаевского общества）.

普迪罗夫、Н. С. 阿夫达科夫、К. П. 博克列夫斯基、А. А. 达维多夫、И. С. 坎内吉瑟、П. Н. 列图诺夫斯基），特别委员会为法国兴业银行的专员（Л. 希伯特）保留了一个席位。А. И. 普迪罗夫是圣彼得堡特别委员会的主席。①

当法国兴业银行的领导层忙于准备尼古拉耶夫船业和工业公司的改组工作时，А. И. 普迪罗夫正积极寻找实施构想的途径——如何在相互竞争的团体中达成一致。А. И. 普迪罗夫在 1911 年 1 月 19 日（2 月 1 日）写给斯皮策的信中指出，这个构想的前反对者 И. С. 坎内吉瑟现在"愿意做出实质性让步"，他再次向法国银行方面提出，必须同圣彼得堡国际银行达成某种协议，以"防止价格的下跌"。② 法国兴业银行在回信中表示，如果该协议能够保证向尼古拉耶夫船业和工业公司的工厂提供价值 5000 万卢布的联合战舰（非驱逐舰）订单，那么它们自然会同意该协议，不论如何，尼古拉耶夫船业和工业公司必须获得这笔订单。此外，法国兴业银行表示它们愿意参与销售俄国造船公司的股票，但与此同时，圣彼得堡国际银行需要参与销售尼古拉耶夫造船和机械铸造公司的股票。③ 在这些条件的基础上，1911 年 2 月中旬，А. И. 普迪罗夫开始同圣彼得堡国际银行展开谈判，法国兴业银行驻圣彼得堡代表 Л. 希伯特和德·阿德勒也参与了谈判。④

圣彼得堡国际银行要求俄国银行集团在尼古拉耶夫辛迪加中的参比不能低于 52%。谈判开始于圣彼得堡，在巴黎著名银行家诺埃尔·巴达

---

① ЦГАВМФ. Ф. 512. Оп. 1, 1912 г. Д. 15. Л. 113（текст газетного объявления）.
② ЦГИАЛ. Ф. 630. Оп. 2. Д. 1025. Л. 52.
③ Там же. Д. 712. Л. 1（шифрованная телеграмма Путилову от Парижского отделения Русско-Азиатского банка от 13/26 февраля 1911 г.）; Л. 6（то же от 12/25 февраля 1911 г.）.
④ Там же. Л. 6（телеграмма Путилова парижскому отделению Русско-Азиатского банка от 15/28 февраля 1911 г.）; Л. 9（письмо парижского банкира Бардака на имя Вышнеградского от 28 февраля 1911 г.）.

克的主持下，转移到了柏林，谈判的成果是，各方表示"能够通过某种形式达成协议"。

然而，在访问圣彼得堡时 B. 扎哈罗夫发现，这一协议"目前来看不仅没有必要，而且很不可取"，因为此时尼古拉耶夫船业和工业公司获取订单的概率（战列舰）大为提升。因此，1911 年 4 月 25 日（5 月 8 日），在尼古拉耶夫辛迪加的会议上，根据维克斯家族公司 B. 凯亚尔代表的提议，B. 扎哈罗夫决定终止和圣彼得堡国际银行的谈判。①

但是 B. 扎哈罗夫失算了。事情走向并不利于尼古拉耶夫船业和工业公司。А. И. 普迪罗夫焦急万分，于 1911 年 5 月 17 日（30 日）向巴黎寄出了一封信，这封信引发了法国兴业银行领导层的混乱。但遗憾的是，我们尚未找到这封信的文本资料。在信中，А. И. 普迪罗夫显然对法国人这种违背其和圣彼得堡国际银行协议的行为表示了强烈的谴责，这一点可以从法国兴业银行董事会以行长的名义②写给 А. И. 普迪罗夫的回信中看到，在回信的开头就是各种借口和解释。回信中写道："我们在极度不情愿的情况下被卷入这场斗争还因此蒙受了巨大的损失，这一点我们绝对无法做到熟视无睹。您得知道，我们是多么急切地想要采纳您的建言，也就是和我们的对手集团联合起来，但是您也知道，我们之前和维克斯家族公司许下了承诺，这让我们难以达成任何协议。此外，我们的英国朋友反对让俄国集团取代它在新公司中的主导地位。"为了进一步安抚 А. И. 普迪罗夫，法国兴业银行方面还进一步写道："如果说谢凯维奇（圣彼得堡国际银行行长）对他的公司信心十足，我可以很肯定地告诉

---

① ЦГИАЛ. Ф. 630. Оп. 2. Д. 758. Л. 7 – 12（протокол третьего собрания членов Николаевского синдиката от 8 мая 1911 г.）。

② А. И. 普迪罗夫没有出席于 1911 年 4 月 25 日（5 月 8 日）召开的尼古拉耶夫辛迪加成员会议。代表俄亚银行出席本次会议的是俄亚银行董事会成员 Ю. 门德。

您，我们的朋友对我们公司也十分乐观。"①

事实证明 А. И. 普迪罗夫是正确的。1911 年 8 月 4 日，在黑海舰队订单的分配上，大臣会议决定向俄国造船公司征订两艘战舰，向尼古拉耶夫船业和工业公司征订一艘战舰。②

获取订单的失败迫使法国兴业银行恢复和圣彼得堡国际银行的谈判。А. И. 普迪罗夫在 1911 年 9 月 7 日（20 日）写给法国兴业银行行长 L. 多里松的信中这样写道："我正在努力准备和圣彼得堡国际银行谈判的条件。9 月 17 日（30 日），我将同 А. И. 维什内格拉茨基一同前往巴黎。希望巴黎的谈判能有一个令人满意的结果。"③ 这次谈判的结果是，将尼古拉耶夫辛迪加旗下的系列工厂卖给了圣彼得堡国际银行集团。尽管早在 1911 年 10 月，两个集团的领导人就基本上达成了一致意见④，但是直到 1912 年夏天才制定出协议的具体条款。

1912 年 6 月 2 日（15 日），各银行代表大会召开⑤，会议上就尼古拉耶夫船业和工业公司的去向做出了最终决定。会议决定，圣彼得堡国际银行与其所建立的俄国银行集团，共同收购尼古拉耶夫船业和工业公司的 10500 股股份（共 16000 股股份），这家公司也从一家法国公司转变成了俄国公司。⑥ 1912 年 6 月 10 日 ~ 23 日，圣彼得堡国际银行一方和法国

---

① ЦГИАЛ. Ф. 630. Оп. 2. Д. 712. Л. 38 – 40（письмо Генерального общества Путилову от 21 мая 1911 г.）.

② ЦГИАЛ. Ф. 1276. Оп. 8. Д. 652. Л. 5 – 13（Особый журнал Совета Министров по делу о выдаче заказа на сооружение 3 линейных кораблей для Черноморского флота от 4 августа 1911 г.）.

③ ЦГИАЛ. Ф. 630. Оп. 2. Д. 1025. Л. 192.

④ ЦГИАЛ. Ф. 630. Оп. 2. Д. 1025. Л. 201 – 204（телеграмма Путилова д´Адлеру от 11/24 октября 1911 г.）; Л. 209（телеграмма Путилова д´Адлеру от 12/25 октября 1911 г.）; Л. 213（телеграмма Путилова д´Адлеру от 14/27 октября 1911 г.）.

⑤ 会议的组成状况尚不明确。

⑥ ЦГИАЛ. Ф. 616. Оп. 1. Д. 448. Л. 2（письмо Международного банка Азовско - Донскому банку от 5 июля 1912 г.）.

兴业银行签订了一项协议——双方共同开展预定的业务。①

早在 1912 年 7 月初，圣彼得堡国际银行就收购了一些尼古拉耶夫造船和机械铸造公司的股份。② 因此，在 1912 年 7 月 18 日（31 日）召开的尼古拉耶夫船业和工业公司的股东大会上，圣彼得堡国际银行集团以压倒性优势取得了多数票。③

在通过将尼古拉耶夫造船和机械铸造公司转变为一家俄国公司的决定之后④，股东大会选举产生了一个新的董事会，以取代辞职的前董事会。董事会成员包括：J. 杜布勒伊（主席）、И. 博斯特雷姆、К. 博克列夫斯基、И. 阿夫达科夫、Г. 布洛赫、Э. 弗兰克、Л. 希伯特、Э. 吉卢亚、A. 亚布隆斯基、П. 克兰德、И. 雷丁、H. 拉法洛维奇、B. 托洛茨基—谢努托维奇。其中，圣彼得堡委员会的成员包括：И. 博斯特雷姆（主席）、И. 阿夫达科夫、Г. 布洛赫、К. 博克列夫斯基、Л. 希伯特、A. 亚布隆斯基和 B. 托洛茨基—谢努托维奇。⑤ 这样一来，尼古拉耶夫造船和机械铸造公司的人员结构发生了重大变化。圣彼得堡国际银行的人

---

① ЦГИАЛ. Ф. 597. Оп. 2. Д. 297. Л. 132（письмо банков – участников группы Международного банка Генеральному Обществу от 18/31 июля 1913 г.）. 圣彼得堡国际银行集团方面包括：俄国对外贸易银行、圣彼得堡贷款和贴现银行、亚速－顿河银行、俄亚银行和圣彼得堡私人银行。

② 圣彼得堡国际银行在 1912 年 7 月 5 日写给亚速－顿河银行的信中写道："……根据 1912 年 6 月 2 日 ~ 15 日银行会议记录中的规定，我们拥有了大概 105000 股股份。"（ЦГИАЛ. Ф. 616. Оп. 1. Д. 448. Л. 2）

③ 在 1912 年 7 月 31 日召开的尼古拉耶夫船业和工业公司股东大会上圣彼得堡国际银行共获得了 14604 股股票（ЦГАВМФ. Ф. 5121. Оп. 1. 1912 г. Д. 285. Л. 6）。

④ И. 博斯特雷姆和 И. 阿夫达科夫在呈递给工商部的报告中这样写道："……公司转变为一家俄国公司的这一过程本身并不会造成公司面貌的改变。这一转变，归根到底要将分散在各个公司的管理机构集中在一个大型公司之中，我们需要用同等价值的俄国股票取得之前的法国股票和股息……这样一来，这家公司的财产将完全和法国公司无关。"（ЦГАВМФ. Ф. 512. Оп. 1. 1913 г. Д. 2175. Л. 7）

⑤ ЦГАВМФ. Ф. 512. Оп. 1. 1912 г. Д. 285. Л. 6 - 88, 35（решение общего собрания акционеров《Наваля》от 31 июля 1912 г.）.

接管了公司各主要职务，具体体现在，公司的主要领导变成了 Г. 布洛赫（圣彼得堡国际银行成员，与此同时还参与了银行所资助的一些股份公司中的董事会）、И. 雷丁（圣彼得堡国际银行巴黎分行行长以及董事会董事）、И. 博斯特雷姆、А. 亚布隆斯基和 В. 托洛茨基—谢努托维奇，除此之外还有 И. 阿夫达科夫和 К. 博克列夫斯基。法国兴业银行一方各代表（Л. 希伯特、Э. 弗兰克和 Э. 吉卢亚）退居二线。至于俄亚银行的代表（俄亚银行董事会成员 Ш. 杜布勒伊以及银行在巴黎分行的行长 Н. 拉法洛维奇），尽管他们是董事会成员，但却没有入选圣彼得堡委员会，因此无法影响尼古拉耶夫造船和机械铸造公司的事务。

自 1913 年起，俄亚银行最终放弃了尼古拉耶夫系列工厂的事务，在尼古拉耶夫造船和机械铸造公司改组后的第一次股东大会上，选举产生了新的董事会，但在这其中，已经找不到俄亚银行代表的身影了。①

尼古拉耶夫系列工厂迁移到了圣彼得堡国际银行的势力范围内，这也是 1913 年俄国金融资本力量重新洗牌后的结果，这一结果同我们上文所探讨的俄亚银行和圣彼得堡国际银行对 А. И. 普迪罗夫工业公司工厂的斗争密切相关。

А. И. 普迪罗夫率先提出让 А. И. 普迪罗夫工业公司从属于俄亚银行，并对尼古拉耶夫的相关事务持怀疑态度，他之所以接受法国兴业银行有关尼古拉耶夫造船和机械铸造公司的提议，显然是希望自己的构想在实施时能够获得法国兴业银行的支持。然而，А. И. 普迪罗夫的愿望落空了。由于在和圣彼得堡国际银行争夺黑海舰队订单时遭受了失败，法

---

① 1913 年 11 月召开的会议上选举产生了尼古拉耶夫船业和工业公司的董事会，具体人员构成如下：И. 博斯特雷姆（主席）、И. 阿夫达科夫、Г. 布洛赫、К. 博克列夫斯基、Л. 希伯特、А. 亚布隆斯基和 В. 托洛茨基 - 谢努托维奇、Э. 弗兰克和雅布隆斯基（ЦГАВМФ. Ф. 512. Оп. 1. 1913 г. Д. 39. Л. 5 - 6. Протокол собрания）。

国兴业银行的领导层心情十分沮丧,不愿支持 А. И. 普迪罗夫的计划。这样,А. И. 普迪罗夫便转而向以巴黎联合银行为首的另一个法国银团寻求帮助,与此同时,他还立刻安排俄亚银行撤出对尼古拉耶夫船业和工业公司的投资。① 圣彼得堡国际银行同法国兴业银行达成协议,圣彼得堡国际银行因此在尼古拉耶夫船业和工业公司取得了主导地位。在尼古拉耶夫事务中,法国兴业银行不得不退居二线,成为圣彼得堡国际银行的一个合作伙伴。

在圣彼得堡国际银行接管尼古拉耶夫船业和工业公司之后,黑海区域整个造船业都落入了一个金融集团手中。

圣彼得堡国际银行在俄国造船公司中股份占比非常大。在 1911 年 11 月 5 日举行的俄国造船公司的第一次股东大会上,圣彼得堡国际银行的两名董事(谢克维奇和扎鲁博伊)上呈至股东大会 41150 股股票(公司股票总发行量为 10 万股)。② 股东大会上选举产生了董事会成员:俄国—比利时冶金公司和俄国蒸汽机车生产和机械制造工厂董事会主席 В. М. 伊万诺夫;俄国当时最大的建筑公司所有者 А. А. 邦格;俄国—比利时冶金公司、俄国蒸汽机车生产和机械制造工厂圣彼得堡冶金公司董事会成员 Ф. Е. 恩纳基耶夫;圣彼得堡国际银行董事会成员、科洛姆纳机械制造公司常务董事 А. П. 梅舍尔斯基;圣彼得堡国际银行、通用电气公司、俄国哈特曼机械制造公司、图拉轧制铜和弹壳制造公司董事会成员 Г. А. 布洛赫;

---

① 有可能在这种情况下,俄亚银行和圣彼得堡国际银行的负责人在"势力范围"的划分上达成了某种协议,在划分的时候,它们也考虑到了 А. И. 普迪罗夫工厂。佐证如下:在 1912 年夏天,俄亚银行进入了尼古拉耶夫船业和工业公司,相应地,圣彼得堡国际银行进入了 А. И. 普迪罗夫工业公司,而这两件事几乎是同时发生的。圣彼得堡国际银行的雇员达尼洛夫斯基在担任 А. И. 普迪罗夫工业公司董事会主席的同时,俄亚银行董事会成员迪乌布雷尔当选为尼古拉耶夫船业和工业公司董事会主席,也证明了这一点。二人基本上也同时辞职:达尼洛夫斯基在 1913 年 10 月辞职,迪乌布雷尔在 1913 年 11 月辞职。

② ГИАЛО. Ф. 2108. Оп. 1. Д. 36. Л. 9 (протокол собрания). Кроме того, крупные пакеты акций были предъявлены лицами, представлявшими интересы Международного банка – В. М. Ивановым, Н. И. Дмитриевым, Д. Б. Вургафтом, Г. А. Блохом, А. Н. Мещерским.

"索尔莫沃"钢铁与机械公司董事会主席 Ф. Э. 卡尔塔夫采夫；英国约翰·布朗公司代表 Д. Ф. 克鲁克斯顿和 Е. Ю. 丹尼洛夫；董事会成员候补、圣彼得堡国际银行行长 А. И. 扎鲁布。①

因此，俄国造船公司自成立之初，就同那些由圣彼得堡国际银行资助的工业公司建立了联系，其中包括：俄国—比利时冶金公司、俄国蒸汽机车生产和机械制造工厂、科洛姆纳机械制造公司、通用电气公司、"索尔莫沃"钢铁与机械公司。在向俄国造船公司供应所需产品的过程中，这些公司同俄国造船公司的联系也日益紧密。1911年11月11日，俄国造船公司和科洛姆纳机械制造公司签订了一份合同，科洛姆纳机械制造公司将向其提供建造两艘战舰所需的各类型钢、高阻力钢板以及钢铸件。② 1911年12月12日，俄国造船公司和俄国—比利时冶金公司签订了一份协议，协议规定俄国—比利时冶金公司将负责向俄国造船公司提供建造两艘战舰所需的普通钢板。③ 1912年6月8日，俄国造船公司的董事会和两家公司签订了合同：和俄国蒸汽机车生产和机械制造工厂签订的合同中规定了，俄国蒸汽机车生产和机械制造工厂将为俄国造船公司所生产的两艘战舰提供40台动力引擎；和通用电气公司的合同中规定了，通用电气公司将负责为俄国造船公司所生产的两艘战舰装备电力装置。④ 与此同时，俄国造船公司还向"索尔莫沃"钢铁与机械公司订购了战舰制造所需的螺栓和转向装置。⑤

1912年，俄国造船公司和尼古拉耶夫船业和工业公司合并成一家公司。圣彼得堡国际银行控制了尼古拉耶夫船业和工业公司的股份后，

---

① ГИАЛО. Ф. 2108. Оп. 1. Д. 36. Л. 10. Председателем правления был избран Иванов, его заместителем – Бунге（ГИАЛО. Ф. 2108. Оп. 1. Д. 61. Л. 1）.
② Там же. Л. 8（протокол заседания правления《Руссуда》от 17 декабря 1911 г.）.
③ Там же.
④ Там же. Д. 61. Л. 24（протокол заседания правления《Руссуда》от 5 июля 1912 г.）.
⑤ Там же.

第一次世界大战前夕的俄国金融资本

于1912年7月9日，在尼古拉耶夫船业和工业公司圣彼得堡委员会会议上提出，希望能聘请俄国造船公司董事会会计主任 A. A. 菲利波维奇担任尼古拉耶夫工厂的厂长。① 1912年7月17日，俄国造船公司董事会同意让德米特里耶夫和 A. A. 菲利波维奇前往尼古拉耶夫船业和工业公司就职，但与此同时，二人还将继续为俄国造船公司工作。② 这是俄国造船公司和尼古拉耶夫船业和工业公司在技术、行政和财务方面合并的第一步。

1913年3月，俄国造船公司与尼古拉耶夫船业和工业公司在共同阅读完海军部提出的为黑海舰队建造1~2艘轻巡洋舰的要求后，决定双方应当缔结一项协议，协议和"工厂与工厂之间互相补充彼此所需的用于完成巡洋舰订单的各种产品"③ 有关。1913年4月30日，双方正式签订协议。俄国造船公司董事会和尼古拉耶夫船业和工业公司董事会承诺，在建造巡洋舰方面两家公司向海军部提供完全相同的服务（包括价格、条款和其他条件）。为了解决一些军舰制造中普遍存在的问题，特别是尼古拉耶夫船业和工业公司和俄国造船公司之间"根据双方设备和生产能力进行分工"的问题，双方决定根据协议专门成立一个由双方代表组成的"中央委员会"。④

---

① ЦГАВМФ. Ф. 512. Опись дел бухгалтерии. Д. 3. Л. 98а（протокол заседания петербургского комитета 《Наваля》 от 9 мая 1912 г.）.
② ГИАЛО. Ф. 2108. Оп. 1. Д. 61. Л. 26（протокол заседания правления 《Руссуда》 от 17 июля 1912 г.）.
③ ЦГАВМФ. Ф. 512. Оп. дел бухгалтерии. Д. 3. Л. 197（протокол заседания петербургского комитета 《Наваля》 от 22 марта 1913 г.）；ГИАЛО. Ф. 2108. Оп. 1. Д. 61. Л. 41（протокол заседания правления 《Руссуда》 от 9 марта 1913 г.）.
④ ГИАЛО. Ф. 2108. Оп. 2. Д. 638. Л. 80－83；ЦГАВМФ. Ф. 512. Оп. дел бухгалтерии. Д. 3. Л. 227а（текст соглашения；Госархив Николаевской области－ГАНО）. Ф. 300. Д. 242. Л. 4－5（копия текста соглашения）；ГИАМО. Ф. 318. Оп. 1. Д. 1121. Л. 174（проект соглашения）.

第五章　俄国垄断发展的新阶段

1913年7月15日，尼古拉耶夫船业和工业公司和俄国造船公司之间达成了一项更为广泛的协议——双方的订单可以自由转让。① 此后，它们还签订了双方可以共享浮力设施和起重机的相关协议。②

1913年11月8日，尼古拉耶夫船业和工业公司的股东大会（包括之前的成员）共同选举 Д. Ф. 克鲁克斯顿为俄国造船公司董事会主席。③第二天，在俄国造船公司的股东大会上，尼古拉耶夫船业和工业公司董事会主席 И. 博斯特雷姆入选俄国造船公司董事会成员。④因此，到1913年底，И. 博斯特雷姆、Д. Ф. 克鲁克斯顿和 Г. 布洛赫同时在两家公司的董事会中任职，尼古拉耶夫船业和工业公司以及俄国造船公司董事会还任命3人为"直接监管事务"的特别委员会成员。⑤

1914年2月，尼古拉耶夫船业和工业公司和俄国造船公司共同成立

---

① ЦГАВМФ. Ф. 512. Оп. 1. 1913 г. Д. 299. Л. 2；Д. 3. Л. 244（текст соглашения）. 该协议的第一条规定："俄国造船公司应向尼古拉耶夫船业和工业公司订购订单，同理，尼古拉耶夫船业和工业公司也应该向俄国造船公司订购订单，这些订单或许是合同某一方当下需要的，或许是未来生产所需要的。"该协议的第二条规定："合同的双方承诺将按照材料和人力的实际成本，以及记录在案的各项间接费用，外加上10%的利润，向对方开具发票。"
② ЦГАВМФ. Ф. 512. Оп. 1. 1914 г. Д. 158. Л. 84－95（договор между 《Навалем》 и 《Руссудом》 о предоставлении 《Руссудом》 《Навалю》 права совместного использования 200 тонным плавучим краном）；ГИАЛО. Ф. 2108. Д. 244. Л. 2, 25（протокол заседания правления 《Руссуда》 от 27 марта 1914 г., к которому приложены тексты обоих договоров）.
③ ЦГАВМФ. Ф. 512. Оп. 1. 1913 г. Д. 39. Л. 5в（протокол собрания）.
④ ГИАМО. Ф. 2108. Оп. 1. Д. 35. Л. 15－17（протокол собрания）.
⑤ 尼古拉耶夫船业和工业公司委员会成员包括 И. 博斯特雷姆、Д. Ф. 克鲁克斯顿、Г. 布洛赫、雅布隆斯基和 К. 博克列夫斯基。俄国造船公司委员会成员包括 В. М. 伊万诺夫、И. 博斯特雷姆、Д. Ф. 克鲁克斯顿和 Г. 布洛赫（Г. 布洛赫是委员会的候选成员）// ЦГАВМФ. Ф. 512. Оп. 1. 1912 г. Д. 272. Л. 5；ГИАЛО. Ф. 2108. Оп. 2. Д. 61. Л. 67；Д. 229. Л. 4（протоколы заседаний правлений 《Наваля》 и 《Руссуда》）.

了一个技术部门①，该部门负责"集中维修保养工厂设备"等工作。②1914年4月，А. А. 菲利波维奇再次前往尼古拉耶夫各工厂进行考察。③他在考察结束后向尼古拉耶夫船业和工业公司和俄国造船公司提交了相关报告和建议，提出应当采取进一步措施统一两个公司董事会以及两家公司下属工厂管理部门的活动。报告中特别说明了合并贸易部门和建立共同办公室的必要性。④

1914年底，尼古拉耶夫船业和工业公司和俄国造船公司在"负责建造轻巡洋舰""负责订单调配"方面实现了互通有无，此外两家公司还共用了同一个财务部门⑤，各工厂只有一个车间主任、一个"负责设计、执行和组装舰艇的机械工程师"⑥，等等。

以上所有的这些措施都在为尼古拉耶夫船业和工业公司和俄国造船公司的正式合并做铺垫。"为了使共同董事会和共同办公室的各项活动能够正常开展，"А. А. 菲利波维奇在他提呈的《关于俄国造船公司和尼古拉耶夫船业和工业公司共同办公室组织说明》中指出，"在我们看来首先应当确定一点：现在的各项安排尽管是临时性的，但在

---

① ЦГАВМФ. Ф. 512. Оп. 1. 1913. Д. 7, 299. Л. 3（докладная записка начальника технического отдела правлений《Руссуда》и《Наваля》от 7 мая 1914 г.）.

② Там же. 1914 г. Д. 327. Л. 1 – 7（отчет Филипповича о поездке в Николаев с 24 февраля по 6 марта 1914 г.）.

③ Там же. Л. 27 – 38（отчет Филипповича о поездке в Николаев с 23 апреля по 2 мая 1914 г.）.

④ ЦГАВМФ. Ф. 401. Оп. 1. Д. 7427. Л. 1 – 2（записка Филипповича об《организации общей конторы правления "Руссуда" и "Наваля"》）；Ф. 512. Оп. 1. 1913 г. Д. 315. Л. 6 – 9（доклад Филипповича о слиянии коммерческих отделов《Руссуда》и《Наваля》；Л. 10 – 26（проект организации общего коммерческого отдела при правлениях《Наваля》и《Руссуда》）.

⑤ Там же. Д. 7425. Л. 53 – 61（доклад Шайкевича от 24 июня 1914 г.）；Ф. 512. Оп. 1. 1913 г. Д. 315. Л. 6 – 9（доклад Филипповича от 13 ноября 1914 г.）.

⑥ ГИАЛО. Ф. 2108. Оп. 1. Д. 61. Л. 51；д. 230. Л. 3；ЦГАВМФ. Ф. 512, опись дел бухгалтерии. Д. 3. Л. 223（протоколы заседаний правлений《Руссуда》и《Наваля》）.

两家公司的彻底合并完成前，这些临时性安排必须无限接近最终安排。"①

至于尼古拉耶夫船业和工业公司和俄国造船公司的正式合并，圣彼得堡国际银行的董事们还在等待更合适的时机。圣彼得堡国际银行的行长谢克维奇在一份报告中提道："这两家公司的合并，主要是为了更好地完成创建俄国新黑海舰队的这项大工程，董事会反复就这一问题进行讨论，一直在考虑该采用怎样的方式实现两家公司的统一，毫无疑问，通过和平协商的方式是最便捷且最有效的。"他还指出，"进行全面合并，或者推动尼古拉耶夫船业和工业公司兼并俄国造船公司，是最合理的解决方案。"谢克维奇写道："遗憾的是，目前的股市行情和总体经济形势不太适合进行合并。为了能更好地推动尼古拉耶夫船业和工业公司兼并俄国造船公司，我们认为，现在让尼古拉耶夫船业和工业公司收购俄国造船公司还为时过早。因此，就目前状况而言，我们应当对合并策略稍做调整，在具体实施上改为，两家公司将在实现了组织机构共有化的基础上进行更为紧密地统一，也就是说，我们当下的工作重点是推动组织机构的共有化。"②

1914年，一个打着两家股份公司的旗号，但实则是一家公司的公司联合体开始运转，这家公司控制了黑海所有军用舰艇的生产。

圣彼得堡国际银行尽管在和俄亚银行竞争 А. И. 普迪罗夫工业公司时受挫，但是并没有因此退出竞争。1912年1月底，俄亚银行成功获得了 А. И. 普迪罗夫工业公司的控股权。不过，早在1912年4月14日，军部助理部长玻利瓦诺夫就收到了一封来自 В. М. 伊万诺夫的信函，В. М. 伊万诺夫提议可以在俄国中部的伏尔加河河畔建立一家俄国私人火药公司（名为"俄国克房伯"），在该公司最初成立的4~6年里，政府每年应当

---

① ЦГАВМФ. Ф. 401. Оп. 1. Д. 7427. Л. 1–2.
② Там же. Д. 7425. Л. 53–61（доклад Шайкевича от 24 июня 1914 г.）.

向其征订价值为800万~1000万卢布的订单。① 当然 B. M. 伊万诺夫本人最开始并没有想到这个方案，这个构想最开始是圣彼得堡国际银行董事会主席 С. С. 赫鲁廖夫、董事会成员兼银行行长 Я. И. 乌廷等人提出来的。这些人后来连同维克斯家族公司的代表 П. И. 巴林斯基和 B. M. 伊万诺夫成为私人火药公司的创始人。②

А. И. 普迪罗夫在获得施耐德公司的支持后，于1912年7月代表俄亚银行集团向军部提出了相反的意见——通过重新装备国有彼尔姆枪支公司来满足政府对火炮的各项需求，此外，还应将该国有公司以20年期限租赁给俄亚银行集团。③

这样一来，俄亚银行和圣彼得堡国际银行新一轮的角逐一触即发，这一次，同维克斯家族公司结盟的圣彼得堡国际银行和圣彼得堡贷款和贴现银行取得了胜利。1913年5月，大臣会议决定将火炮的巨额订单（主要是大口径火炮）交给该集团新成立的俄国火炮公司。④

俄国火炮公司于1913年秋季开始在察里津建造枪支工厂，工厂的股本定为1500万卢布（共发行面值为100卢布的股票15万股）。圣彼得堡国际银行和圣彼得堡贷款和贴现银行的持股量相当可观：在1913年11月9日召开的公司第一次股东大会上，两家银行的代表 Е. Г. 谢克维奇和 Ю. И. 拉姆赛尔分别提交给股东大会32885股和35090股股票。⑤

---

① ЦГВИА. Ф. 369. Оп. Ⅳ. Д. 40. Л. 28 – 63（справка о создании Царицынского артиллерийского завода）.
② ЦГИАЛ. Ф. 1276. Оп. 6. Д. 28. Л. 817 – 818（докладная записка учредителей Русского общества артиллерийских заводов на имя председателя Совета министров от 22 декабря 1912 г.）.
③ ЦГИАЛ. Ф. 504. Оп. 10. Д. 178. Л. 70 – 74（письмо Путилова на имя министра торговли и промышленности, датированное июлем 1912 г.）.
④ ЦГИАЛ. Ф. 1276. Оп. 6. Д. 28. Л. 1051 – 1066（Особый журнал Совета министров от 8 апреля и 13 мая 1913 г.）.
⑤ ЦГИАЛ. Ф. 597. Оп. 2. Д. 328. Л. 5（протокол первого общего собрания акционеров Русского общества артиллерийских заводов от 9 ноября 1913 г.）.

第五章　俄国垄断发展的新阶段

维克斯家族公司也在俄国火炮公司中发挥着重要作用。根据其 1913 年 9 月 1 日同俄国火炮公司所签订的为期 15 年的合同，维克斯家族公司承诺"将为该公司的火炮生产以及相关设备提供设计方案和设计图纸"，并"允许该公司使用自己的所有专利、核心技术、信息网络以及发明创造"，此外，它还将在合同期内对"该公司所有火炮生产实行技术管控"。在合同期内，维克斯家族公司将享有俄国火炮公司约相当于净盈利额 10% 的服务费。此外，俄国火炮公司还承诺，在正式运营后将向维克斯家族公司一次性支付 300 万卢布。① 这笔款项将以公司股票的方式来支付。②

然而，维克斯家族公司对自己所占有的股份数量并不满意，在公司第一次股东大会上，维克斯家族公司的代表 B. 扎哈罗夫、Ф. 巴克和 П. И. 巴林斯基提出，维克斯家族公司的控股数应为 44550 股股票。③

圣彼得堡冶金公司也掌握了相当一部分的俄国火炮公司的股份，其代表在俄国火炮公司第一次股东大会上提交了 17000 股股票。此外，在为其融资的公司——梅尔贸易合作公司的同意下，维克斯家族公司代表 Ф. 巴克提交了 11500 股股票。④

---

① ЦГАВМФ. Ф. 1248. Оп. 1. Д. 18. Л. 67 – 68（текст соглашения）. 这份协议还涉及维克斯公司和俄国火炮公司势力划分的相关事宜。维克斯公司承诺自己将放弃承接沙皇政府的订单，转由俄国火炮公司生产各类军事产品。俄国火炮公司有权向俄国、保加利亚、塞尔维亚、黑山等地区销售自己的产品。但是在中国、波斯和蒙古的订单问题上，俄国火炮公司认为"鉴于和维克斯公司在上述国家中签订了特别合同，因此公司在承接上述国家的订单时需要按照和维克斯公司所签订的特别合约来行事"。
② ЦГИАЛ. Ф. 597, оп 2. Д. 328. Л. 12（доклад учредителей Русского общества артиллерийских заводов первому общему собранию акционеров от 9 ноября 1913 г.）；ЦГАВМФ. Ф. 1248. Оп. 1. Д. 18. Л. 33 – 35（показания коммерческого бухгалтера Русского общества артиллерийских заводов А. Г. Барышникова Верховной морской следственной комиссии 20 ноября 1917 г.）.
③ ЦГИАЛ. Ф. 597. Оп 2. Д. 328. Л. 5（протокол первого общего собрания акционеров Русского общества артиллерийских заводов от 9 ноября 1913 г.）.
④ Там же.

第一次世界大战前夕的俄国金融资本

　　造成以上参股比例的原因如下。俄国火炮公司主要为波罗的海军舰和沿海防御工程制造火炮。为了安装火炮，俄国火炮公司必须要在波罗的海沿岸设置一个生产基地（类似于黑海地区的尼古拉耶夫船业和工业公司）。另外，圣彼得堡冶金公司在生产军舰和修筑沿海防御工事炮塔方面历史悠久、经验丰富。① 出于这个原因，俄国火炮公司创始人希望能和圣彼得堡冶金公司建立合作关系。②

　　上文所提到的 1913 年 11 月 9 日召开的俄国火炮公司第一次股东大会还选举产生了公司的董事会。公司的董事会成员包括：圣彼得堡国际银行的代表 А. И. 维什内格拉茨基、В. М. 伊万诺夫、Г. А. 布洛赫；圣彼得堡贷款和贴现银行的代表 Я. И. 乌廷、М. С. 普洛特尼科夫；维克斯家族公司的代表 Ф. 巴克和 П. И. 巴林斯基；圣彼得堡冶金公司和梅尔贸易合作公司的代表 Н. Д. 列森科和 К. П. 费多罗夫。В. М. 伊万诺夫当选为俄国火炮公司董事会主席。负责"工厂建设和设备的日常管理"工作的委员会的成员包括：Г. А. 布洛赫负责工厂的财务相关问题；П. И. 巴林斯基负责建筑相关问题；Н. Я. 列森科负责工厂的金属加工相关问题；М. С. 普洛特尼科夫负责协调设备问题。А. А. 菲利波维奇继续担任俄国造船公司和尼古拉耶夫船业和工业公司董事会的会计主任的同时，他还将负责新公司的会计部门。③

---

　① 负责生产炮塔的是三家俄国工厂，它们分别为尼古拉耶夫造船和机械厂、А. И. 普迪罗夫工业公司和圣彼得堡冶金厂。

　② 为此，圣彼得堡冶金公司的董事 Н. Д. 列森科、К. П. 费多罗夫和松因用梅尔贸易合作公司（"作为赠礼"）换取了俄国火炮公司的大量股份（ЦГАВМФ. Ф. 1248. Оп. 1. Д. 17. Л. 58 – показания одного из руководителей Торгового дома Мейер и К° М. А. Шварца Верховной морской следственной комиссии 28 июня 1917 г.）。

　③ ЦГИАЛ. Ф. 598. Оп. 2. Д. 528. Л. 1（состав правления Русского общества артиллерийских заводов）；ЦГАВМФ. Ф. 1248. Оп. 1. Д. 18. Л. 172–174（показания строителя Царицынского орудийного завода Н. Н. Мединского Верховной морской следственной комиссии 20–22 января 1917 г.）；Л. 55（показания А. А. Филипповича Верховной морской следственной комиссии 7 августа 1917 г.）。

第五章 俄国垄断发展的新阶段

在俄国火炮公司成立之后,圣彼得堡国际银行、圣彼得堡贷款和贴现银行以及维克斯家族公司计划将俄国火炮公司的察里津枪支工厂变成一个火药武器的生产中心。根据维克斯家族公司的代表 П. И. 巴林斯基的说法,"察里津枪支工厂的创始人早就知道,这家工厂不可能仅靠生产枪支生存,他们一直在考虑扩充产品种类,继续生产一些其他军事产品,比如步枪配件、炮弹和装甲"①。

**

在第一次世界大战前夕,圣彼得堡贷款和贴现银行也对俄国军工产业展现出了极大的兴趣。圣彼得堡贷款和贴现银行自19世纪末,就一直投资 Г. А. 莱斯纳机器制造、钢铁冶炼和电缆制造公司,银行董事会成员 Ю. И. 拉姆赛尔也是该公司董事会的成员。

莱斯纳公司之前主要生产蒸汽机、内燃机、制冷机和水泵,在第一次世界大战爆发前的几年里,公司转而生产军舰所需的炮弹、水雷、扫雷装置以及各种机械发射装置。② 圣彼得堡贷款和贴现银行的领导层将莱斯纳公司作为一个跳板,以在俄国军事工业领域开展自己的活动。圣彼得堡贷款和贴现银行不仅仅投资其他股份公司,还进一步提升了莱斯纳公司的实力。莱斯纳公司的灵魂人物是 М. С. 普洛特尼科夫,他是个精明的商人。他从一个默默无闻的普通工程师摇身一变,成了金融新秀——不仅是莱斯纳公司董事会成员还是圣彼得堡贷款和贴现银行未来的行长。

1912年9月,М. С. 普洛特尼科夫设法同专门生产内燃机的"路德

① ЦГИАЛ. Ф. 46. Оп 1. Д. 29. Л. 140 – 141(показания П. И. Балинского《Верховной комиссии всестороннего расследования обстоятельств, послуживших причиной несвоевременного и недостаточного пополнения запасов воинского снабжения армии》23 сентября 1915 г.).

② Очерки истории Ленинграда. Т. 3. М.; Л., 1956. С. 25 – 26.

维希·诺贝尔"① 机器制造公司的实际所有人 Э. Л. 诺贝尔达成了一项协议——莱斯纳公司和"路德维希·诺贝尔"机器制造公司将以诺贝尔兄弟石油公司的子公司的身份,负责建造为实现俄国波罗的海舰队强化计划而征订的潜艇。根据协议,在新成立的子公司(缩写为"Ноблесснеру")中的 3 万股股票中(股本定为 300 万卢布),有 6000 股股票属于 M. C. 普洛特尼科夫本人,剩余 1.8 万股股票属于圣彼得堡贷款和贴现银行。② M. C. 普洛特尼科夫在为诺贝尔—莱斯纳公司争取到 9 艘潜艇的订单之后,又开始于 1913 年在雷维尔筹建一个专门的造船厂,莱斯纳公司承诺将为这家造船厂提供水雷和扫雷装置等产品,并向"路德维希·诺贝尔"机器制造公司提供柴油机。③ 新公司董事会的成员组成如下:莱斯纳公司的 M. C. 普洛特尼科夫、"路德维希·诺贝尔"机器制造公司的 Э. Л. 诺贝尔和 M. И. 希什马列夫。④

1913 年下半年,圣彼得堡贷款和贴现银行获得了"凤凰"机器制造合作公司的大量股份,并把这些股权全部算入了莱斯纳公司的投资方案。⑤ 因此,在 1914 年,莱斯纳公司董事会成员 M. C. 普洛特尼科夫加入了"凤凰"机器制造合作公司的董事会。⑥ "凤凰"机器制造合作公司旗下的工厂位于圣彼得堡,之前专门从事金属切割机床、液压机、机械

---

① 诺贝尔兄弟石油公司基本上是独资企业,在其共 8000 股的股票中,有 6000 股属于 Э. Л. 诺贝尔,另外 1000 股属于他的三个兄弟(ГИАЛО. Ф. 1258. Оп. 4. Д. 16. Л. 3 - протокол первого общего собрания акционеров Общества 《Л. Нобель》 от 3 октября 1912 г.)。
② ЦГАВМФ. Ф. 1248. Оп. 1. Д. 2. Л. 1 - 2(письмо учредителей Общества 《Ноблесснер》 М. С. Плотникова и Э. Л. Нобеля в адрес Учетно - ссудного банка от 11 сентября 1912 г.);Д. 1. Л. 67 - 71(показания М. С. Плотникова Верховной морской следственной комиссии 1 июля 1917 г.);Л. 58 - 59(показания И. Г. Бубнова Верховной морской следственной комиссии 30 мая 1917 г.)。
③ ГИАЛО. Ф. 1350. Оп. 6. Д. 178, 186, 409(договоры о поставках)。
④ ГИАЛО. Ф. 1258. Оп. 4. Д. 15. Л. 12(протокол заседания правления Общества 《Л. Нобель》 от 31 января 1913 г.)。
⑤ И. Ф. Гиндин. Банки и промышленность в России до 1917 г. М.;Л.,1927. С. 9798。
⑥ Акционерно - паевые предприятия России. С. 449。

起重机的生产,在第一次世界大战爆发前夕,工厂转而制造炮弹、地雷、鱼雷和其他武器生产所需的各种机床。①

与此同时,莱斯纳公司通过建立新的企业进一步扩大了自身的规模。在第一次世界大战爆发前夕,莱斯纳公司开始在圣彼得堡建造自己的第二个工厂(新莱斯纳工厂),还在彼尔姆建造了一个工厂(后来成为独立的彼尔姆火炮厂)。②

莱斯纳公司在1913年收到了来自海军部的生产黑海舰队水雷的大订单,公司在克里米亚(费奥多西亚附近)获得了一块土地,1914年春季,在维克斯家族公司的帮助下,开始在该地建造一个用于生产水雷的工厂。③

圣彼得堡国际银行和圣彼得堡贷款和贴现银行之间密切的合作,也推动了受它们所资助的工业公司集团之间的合并。在这一方面,由各银行共同成立的俄国火炮公司发挥了重要作用,因为它是连接尼古拉耶夫船业和工业—俄国造船联合公司同诺贝尔—莱斯纳联合公司之间的重要纽带。在第一次世界大战爆发前夕,这两个团体也进一步加强了直接联系。比如说,莱斯纳公司在提供建造海军舰艇所需的各种机械产品方面表现突出——它提供水雷装置、运输战斗物资的传送梯等。④

---

① Очерки истории Ленинграда. Т. 3. С. 26.
② И. Ф. Гиндин. Указ. соч. С. 97.
③ ЦГАВМФ. Ф. 1248. Оп. 1. Д. 1. Л. 194 – 195 (материалы Верховной морской следственной комиссии) . Весной 1915 г. этот завод был выделен в самостоятельное акционерное общество торпедных заводов 《Русский Уайтхед》. В правление его вошли: члены правления Общества Лесснера К. К. Неллис, М. С. Плотников, А. А. Бачманов и представители фирмы Виккерса в Петербурге Ф. Баркер и П. И. Балинский (ЦГИАЛ. Ф. 1521. Оп. 1. Д. 21 - протоколы заседаний правления Общества торпедных заводов 《Русский Уайтхед》) .
④ ЦГАВМФ. Ф. 512. Оп. 1. 1912 г. Д. 276. Л. 14, 15 (опись бумаг на хранении в кассе правления 《Наваля》, составленная 1 июля 1914 г.); 1914 г. Д. 155. Л. 172, 384, 397, 438 (тексты договоров между обществами 《Наваль》 и Лесснера); Д. 326. Л. 28 (протокол правления 《Наваля》 от 1 июля 1914 г.).

第一次世界大战前夕的俄国金融资本

　　受圣彼得堡国际银行和圣彼得堡贷款和贴现银行资助的这些公司可以走向合并，这意味着它们在制造同类产品方面不存在竞争。因此，1914 年 1 月 1 日，尼古拉耶夫船业和工业公司、俄国造船公司、诺贝尔—莱斯纳公司之间达成了一项为期五年的协议。诺贝尔—莱斯纳公司承诺不会在俄国南部海域投建用于制造潜艇和布雷舰的工厂。同样的，在俄国北方海域，尼古拉耶夫船业和工业公司与俄国造船公司同样也不得染指诺贝尔—莱斯纳公司的这项业务。此外，诺贝尔—莱斯纳公司还有偿向尼古拉耶夫船业和工业公司与俄国造船公司转让了 И. Г. 布布诺夫、维克斯、霍兰德、德尔普罗斯托以及其他系统的潜艇设计和图纸的使用权，这一使用权随着合同而生效。①

　　这便是圣彼得堡国际银行和圣彼得堡贷款和贴现银行联合军工集团的发家之路。

　　笔者一直以来都十分关注俄国军工集团的产生和发展，就我们目前所掌握的资料来看，这些军工集团在更高级别垄断协会的形成过程中发挥了重要作用。不过，它们的组织形式就不局限于上文我们所讨论的那些内容了。

**

　　在第一次世界大战前夕的垄断中、俄国基于"参与制"的组织形式建立了各类垄断联盟。这些联盟在 19 世纪 90 年代末 20 世纪初就已经存在，它们由几个从母公司中孕育而出的子公司组合而成。诺贝尔集团②尤

---

① ГАНО. Ф. 300. Оп. 3. Д. 16. Л. 7-9（копия текста договора; дата не обозначена）. Этот документ был обнаружен в архиве и любезно предоставлен автору К. Ф. Шацилло.
② 诺贝尔兄弟石油公司在德国、奥匈帝国、荷兰和法国均建立了子公司。

为如此。诺贝尔集团的母公司位于国外，它是制线托拉斯成员①，与美国胜家公司相关的各制线企业关系紧密。② 而在俄国罗斯柴尔德石油康采恩之中，母公司则是罗斯柴尔德银行。

基于"参与制"形成的垄断联盟，其发展也对垄断组织的营销结构产生了影响。所谓的"有机辛迪加"就此出现了，即交易双方通过互相参与对方企业来履行彼此之间的合同。在此基础上，火柴辛迪加——俄国火柴贸易协会恢复运营，截至1913年底，该协会包揽了全俄97%的火柴生产。③

第一次世界大战前夕，俄国高级垄断形式发展的一大趋势便是组建一家公司并让它成为该垄断协会组织和财务的中心。该模式的代表公司是1914年初于莫斯科成立的进出口成品贸易股份公司，这家公司是弗托罗夫·克诺普集团用来统一和控制手下3家棉花公司的工具，这3家棉花公司分别为H.卡申公司、A.古布纳公司以及丹尼罗夫斯基手工工厂。④

我们在前文中所提到的俄国矿业公司也是由亚速-顿河银行成立的，银行之所以成立这家公司，主要是为了在采矿业培植一个受自己控制的企业集团。

然而，想要在俄国成立专门用于收购其他公司的企业并不容易，因此，这些企业一般都成立于国外。俄亚银行对此发挥了主导作用。1912～1913年，俄亚银行和其他一些俄国银行共同创立了3家这样的收购公司：俄国—亚速集团公司、俄国烟草公司和俄国石油总公司。这些公司在一般文献

---

① Крузе Э. Э. Табачный и ниточный тресты（из жизни монополий в обрабатывающей промышленности России）// Из истории империализма в России. М.；Л.，1959.

② Шарохина М. П. Финансовые и структурные связи《Компании Зингер》с российским и иностранным капиталом. - Самодержавие и крупный капитал в России в конце XIX - начале XX в. М.，1982.

③ Лаверычев В. Я. Государство и монополии в дореволюционной России. М.，1982. С. 27.

④ Лаверычев В. Я. Монополистический капитал в текстильной промышленности России（1900 - 1917 гг.）. М.，1963. С. 148.

中都有所提及①，但是对它们的研究还不够深入，还有进一步探索的空间。

在俄国以"参与制"为基础的最高形式的垄断协会激增，这是银行和工业进一步合并的重要表现，标志着俄国金融资本已经形成。

第二节 跨国公司的兴起

俄国国民经济的垄断，是资本高度国际化背景下俄国从自由资本主义向帝国主义阶段过渡的一大表现。在很多情况下，俄国的垄断协会不仅仅是外国垄断协会的简单分支。尽管俄国的垄断协会诞生于俄国国内，但它们和外国各公司有着千丝万缕的联系。而且这些外国公司在外国工业—金融集团争夺俄国市场主导权方面起着导向作用。

另一方面，在俄国工业的一些部门中，大规模资本主义生产发展迅速。在这些工业部门大规模资本主义生产发展的早期，其生产被工业巨头或大公司集团所垄断，在这个过程中这些工业巨头和大公司集团也萌发了进军外国市场的想法。这一趋势在19世纪末20世纪初逐渐形成，在石油工业领域格外突出。它制约了这些公司同外国公司、工商协会、银行之间的各种交流和合作。

因此，那些在争夺俄国市场过程中发展起来的俄国垄断协会，从其组成来看是多国性的。② 但是，这并不意味着它们是现代意义上的跨国公司。③ 不过，不论是受外国银行资助的企业还是外国工业企业的子公司，在参与俄国垄断的同时，它们也逐渐成为成熟的国际商业组织形式的一个组成部分。

---

① Крузе Э. Э. Указ, соч.; Монополистический капитал в нефтяной промышленности России 1884 – 1914. М.; Л., 1961; Аракелов А. А. Указ, соч.; В меднорудной промышленности Урала и Сибири в начале XX в. // Исторические записки. 1982. Т. 108.

② 特别是"煤炭贸易协会"和"经销协会"在法国、比利时和英国成立的公司。

③ Белоус Т. Я. Международные монополии и вывоз капитала. М., 1982; Чичерина Н. Г. Международные концерны: социальная политика, пропаганда. М., 1985 и др.

不过需要注意一点，受外国工业公司（或银行）控制的俄国公司参与俄国销售垄断协会，和外国公司的俄国子公司在俄国某些工业领域取得垄断地位，这两者之间有着天壤之别。在俄国，譬如我们在上文中所提到的罗斯柴尔德石油康采恩和美国胜家公司，它们属于后者——20世纪初这两家公司正向着跨国公司的方向挺进。

我们从现有的资料中能够找到一个可以说明这一转变的具体事例。该实例表明，尽管主观因素①在跨国公司的形成过程中发挥了重要作用，但总体来看，跨国公司的形成还是顺应了帝国主义下资本主义生产发展的客观规律。

**

1912年2月底，英荷壳牌石油公司收购了巴黎罗斯柴尔德银行在俄国所有的石油贸易公司——里海—黑海石油公司、"重油"公司以及俄国标准石油公司。那个建立于19世纪80年代、与诺贝尔家族共同垄断了俄国石油的生产、提炼和销售的罗斯柴尔德石油帝国至此不复存在。罗斯柴尔德家族将手中的俄国石油公司控股权转交给了英荷壳牌石油公司，这家公司由英国、荷兰和法国三家公司组成，这一点我们在后文会进行具体阐释。

这笔收购案在当时引起了不小的轰动，长期以来一直是历史学家关注的焦点。人们对于罗斯柴尔德家族为何出售他们在俄国所拥有的企业提出了各种看法。然而，在和其石油业务有关的众多文献资料中，我们却找不到能说明罗斯柴尔德家族究竟是在何种情况下做出该决定的文件。在历史学家 F. 格莱森根据罗斯柴尔德家族档案资料所撰写的四卷本《英荷壳牌石油公司》中②，他用大量篇幅介绍了英荷壳牌石油公司负责人德

---

① 研究资产阶级"商业史"的时候关注的正是这些"主观因素"。
② Gerretson F. C. History of the Royal Dutch. Vol. 1-4. Leiden, 1953-1957.

第一次世界大战前夕的俄国金融资本

特林前往俄国的原因。但是，英荷壳牌石油公司的档案资料还是没能说明，罗斯柴尔德家族究竟是出于何种动机接受了德特林的提议。F. 格莱森较为详细地描述了德特林和罗斯柴尔德家族最后谈判的结果。但是他在书中提供的史实较为粗略，现在看来实际上是不准确的。

苏联学者在俄国石油工业支配权的研究方面下了很大的功夫。要了解罗斯柴尔德家族为何决定出售自己在俄国所拥有的石油垄断公司这一问题，首先要提起 A. A. 弗尔森科的研究，他强调了罗斯柴尔德家族及其所拥有的俄国石油垄断公司在争夺西欧和亚洲市场中的关系，除此之外，И. А. 迪亚科诺夫也在该问题上有所研究，他在著作中描绘了罗斯柴尔德家族和诺贝尔家族在俄国市场上的竞争关系。① 然而，当提到罗斯柴尔德家族和德特林之间的谈判时，A. A. 弗尔森科指出："令人遗憾的是，我们目前尚未掌握相关的档案文件。"②

A. A. 弗尔森科在获得罗斯柴尔德银行主管部门的许可后，仔细检查了存放在法国国家档案馆的档案。从他的话语中，我们不难看出，他曾经试图在这些档案中找到一些和这笔交易有关的线索。在罗斯柴尔德银行外发信件的复印本中还包括长期负责该银行石油事务的工程师 J. 阿隆的信件、电报和新闻复印件。③ 其中共有 60 多份文件保留了下来，这些

---

① Дьяконова И. А. Нобелевская корпорация в России. М., 1980.
② Фурсенко А. А. Нефтяные тресты и мировая политика. М.；Л.，1965.
③ 19 世纪末 20 世纪初，银行和其他资本主义公司开始广泛使用新方式复制商业文件。无论是手写的还是打印的文件（除了手写的信纸要避开有字迹的地方），都用一张浸湿的纸覆盖其表面，用其盖住需要复制的内容。由于用于复印的纸张薄而透明，由此复制出的文本实际上要从复印件的反面进行镜像阅读。通过这种复印方式，不仅能够复印打印文件，还能复制手写文件，实际上在当时，商业文书基本上以手写文件为主。此外，这种复印方式的一个优点是它（相较于打印件）能够反映原件的重要信息，比如发件人的签名（更正）等。但这种复印方式也有缺点，即它有时候难以十分清晰地再现原文件。当时的出版界在复印外发信件时使用了专门的复印本，这种复印本主要用来复制需要外发的商业信函和电报。在大公司，特别是有大量信件需要外发的银行当中会保留几个复印本——按照公司的部门和信件所属业务对这些复印本进行分类。

文件横跨 19 世纪 80 年代中期到 1913 年。J. 阿隆可以说是罗斯柴尔德石油帝国的灵魂人物。在他字迹潦草、难以辨认的信件中，罗斯柴尔德石油帝国的内部运作模式、其与盟友或对手的关系、其失败的计划以及那些在其精心保护之下而不为人知的商业秘密都渐渐浮出水面。二十年来，研究人员日复一日地抄写 J. 阿隆的数千封信件，这些信件非常详细地记录了罗斯柴尔德石油帝国在俄国的发展历史。然而，想要再现这段历史并不是一件容易的事，因为我们还尚未掌握 J. 阿隆信件的回复。他的不少信件是其口头谈话的延伸，内容自然也就不为人知。

  A. A. 弗尔森科引用了 F. 格莱森的话，他认为罗斯柴尔德家族和德特林之间的谈判开始于 1909 年底，这场交易"是俄国石油工业历史上最浓墨重彩的一笔"①。F. 格莱森认为这场谈判的开端是，德特林试图与罗斯柴尔德家族协调他们在地中海的利益。② 然而，在罗斯柴尔德家族和德特林就出售俄国公司进行谈判之前，这一点还不怎么明显。因此，它不是罗斯柴尔德家族和德特林之间漫长谈判的起点，或许，我们可以将它视作决定罗斯柴尔德家族在俄国垄断命运的谈判的前奏。各类文献资料证明了，这场谈判的开端实际上可以追溯到 1907 年荷兰皇家壳牌公司的成立。事实上，F. 格莱森也是这样认为的，他指出自从荷兰皇家公司和壳牌公司合并以来，罗斯柴尔德家族和德特林之间的谈判就一直"悬而未决"。③ 事实上，自 1907 年以来，在 J. 阿隆的书信中描述罗斯柴尔德家族和德特林的关系的篇幅越来越大。国际石油垄断公司的力量此时正发生着重大变动，这些公司之间的竞争也因此变得越发激烈。

  在俄国，罗斯柴尔德家族最大的竞争对手是诺贝尔家族公司。1905 年，罗斯柴尔德家族和诺贝尔家族签订了一份卡特尔协议，以便在俄国

---

① Фурсенко А. А. Нефтяные тресты... С. 315.
② Gerretson F. C. Op. cit. V. 3. P. 270.
③ Ibid. V. 4. P. 136.

第一次世界大战前夕的俄国金融资本

国内市场上实行联合贸易。该协议的签订,实际上表明罗斯柴尔德家族承认了诺贝尔家族在俄国石油贸易中的领导地位,但是二者的竞争关系并没有改变,只是竞争形式不同了。在19世纪90年代初的经济危机中,罗斯柴尔德石油帝国在俄国经营的弱点已经初步显现出来。在1904年3月的一份文件中,里昂信贷银行的一名专家评估了罗斯柴尔德集团的核心公司——里海—黑海石油公司的财务状况,"过去两年里,公司的盈利状况十分糟糕,可谓是债台高筑——向银行欠了大量债务,财务状况令人担忧"①。到后来,只能通过增发公司的股本来缓解财务的恶化。当罗斯柴尔德家族不得不填补财务漏洞时,诺贝尔家族公司则进一步强化了自身的地位。特别是1907年,诺贝尔家族公司同俄国第三大石油贸易公司 А. И. 曼塔舍夫合作公司签订了一项协议,А. И. 曼塔舍夫合作公司承诺不会独自在市场上销售煤油,而是将和诺贝尔兄弟石油公司展开合作。② 因此,诺贝尔兄弟石油公司的董事 Э. К. 格鲁巴在写给 J. 阿隆的信中多次提起煤炭的事。③ 而 J. 阿隆在回信中,多次对诺贝尔兄弟石油公司代表的顽固行径表示谴责。④

罗斯柴尔德家族在外国市场上出售俄国石油产品时也遭遇到了不少困难。1906年夏季,欧洲石油联盟(EPU)的成立标志着西欧市场开始了新一轮的争夺战。为了对抗标准石油公司,各集团试图推翻参与西欧石油销售的金融和商业集团之间签订的双边或多边协议,欧洲石油联盟的成立是当时各方势力势均力敌的表现。欧洲石油联盟由两个集团组成:一个是控制了罗马尼亚和加利西亚石油公司的德意志银行集团;另一个是诺贝尔公司和罗斯柴尔德家族共同组成的集团。两个集团在欧洲

---

① Archives Credit Lyonnais. Etudes financieres, № 25234.
② МКНПР. № 167.
③ И. А. Дьяконова. Указ. соч. С. 135.
④ Archives Nationales. 132 AQ. Banque Rothschild(Банк Ротшильда, далее: БР). № 60. P. 139.

石油联盟中各赢得了6个席位。诺贝尔公司和罗斯柴尔德家族平分了这6个席位。罗斯柴尔德家族试图通过在欧洲石油联盟中引入当时与之交好的比利时沃特基恩公司（该公司在格罗兹尼地区、加利西亚和罗马尼亚都拥有业务）来增加其在欧洲石油联盟中的影响力，但这项努力最终以失败告终。德意志银行以在欧洲石油联盟中获得额外的第七个席位为条件，换取了沃特基恩公司的代表参加联盟。此外，1907年欧洲石油联盟增加其资本的时候，德意志银行还是守住了自己对联盟的控股权。①但此时，沃特基恩公司和罗斯柴尔德家族的关系迅速恶化。1908年，沃特基恩公司提出要和诺贝尔公司进行合作。②最终，由于欧洲石油联盟剩下的两位成员荷兰皇家公司和壳牌公司合二为一，而这两家公司负责在远东地区从事石油产品的分销，罗斯柴尔德家族在欧洲石油联盟中彻底沦为少数派。正是在这种条件下，罗斯柴尔德家族加紧了和德特林的联络。

荷兰皇家壳牌公司成立后不久便向欧洲的石油产地和石油市场进军。为了准备这次进军，德特林于1906年成立了荷兰石油公司，这家公司在其创建的工业—金融集团中扮演"控股公司"的角色。③荷兰皇家壳牌公司在欧洲的第一批活动，主要是为了建立自己在罗马尼亚的石油工业，这项工作已经通过荷兰石油公司得以落实。在德意志银行的引导下，荷兰皇家壳牌公司进入了罗马尼亚的市场，这或许促成了德特林和罗斯柴尔德家族之间关系的好转。罗斯柴尔德家族对罗马尼亚的市场兴致不高，但对美索不达米亚的石油有着极高的兴趣，它们还希望德特林能够支持自己的这一想法。

---

① См.: А. А. Фурсенко. Нефтяные тресты... С. 298 – 299; МКНПР. № 154, 178, 179. С. 706, 715 – 716.

② МКНПР. № 180.

③ Gerretson F. C. Op. cit. V. 3. P. 297.

第一次世界大战前夕的俄国金融资本

众所周知,德特林在罗马尼亚业绩辉煌。1908 年,他在那儿成立了一家大型石油公司——"奥地利—罗马尼亚石油公司",然后用这家公司收购了当地隶属于洛克菲勒集团下的"雷加图拉—罗马尼亚公司"。① 但是德特林在罗马尼亚也并非所向披靡:他没能获得对罗马尼亚石油工业的支配权。德特林试图同德意志银行进行谈判,以购买其在罗马尼亚资助的一个重要公司——斯特奥拉—罗马尼亚公司,但最终以失败告终。② 由于未能将德意志银行从罗马尼亚市场中挤兑出去,德特林在 1910 年进一步提出了一个大胆的建议:将他在欧洲石油联盟中的股份转让给荷兰皇家壳牌公司,他将完全放弃在欧洲的石油业务。从 J. 阿隆的信件中我们可以看到,德特林在 1910 年 7 月初向罗斯柴尔德家族告知了他这一大胆想法,并获得了罗斯柴尔德家族方面的支持。在 7 月 4 日写给充当罗斯柴尔德家族和德特林中间人的著名石油商人 F. 莱恩的信件中,J. 阿隆这样写道:"想必您已经对我们的朋友德特林先生的这一构想有所了解,他在巴黎的这几天同各位详细地说过这件事。"③ "各位"(J. 阿隆指的是罗斯柴尔德男爵)④ 非常欢迎这项提议。为了展现对德特林的"信任",他们表示如有必要,可以向其提供 600 万~700 万法郎的增资,用于购买德意志银行在欧洲石油联盟中的全部股份。⑤

不过,罗斯柴尔德家族还是在这件事上讨价还价。J. 阿隆在 7 月 8 日给 F. 莱恩的信中写道:"我们的老板对于美索不达米亚的石油一直都很感兴趣,而且他们还认为,此时正是绝佳的机会……或许在这个问题

---

① Фурсенко А. А. Нефтяные тресты... С. 310.
② Gerretson F. C. Op. cit. V. 3. P. 293.
③ БР. No 60, P. 272.
④ 1905 年,罗斯柴尔德银行创始人 J. 罗斯柴尔德的长子阿方索去世后,古斯塔夫(1829~1911) 和 J. 罗斯柴尔德的次子埃德蒙 (1845~1934) 接管了整个家族企业。
⑤ БР. No 60. P. 272.

上能够有所突破。"① 为此，罗斯柴尔德家族甚至同意让德特林来经营这家公司。德特林对此事的态度相当积极，从他同 J. 阿隆的谈话中我们可以看出，早在 7 月 12 日双方就已经在美索不达米亚一事上达成了一致意见。J. 阿隆向负责石油事务的埃德蒙·罗斯柴尔德汇报了这次谈话的结果，J. 阿隆特别指出，阻碍美索不达米亚业务进行的主要障碍已被攻克，"因为德特林先生和德意志银行达成了某种协议，德意志银行放弃了它在该地区石油业务中的所有利益"。②

J. 阿隆在 1910 年 7 月 12 日寄出了这封信。但没过几天，便传来了德特林和德意志银行谈判失败的消息。J. 阿隆为 F. 莱恩的来信感到格外不安。7 月 25 日，J. 阿隆给 F. 莱恩发了一封电报："您的来信让我们感到十分惊讶，您在信中说德意志银行的谈判已经结束，然而在欧洲石油联盟的事情上，谈判毫无结果。"③ J. 阿隆难以接受谈判会是这样一个结果，他在同一天又向德特林发了一封电报："我渴望了解您在欧洲石油联盟一事上谈判的进展，现在四处都是毫无根据、自相矛盾的流言蜚语。"④ 一年后，英国石油公司（欧洲石油联盟的子公司）的董事长 T. 基恩于 1911 年 6 月 28 日致信 Э. Л. 诺贝尔，在谈及德特林和德意志银行谈判破裂的原因时他这样写道："问题在于，德特林先生只愿意以主导者的身份加入欧洲石油联盟……我推测德特林先生想要保持现状，这样一来如果我们的德国朋友遭遇了什么损失，他便可以大展身手，以比当下更低的价格收购其在欧洲石油联盟的股份。"⑤

或许德特林是在等候更好的时机，用更划算的条件达成交易，但是对于罗斯柴尔德家族来说，谈判失败则意味着他们将彻底失去在欧洲石

---

① Там же. P. 288.
② Там же. P. 296.
③ Там же. No 61. P. 7.
④ Там же. P. 6.
⑤ МКНПР. No 229.

油联盟中占据主导地位的机会，这让他们更难克服在俄国石油业务中遇到的新问题。1910年7月，《石油事务》报道说，里海—黑海石油公司已经宣布"向其巴统雇员支付全部款项……公司下令拆除所有用于储备煤油的油箱，并在随后将这些油箱转移至迈科普……煤油厂宏伟的建筑正一块一块地被拆除：制造油箱和伐木的工厂已经被卖掉了，一部分卖给了保加利亚人，一部分卖给了俄国人。公司的蒸汽船、汽艇和货车已经卖给了土耳其人，昔日年产1000万箱煤油的工厂，现如今只剩下了空荡荡的房屋和零部件。"①

8月6日，J. 阿隆为了反驳有关里海—黑海石油公司即将被清算的谣言特意写了一封信，这封信虽然澄清了那些不实的谣言，但我们也需要认识到一点，即该公司运营现状"的确堪忧"。② 同一天，J. 阿隆还写了另一封信，信的内容涉及罗斯柴尔德家族在俄国的另一家重要企业——俄国标准公司，这家公司坐落于库班和格罗兹尼地区。J. 阿隆在和诺贝尔公司的负责人交涉时提出，俄国标准公司因格罗兹尼地区"突如其来的生产过剩"而陷入绝境时，诺贝尔公司"落井下石"的行径实在是令人发指。③ 根据《石油事务》的说法，1909年，俄国标准公司在出口煤油和汽油方面损失了近120万卢布。④ 这一次，《石油事务》说的倒是实话，J. 阿隆在7月30日写给埃德蒙男爵的信中，汇报了罗斯柴尔德家族在俄国的另一家企业——重油公司的业绩，J. 阿隆指出，受俄国标准公司经营不善的波及，重油公司于1909年的利润也减少了。"1909年的效益，"J. 阿隆总结道，"不如前几年乐观，因为煤油贸易和前几年压根不同，今年这方面基本上无利可图。"⑤

---

① Нефтяное дело. 1910. No 12.
② БР. No 61. P. 30.
③ Там же. P. 28.
④ Нефтяное дело. 1911. No 11.
⑤ БР. No 61. P. 21.

J. 阿隆对 1909 年公司运营的状况感到担忧，因此他于 1910 年 7 月前往俄国，考察 "如何解决重油公司当下所面临的窘境"。J. 阿隆到达圣彼得堡后，设法让波拉克兄弟（罗斯柴尔德家族在重油公司中的合伙人）同意了他所构想的一个方案，该方案旨在让罗斯柴尔德家族在俄国的石油公司正规化，这样一来便可以继续增加重油公司的资本。①

但是，罗斯柴尔德家族此时最关心的却不是这件事。1906 年底，为了强化其在国家审计署中的地位，罗斯柴尔德家族在国家审计署中为当时与之交好的比利时沃特恩基公司额外争取到一个单独的席位，但是比利时沃特恩基公司却拿不出支付该席位所需的 300 万马克。因此，罗斯柴尔德家族不得不替比利时沃特恩基公司补上剩余的 120 万马克。罗斯柴尔德家族的托词是，这是为了把他们在欧洲石油联盟所拥有的俄国标准公司股份转移到比利时沃特基恩公司。比利时沃特基恩公司主要从事汽油生产，罗斯柴尔德家族的这一操作也让其有了向欧洲石油联盟提供煤油的义务。事实上，向欧洲石油联盟提供煤油的工作是由沃特基恩公司旗下的 И. A. 阿赫韦尔多夫合作公司承担的。但是，由于后来罗斯柴尔德家族和沃特基恩公司的关系急转直下，俄国标准公司和 И. A. 阿赫韦尔多夫合作公司之间有关煤油供应的协议也被迫中止，这项义务此时对于俄国标准公司来说已经是个负担。1910 年 12 月 9 日，J. 阿隆在向 F. 莱恩解释该公司的现状时写道："俄国标准公司从未向欧洲石油联盟提供过煤油，如果这家公司和欧洲石油联盟承诺过什么，那也只是因为它那时和 И. A. 阿赫韦尔多夫合作公司有着商业合作，这种商业合作还是在沃特基恩公司的倡导下进行的。" 令 J. 阿隆感到苦恼的是，俄国标准公司和欧洲石油联盟之间的供应协议并没有因为俄国标准公司和 И. A. 阿赫韦尔多夫合作公司之间贸易合作的终止而终止。J. 阿隆苦涩地总结道：让沃特基恩公司加入欧洲石油联盟是个十足的

---

① Там же. P. 22.

失误，我们现在不得不着手寻找一个更加困难且更加复杂的新办法，此外，我们还辜负了埃德蒙男爵的期待，只能开始准备对俄国标准公司的清算。①

当罗斯柴尔德银行正苦苦思索该如何让"俄国标准公司摆脱对欧洲石油联盟的义务"②时，德特林正在思考另一个问题：如何打入俄国石油工业内部。如果 F. 莱恩的话具有可信度，那么早在 1909 年德特林就已经筹划着"经营俄国石油工业"这件事了。③ 但是，当 А. И. 曼塔舍夫公司于 1909 年春天提出要向德特林出售公司股份时却遭到了德特林的拒绝。尽管根据 F. 莱恩的说法，德特林"非常希望能够摆脱和 А. И. 曼塔舍夫在埃及的竞争"。④ 也就是说，当时德特林主要考虑的是埃及的业务，而不是俄国。然而，在和德意志银行的谈判破裂之后，如何打进俄国的石油工业成为德特林的首要任务。德特林当时面临的主要难题有两个：标准石油合作公司与对手之间的竞争压力越来越大以及欧洲对于石油的需求越来越多。他不满足于自己在罗马尼亚取得的成就。他能看到的唯一出路便是在俄国建立自己的石油事业。早在 1910 年秋季，他就在这个方向上迈出了第一步。他通过收购格康赛德合作公司和卡孜别克辛迪加的大量股票获取了两家公司的控股权，同时卡孜别克辛迪加在格罗兹尼地区拥有油田和炼油厂。⑤

或许 F. 莱恩（J. 阿隆当时正在处理德特林的众多订单）向 J. 阿隆提供的权宜之计是这样的，即清算俄国标准公司并把该公司卖给德特林，以推动俄国标准公司和卡孜别克辛迪加的合并。⑥F. 格莱森认为，

---

① Там же. Р. 126.
② Там же. Р. 132（Арон – Лейну, 14 декабря 1910 г.）.
③ МКНПР. № 195（Лейн – Грубе, 19 мая 1909 г.）.
④ Там же.
⑤ Нефтяное дело. 1910, № 21（ноябрь）.
⑥ 1910 年 12 月 9 日，J. 阿隆给 F. 莱恩写信："我完全赞同您在俄国标准公司清算问题上的观点。"

在促成俄国标准公司和卡孜别克辛迪加合并一事上，巴黎的"德意志父子公司"也起了重要作用，这家公司是俄国标准公司在罗斯柴尔德家族中的合伙人，同时它还同德特林保持着良好关系。① 无论如何，1910 年 12 月，罗斯柴尔德家族和德特林在 F. 莱恩所提出草案的基础上围绕该问题展开了谈判。1910 年 12 月 9 日，J. 阿隆写信给 F. 莱恩："我们明天将同洛伊什先生和格罗先生②会面，和他们进一步探讨您所构想计划的细节部分，为周一（12 月 12 日）和德特林先生探讨尚无定论的问题做准备。"③

然而，随着他们深入研究 F. 莱恩所构想的这一方案，棘手的问题非但没有减少，反而增多了。12 月 14 日，J. 阿隆向 F. 莱恩报告，尽管他本人认为他们的计划"非常精妙"，但还是招致了银行法律顾问的诘问。虽然 J. 阿隆偏向于采纳 F. 莱恩的提议，但是他的老板仍对这项提议充满怀疑。J. 阿隆在 1910 年 12 月 24 日给 F. 莱恩的信中写道："您所制定的、德特林也同意的这一计划具体该怎么实施，我们暂时还不知道。"④ 罗斯柴尔德家族坚持认为，卡孜别克辛迪加和俄国标准公司的合并协议中涵盖了俄国标准公司对欧洲石油联盟的义务，为了防止谈判陷入僵局，希望能够通过其他方式来解决该问题。⑤ 十天过后，谈判还是毫无进展。1911 年 1 月 3 日，J. 阿隆这样向 F. 莱恩介绍当前的局面："在俄国标准公司的问题上，我们还在考虑您的提议，但是新年假期中断了我们的工作。"⑥ J. 阿隆在 1 月初对 F. 莱恩的提议进行了评论，从这句评论中我们可以看出，罗斯柴尔德家族对于清算俄国标准公司会不会损害他们在俄

---

① Gerretson F. C. Op. cit. V. 3. P. 279.
② Ф. Гро - ответственный агент 《Русского стандарта》 в России.
③ БР. № 61. P. 126.
④ Там же. P. 143.
⑤ Там же. P. 143 - 144.
⑥ Там же. P. 151.

国的石油业务十分谨慎。因此在探讨 F. 莱恩所提方案时，罗斯柴尔德家族只会在其中寻找让俄国标准公司摆脱困境的方法，而绝不会考虑退出俄国石油工业这件事。值得注意的是，为了防止卡特尔集团——"诺贝尔—重油公司"因清算俄国标准公司而独占俄国石油市场，罗斯柴尔德家族坚持在草案中加入一项条款，即希望在清算完俄国标准公司后能够成立一家新的公司，这家公司需要同"诺贝尔—重油公司"卡特尔集团签订协议，以便其产品能在国内市场上销售。①

德特林和罗斯柴尔德家族一样，希望能够和"诺贝尔—重油公司"卡特尔集团签订类似的协议。F. 格莱森对此的解释是："那时，俄国标准公司的产品的销售还一直由俄国两大经销公司——诺贝尔公司和重油公司来承担，两家公司当时基本上已经占领了整个石油销售市场。不过，两家公司和俄国标准公司于1904年4月签订的合同即将在1911年12月底到期。因此，俄国标准公司必须迅速和诺贝尔公司、重油公司续约，或者，至少得先和其中一家公司签订新合同，不然所生产的产品可能会滞销在自己手中。"② 这也正是卡孜别克辛迪加在德特林接管后所面临的境况。对于这种情况，《石油事务》幸灾乐祸地写道："尽管壳牌公司这些年来一直在和该领域的世界巨头——美国标准公司搏斗，它在屡战屡败中也小有进步。但实际上这家公司连俄国工业条件都应付不了。卡孜别克辛迪加公司广阔的油田中生产了不少石油，它手里还握有一个全球性的石油贸易组织，在各国坐拥大量油库、汽船、油站和办公室，壳牌公司面对卡孜别克辛迪加公司所生产的大量石油只能望洋兴叹。公司生产的石油只能积存在油库和油仓中。截至1911年1月1日，积存的石油竟达到了3378526磅！"③

---

① Там же. P. 152, 171.
② Gerretson F. C. Op. cit. V. 4. P. 134.
③ Нефтяное дело. 1911. No 11.

1911年1月10日，罗斯柴尔德银行收到了来自F.莱恩的一封信，信的主要内容是催促罗斯柴尔德家族尽快确定对他所提方案的态度。F.莱恩提请公司需要注意标准石油公司干涉格罗兹尼油田事务的危险性，并指出罗斯柴尔德家族和德特林之间需要达成一项紧急协议。[①] 显然，此时罗斯柴尔德家族在原则上已经和德特林谈妥了出售"俄国标准公司"的事项。第二天，J.阿隆给F.莱恩写了一封信，告知他银行不仅赞成要尽快同德特林达成协议，还准备将出售公司的价格从920万卢布降到600万卢布。[②] 或许，价格上的分歧才是造成罗斯柴尔德家族迟迟无法做出决定的重要原因。

既然现在主要问题都已经差不多解决了，签订协议似乎已经近在眼前。然而，六个月过去了，谈判还在继续进行。尽管俄国标准公司在法律上是独立的个体，但它实际上是罗斯柴尔德家族在俄国石油工业中的一个重要堡垒，和罗斯柴尔德家族联系紧密。要把它从罗斯柴尔德家族中完整地剥离出来还十分困难。此外，由于罗斯柴尔德家族和各大石油公司在俄国的利益交织在了一起，这种情况下想要把俄国标准公司单独抽离出来，可谓是难上加难。罗斯柴尔德家族试图通过搅黄向德特林出售俄国标准公司这件事，来维持它和诺贝尔公司来之不易的协议。因此，罗斯柴尔德家族和诺贝尔公司的关系是影响谈判的核心因素。此外，罗斯柴尔德家族和诺贝尔公司都希望彼此在俄国石油事务上不再相互竞争。它们还顺带考虑了该如何避免在可能发生利益冲突的地区——比如说恩巴和迈科普，协调彼此的利益。双方还对新建公司的运营方式和组织结构交换了意见。

在5月下旬，谈判出现了一丝曙光。J.阿隆和德特林、F.莱恩举行了会面。一周后，F.莱恩受邀前往巴黎和埃德蒙男爵进行谈话。然而，

---

① БР. No 61. P. 171.

② Там же.

第一次世界大战前夕的俄国金融资本

J. 阿隆在随后的信件中没有透露谈话的结果，他只是表示：各项具体细节仍在商议中。不过，在 6 月 27 日 F. 莱恩忽然来信，让维尔趁 J. 阿隆不在时阅读此信并立即向埃德蒙男爵转告信中内容。在这封信里，F. 莱恩提出要和德特林共同前往巴黎，商讨德特林加入里海—黑海公司以及重油公司的具体事宜。但是，埃德蒙男爵并不想和德特林会面，他认为，按照 F. 莱恩所描述的德特林的想法来看，在这个问题上自己和德特林的观点"相去甚远"，"目前和他谈话似乎有些为时过早"。然而，男爵表示自己希望和 F. 莱恩见上一面，以便就其在信中提出的几个问题展开探讨。①

　　第二天，J. 阿隆从巴黎回来后发现他的老板拒绝接见德特林，认为这样做有些冷酷无情。不管怎么说，J. 阿隆在维尔回信 F. 莱恩（信中包括了埃德蒙男爵的答复）之后又给 F. 莱恩写了一封信。J. 阿隆写道："埃德蒙男爵昨天要求您在去巴黎的时候不要带上德特林先生，这是因为他想要和您共同商议如何让德特林先生加入里海—黑海石油公司和重油公司。不过，埃德蒙男爵还可以就其他一些事情和德特林先生进行会谈。总之，埃德蒙男爵需要在你的协助下做出最终决定，无论您是独自一人还是和德特林先生一起，您还是来巴黎一趟比较妥当。"需要注意的是，罗斯柴尔德银行对德特林加入罗斯柴尔德家族在俄国的主要企业这件事本身并不反对，反对的是他加入的条件。至于让德特林加入这件事本身，其实还引起了埃德蒙男爵的兴趣。不过，这个问题在很久之后才拿上台面进行讨论，还明显地影响了谈判进程。

　　此时谈判进入了商议公司章程的阶段，制定章程主要是为了收购俄国标准公司。格康赛德合作公司的代表以新公司创始人的身份参与了谈判，它的参与让整个谈判变得更加复杂。J. 阿隆在 7 月 22 日写给 F. 莱

---

① БР. № 61. Р. 287（Вейл – Лейну, 28 июня 1911 г.）.

恩的信中对格康赛德合作公司颇有微词:"这些荷兰绅士太把自己当回事……他们觉得,所有的股东都应该信任他们,且不应当对公司的管理指手画脚。"①

显然,合作伙伴强硬的态度迫使罗斯柴尔德家族提出了更加苛刻的要求。1911年8月5日,J.阿隆写信给F.莱恩:"正如德特林先生所说的那样,在俄国标准公司和卡孜别克辛迪加合并问题上,埃德蒙男爵同意移交共同企业的最高管理权,这第一点我可以向您保证……而埃德蒙男爵在对德特林先生以及他在格康赛德合作公司和巴塔夫舍公司的事的态度上,或许您也注意到了,公司认为在把公司最高管理权委托给这些先生们之前,必须先确保公司在俄国的其他业务不受影响……此外,我们和里海—黑海石油公司以及重油公司所签协议即将到期,这样一来,未来我们在俄国石油领域的利益就很难说了。"因此,罗斯柴尔德家族坚持要求,在新公司的章程中需要加上一条——他们在公司董事会中应当有权派驻一名代表。②

有趣的是,正是因为在涉及俄国标准公司问题的谈判中遇到了这些困难,J.阿隆和F.莱恩在通信中再次就如何让重油公司和里海—黑海公司参与到下一笔交易中进行了讨论。但是这一次他们商议的不再是德特林"加入"这些公司的问题,而是德特林及其集团收购这些公司的问题。J.阿隆阐述完罗斯柴尔德家族在俄国标准公司一事上的立场后,表示:"从您的来信中不难看出,德特林先生对于收购里海—黑海石油公司以及重油公司十分热衷。但这是个大胆的想法,等假期结束,我们可以好好谈一谈这件事。"③

因此,有关俄国标准公司订单的谈判逐渐升级成为有关整个罗斯柴

---

① Там же. No 62. P. 7.
② Там же. P. 32-33.
③ Там же. P. 33.

尔德石油帝国在俄国命运的一场谈判。甚至这场谈判给人们留下了这样的印象：德特林之所以在俄国标准公司的问题上毫不妥协，是为了迫使罗斯柴尔德家族选择更激进的解决方案。9月底，"卡孜别克辛迪加和俄国标准公司相关事务"的谈判再次陷入僵局。J. 阿隆在9月30日写信给F. 莱恩，向他汇报自己和罗斯柴尔德家族的谈话，"我必须要告诉您，斯图尔特先生和德特林先生强硬的态度给他们留下了糟糕的印象。"最后，F. 莱恩又一次受邀前往巴黎。① 显然，F. 莱恩又一次说服了罗斯柴尔德家族继续和德特林商议出售其在俄国的剩余企业的事情。

罗斯柴尔德家族在和"荷兰人"就俄国标准公司的问题进行会谈的同时，它于10月下旬也开始筹备起和 J. 阿隆、F. 莱恩以及德特林之间的会谈，这一会谈旨在探讨一些更细致的问题。从里海—黑海石油公司董事会成员 И. 布朗和 A. M. 费格尔以及罗斯柴尔德家族在重油公司中的合伙人波拉克兄弟筹备这次会谈的"一些细节"来看，会谈的内容涉及这些公司。从选址上来看，会议的重要意义不言而喻。J. 阿隆在10月27日写给 F. 莱恩的信中提议道，"伦敦的话"，他们大概无法"安心且高效地工作"，因为德特林和 F. 莱恩常常因为"离城市太近"而分神。可供选择的地点有：福克斯通、布洛涅或者布鲁塞尔。② J. 阿隆最后说，在和德特林商讨"合并这件大事"前，他非常希望能和埃德蒙男爵交流一下意见，但可惜的是他本人现在在马德里。第二天，当 J. 阿隆试图联系自己的上司时，已经抵达亚里茨的埃德蒙男爵发来了电报："F. 莱恩在信中提出的问题很关键，只能在巴黎商榷。我希望您暂时先推迟所有的旅程，一切等我回来再说。"③

J. 阿隆的信件和电报显示，德特林试图强行召开会议，而埃德蒙男

---

① Там же. P. 60.
② Там же. P. 81.
③ Там же. P. 83.

爵则试图推迟会议。特别是 11 月 7 日，J. 阿隆给 F. 莱恩发了一封电报，称男爵要求将会议向后推迟几天，因为他需要消化一些额外的信息。① 但是，德特林似乎并没有料想到这件事。11 月 9 日，J. 阿隆收到 F. 莱恩的电报，要求提供会议召开的确切日期。此时，埃德蒙男爵还沉浸在周日的狩猎中，J. 阿隆花了不少工夫才用电话联系上他。男爵说，他希望会议可以定在周四。J. 阿隆认为需要写封信来回复 F. 莱恩电报中的请求，此外他还在信中补充说，德特林和 F. 莱恩也可以另选良日，"但是不能早于周四"。②

这次会议于 1911 年 11 月 12 日和 13 日（分别为周四和周五）召开。③ 从 J. 阿隆随后寄出的信件中，我们能大概了解到会议的结果。在这次会议上，罗斯柴尔德家族和德特林达成了一项协议，德特林将收购里海—黑海石油公司和重油公司。④ 但是双方那时只是草拟了协议，协议的最终确定还需要经过系列审批。⑤ 而且，德特林还坚持，只有"他在海牙的同事"阅读完协议后，这份协议才可以送去审批。⑥ 罗斯柴尔德银行显然没有料到谈判竟然会耗费如此多的时间。J. 阿隆在 11 月 28 日写给 F. 莱恩的信中说："银行深刻地明白，在整个谈判进程中您发挥着举足轻重的作用，我们希望在下周之内能最终敲定这份协议。"⑦ 然而，两周过去了，德特林甚至连海牙都没去。

与此同时，罗斯柴尔德家族和德特林谈判的消息不胫而走。诺贝尔

---

① Там же. P. 90.
② Там же. P. 94.
③ 1911 年 11 月 12 日～13 日，J. 阿隆没有发送信件或是电报。到了下文所说的巴黎会议召开的时候，协议的签订已成为既定事实。
④ БР. № 62. P. 142. Это соглашение называется также меморандумом (P. 179, 181) и конвенцией (P. 189).
⑤ БР. № 62. P. 122, 134–135, 142.
⑥ Там же. P. 122.
⑦ Там же. P. ПО.

兄弟石油公司董事会的董事格鲁巴为此还特意前往了巴黎。但他从 J. 阿隆那儿什么也没有打探出来，于是他又前往伦敦，在那儿和德特林谈了谈。J. 阿隆得知此事后变得心神不宁。12 月 13 日，J. 阿隆给 F. 莱恩写了一封信，要求 F. 莱恩向他转告二人谈话的内容并询问德特林是否在谈话中提到了他们在巴黎签订的那份协议。最后，J. 阿隆提到波拉克兄弟"这几个星期以来都无事可做，他们非常希望能够回到俄国"，此外，J. 阿隆还希望德特林能尽快启程前往海牙。① J. 阿隆了解到，德特林在海牙的同僚已经批准了协议的主要条款，他们只提了一些无关紧要的意见②，但是德特林本人并没有同意这份协议。J. 阿隆对这件事相当关注，他在 12 月 19 日写给 F. 莱恩的信中再次提到波拉克兄弟希望能尽快回国，要求他再次催促一下德特林，"让这件事尽快了结"。③ 然而，J. 阿隆刚把这封信寄出去，伦敦方面就传来消息称德特林即将前往斯德哥尔摩。J. 阿隆在用电报向 F. 莱恩传达这一消息时写道："我们诚挚地希望德特林在前往斯德哥尔摩之前，能向我们发来最终确认的协议，协议内容将在海牙会议后立刻执行。"④ J. 阿隆在 12 月 20 日的一封信中向 F. 莱恩这样解释，称这份电报是根据埃德蒙男爵的口述而写。⑤

直到 12 月 21 日，罗斯柴尔德银行方面才收到了德特林的来信，在信中德特林解释了他为何一直拖延。德特林表示，在通过协议前他还需要掌握相关问题的一些具体信息。从 J. 阿隆的答复以及他给 F. 莱恩的信中可以看到，德特林对于协议中商定的里海—黑海石油公司和重油公司的价值是否与其实际价值及盈利能力相匹配表示怀疑。⑥ 罗斯柴尔德家族对

---

① Там же. Р. 122.
② Там же. Р. 134（Арон - Лейну, 19 декабря 1911 г.）.
③ Там же. Р. 134.
④ Там же. Р. 135.
⑤ Там же. Р. 136.
⑥ Там же. Р. 138, 141, 142 - 144.

德特林的这一行径感到愤怒，他们认为德特林这样做无非是逼迫自己做出进一步的让步。J. 阿隆指责道："我必须告诉您，看到本应该解决的问题又一次摆上了台面，先生们是多么的惊讶。"① 不久之后，在 12 月 22 日的信中，J. 阿隆暗示 F. 莱恩，他应当"意识到德特林的处事方式已经给先生们留下了不愉快的印象"②。

即便如此，从 J. 阿隆对德特林的回复中还是能看出，罗斯柴尔德家族对他们的行为表示了理解。J. 阿隆在 12 月 22 日的信中表示，他愿意听取德特林所提出的一些建议，特别是和里海—黑海石油公司有关的建议。德特林还提出，如果重油公司在 1912 年和 1914 年的利润低于 1909 年和 1911 年，那么罗斯柴尔德家族将对这部分损失进行补偿，但是罗斯柴尔德家族坚决地拒绝了德特林的这一要求。最后，J. 阿隆在寄给德特林的信中写道："我想您对于这样的结果应该会感到满意，我恳请您快点告诉我您对这一协议的最终态度。埃德蒙和爱德华男爵这几个月都不在巴黎，您要明白，事情拖得越久，对我们越没有好处。"③

然而此时的德特林并不打算草率行事。罗斯柴尔德家族此时的表现也可圈可点：尽管此时他们正在处理一笔高达百万英镑的交易，但他们并没有因此改变预定的计划，并在指定的时间前往了指定的地点。正因如此，我们才能看到 1912 年 1 月下旬召开的伦敦谈判的最后阶段，罗斯柴尔德家族和德特林的协议究竟进行了哪些修改，当时罗斯柴尔德银行一方的代表是埃德蒙男爵的儿子詹姆斯和维尔。由于作为银行董事的爱德华男爵和埃德蒙男爵都不在场（没有他们二人的许可，协议无法达成），1912 年 1 月 27 日，J. 阿隆将在伦敦把新制定的协议交给二人过目，并附上一封修改注释以供参考。

---

① Там же. Р. 138（Арон – Лейну, 21 декабря 1911 г.）.
② Там же. Р. 141.
③ Там же. Р. 142–144.

第一次世界大战前夕的俄国金融资本

　　罗斯柴尔德家族所做出的最大让步便是将里海—黑海石油公司的资产价格由 500 万卢布降到了 400 万卢布。此外，德特林还坚持这笔钱应该以荷兰皇家公司股份的形式来支付。重油公司的资产价格保持在 2000 万卢布不做改动。但是德特林还是没能在协议中加入这样一个条件，即如果重油公司盈利能力不足，罗斯柴尔德家族有义务返还德特林部分金额——约相当于重油公司 1908～1910 年的盈利额（这也是确定重油公司售价的重要依据）。德特林还修改了另一个条款——如果 1912 年里海—黑海石油公司苏拉哈尼油田的产量达到 1000 万普特，罗斯柴尔德家族将获得 200 万卢布的分红。在德特林的坚持下，该条款改成了只有在石油产量达到 1500 万普特，且每普特石油的成本不超过 10 戈比的情况下，罗斯柴尔德家族才能享受分红。①

　　为了向他的"同僚"汇报协议的修改事项，1912 年，德特林与其"同僚"将于荷兰海牙举行会晤。在此之前，他们还需要梳理一部分细节，因此布朗和波拉克兄弟又一次和德特林举行了谈判。J. 阿隆在 2 月 6 日给德特林的信中写道："我希望在您和布朗以及波拉克兄弟会谈后，所有遗留的问题都能得到解决，这样我们便能尽快达成最终协议。"② 10 天后，也就是 2 月 16 日，J. 阿隆给当时正在达沃斯的埃德蒙男爵发了封电报："此事终于结束了。"③

　　这笔交易款项较为明晰。罗斯柴尔德家族因出售里海—黑海石油公司和重油公司而获得了 2750 万卢布。这一数额中包含了两家公司的资产价值和它们的信贷盈余，各为 350 万卢布。这笔钱是以 60% 的荷兰皇家公司股票和 40% 的壳牌公司的股票来支付的。此外，如果这两家公司能够成功出售现有库存产品，且石油产量达到了规定数字，罗斯柴尔德家

---

① Там же. Р. 179-180, 181-182（Арон – Эдуарду и Эдмону Ротшильдам, 27 января 1912 г.）.

② Там же. Р. 190.

③ Там же. Р. 201.

族还能额外获得一笔资金。①

罗斯柴尔德家族成功向德特林出售了里海—黑海石油公司和重油公司,这样看来,阻碍其同意出售俄国标准公司的障碍似乎也不复存在了。罗斯柴尔德家族通过出售其在俄国所拥有的石油企业共获得了约3500万卢布。

不过,从J. 阿隆的信中可以看出,罗斯柴尔德石油帝国退出俄国市场的动机或许和历史学家判断的有所不同。罗斯柴尔德家族的这一举动既不是对沙皇反犹太主义政策的抗议,也不是对即将到来的革命动荡局势的前瞻措施。此外,罗斯柴尔德家族实际上根本不愿意立刻退出俄国市场。其做出从俄国石油领域退出这项决定,更多的是一种妥协。这一步实际上是德特林通过谈判一步步逼出来的。不过遗憾的是,J. 阿隆的通信没有直接回答我们的疑问,即为什么罗斯柴尔德家族会把自己在俄国所拥有的企业卖给德特林。

罗斯柴尔德家族知道,自己在俄国的企业,其经营状况并不理想。但是,它并没有发现这些经营不善的企业对自身有任何威胁。它只看到了自己在俄国所建立的采掘、加工和销售这一复杂系统中个别薄弱的环节。为了进一步强化这一系统,它决定抛弃其中最薄弱的环节——俄国标准公司。为此,罗斯柴尔德家族和德特林进行了长达10个月的艰苦谈判,希望通过出售俄国标准公司的方式,避免俄国标准公司影响其在俄国的其他业务。最后,罗斯柴尔德家族并没有接受德特林提出的更为激进的解决方案,双方又继续谈判了4个月,最终方案还是建立在了保留罗斯柴尔德家族在俄国的主要业务这个基础之上。

因此,罗斯柴尔德家族退出俄国的石油市场是因为其财务状况的恶化,尽管这一观点看似十分正确,但实际上却是没有任何根据的假设。

---

① Gerretson, F. C. Op. cit. V. 4. P. 136-137.

第一次世界大战前夕的俄国金融资本

罗斯柴尔德家族和德特林所签订的协议条款也反驳了这一假设。根据 F. 格莱森的说法，罗斯柴尔德家族通过出售里海—黑海石油公司和重油公司所获得的金额约相当于两家公司估值的 150%。① 但是从罗斯柴尔德家族在谈判的最后阶段毫不犹豫地同意降低开价这一点来看，它对于这估值的 150% 并不十分在意。

那么问题来了，罗斯柴尔德家族究竟能从中获得什么好处呢？

当罗斯柴尔德家族在 19 世纪 80 年代中期创建里海—黑海石油公司并让其深入俄国石油工业时，公司的优势在于工商业企业和银行的直接结合。这种结合让里海—黑海石油公司在激烈的竞争中所向披靡，在俄国石油出口中占据了主导地位，并开始和诺贝尔兄弟石油公司争夺俄国国内市场。而此时，垄断组织和金融资本的结合成为一种普遍模式。在石油工业领域，国际性且专业化较强的石油联盟形成了（对原料和市场的竞争演变成为一种世界性的竞争），联盟将石油以及石油产品的生产、提炼、运输和经销都集中在自己手中。由于它同世界各银行展开了密切合作，其经营规模也逐渐具有了跨国性。这些世界石油联盟实力雄厚，非但没有沦为银行或者银团的工具，还出于发展的需要，利用了一些"友善"的银行。当时在世界石油市场上主要有三家超级垄断联盟：标准石油公司、荷兰皇家壳牌公司和诺贝尔公司。

一些实力雄厚的银行试图在 20 世纪初直接介入石油事务，但很快便失败了。即便是像德意志银行这样财大气粗的银行也没能成功。至于罗斯柴尔德家族，在外国市场上，它难以和标准石油公司和荷兰皇家壳牌公司竞争；在俄国市场上，它不得不屈服于诺贝尔公司。而罗斯柴尔德家族和诺贝尔公司在此基础上实现的分而治之，却因德特林试图进军俄

---

① F. 格莱森在此处或许没有夸大事实。重油公司的股本为 1200 万卢布，里海—黑海石油公司的股本为 1000 万卢布，两家公司股本共计 2200 万卢布。不过需要注意，在当时里海—黑海石油公司的股本已经大幅度贬值了。

国石油工业而遭受挫折。罗斯柴尔德家族也因此不得不思考旗下俄国企业的未来问题。或许,在和德特林的谈判中,罗斯柴尔德家族逐渐意识到,它旗下公司所从事的石油业务无利可图。因此,罗斯柴尔德家族便把这项业务卖给了德特林,但它并不打算完全放弃石油业务。它用自己在俄国的企业换取了自己在荷兰皇家壳牌公司的一席之位(20%的控股)。因此,正如 J. 阿隆所说的那样,"合并问题"——罗斯柴尔德家族和德特林集团的合并问题终于解决了。

罗斯柴尔德家族将自己在俄国所拥有的石油企业出售给荷兰皇家壳牌公司的谈判史,反映了20世纪初金融资本成熟期关键的发展过程,以及由此而产生的世界石油市场争夺战中的力量变动。

∗∗

纵观20世纪初俄国的金融史,我们还能找到不少证明俄国已经成为新兴跨国公司活动舞台的实例。一般来说,这些跨国公司受外国公司控制,对它们而言,俄国只是扩张的一个对象。不过,这些跨国公司形成于俄国本土。最具代表性的例子便是诺贝尔公司。我们在前文中提到过,早在19世纪末,诺贝尔兄弟石油公司就开始变得国际化了。诺贝尔兄弟石油公司于1906年加入欧洲石油联盟。诺贝尔集团和恩施尔德银行联系紧密,还和德国银行在出售公司股票方面展开了合作,这些活动都赋予了该公司跨国性特征。[①] 但是,诺贝尔兄弟石油公司并不受外国资本控制,而是一家由俄国资本控制的跨国公司。

俄国各银行于1912~1913年在伦敦成立的俄国石油总公司和俄国烟草公司后续将会有怎样的发展还不好说,但从康采恩组织者采取的最初

---

① А. А. 弗尔森科和 И. А. 迪亚科诺夫在他们的作品中,对这个问题进行了充分的说明。

步骤来看，他们并没有局限于俄国市场本身，而是希望能够尽可能地吸收外国资本。

此外，В. С. 嘉宁的《俄国电气工业和电力运输行业中的德国资本》一书分析了跨国公司在俄国的各项活动，书中提到以当地银行和康采恩为代表的俄国资本在这些跨国公司的发展中发挥着越来越重要的作用。

因此，跨国公司在俄国的出现和发展实际上反映了此时相互交织着的国际资本之间复杂的矛盾关系。

结　语

1909～1914年在俄国历史上是俄国金融资本形成的最后阶段。在一战前经济热潮的前几年，银行在国家经济生活中的作用大大增加，银行与工业的结合也进一步加强了。银行业和工业资本的进一步结合，为垄断的发展提供了新的推动力。俄国金融资本的体系也由此变得更加完整。

俄国金融资本形成的基础是大规模工业化生产和交通运输条件的改善。各企业的卡特尔化是俄国国民经济垄断第一阶段的重要标志，这种卡特尔化最终在新的工业热潮中基本完成。在俄国金融资本形成的下一阶段，横向发展且存在于个别部门的垄断性销售卡特尔联盟进一步发展，纵向发展的行业联盟如雨后春笋般涌现出来，这些行业联盟成了高级垄断企业的组织中心——托拉斯和康采恩（垄断性联合企业）。银行在和这两类组织结合后，占据了俄国金融资本体系的顶端。大型银行的董事会控制了国民经济各领域，成为垄断资本主义经济权力中的无冕之王。

浩繁的工作结束之际，尽管笔者希望所有的问题都能得到解决，但遗憾的是，从目前的研究结果来看，还有不少悬而未决的问题。一些问题的解决带来了新的问题，我们的工作范围也随之不断扩大。特别是，在进行这项工作的过程中，还不断涌现了其他一系列问题，这些问题主要围绕俄国国内金融资本形成中的各项联系而展开。针对这些问题我们还要进行进一步的研究。

第一次世界大战前夕的俄国金融资本

　　在对俄国金融资本体系基本构架进行界定的同时，笔者也提出了该如何界定其边界和其在国民经济中的地位这一问题。为了解决这些问题，我们需要开启新的研究，在新的研究中，我们主要探讨的问题或许将是，俄国金融资本在俄国经济大规模生产以外的部门的发展，首先便是农业生产领域。对于这些遗憾，笔者只能安慰自己，目前的研究在某种意义上也是在为后人的研究开辟道路。

图书在版编目(CIP)数据

第一次世界大战前夕的俄国金融资本 /（俄罗斯）鲍维金·瓦列里·伊万诺维奇著；张广翔，刘真颜译. --北京：社会科学文献出版社，2022.7（2023.8重印）
（俄国史译丛）
ISBN 978-7-5228-0175-9

Ⅰ.①第… Ⅱ.①鲍… ②张… ③刘… Ⅲ.①金融资本-研究-俄国 Ⅳ.①F014.391

中国版本图书馆CIP数据核字（2022）第090542号

俄国史译丛·经济
第一次世界大战前夕的俄国金融资本

著　　者 /［俄］鲍维金·瓦列里·伊万诺维奇
译　　者 / 张广翔　刘真颜

出 版 人 / 冀祥德
责任编辑 / 贾立平
责任印制 / 王京美

出　　版 / 社会科学文献出版社·经济与管理分社（010）59367226
　　　　　地址：北京市北三环中路甲29号院华龙大厦　邮编：100029
　　　　　网址：www.ssap.com.cn
发　　行 / 社会科学文献出版社（010）59367028
印　　装 / 北京虎彩文化传播有限公司

规　　格 / 开　本：787mm×1092mm　1/16
　　　　　印　张：20.5　字　数：270千字
版　　次 / 2022年7月第1版　2023年8月第2次印刷
书　　号 / ISBN 978-7-5228-0175-9
定　　价 / 128.00元

读者服务电话：4008918866

版权所有 翻印必究